本丛书是

国家社会科学基金“十三五”规划教育学重大招标课题“中国特色社会主义教育理论体系研究”（课题批准号：VAA190001）之成果

上海市社会科学界联合会中国教育学学术话语体系与创新研究基地成果

“生命·实践”教育学研究丛书

总目

1. 理论基石：叶澜教育思想的概念生成研究　　伍红林　侯怀银◎著

2. 回到元点：叶澜教育思想的形上之维　　孙元涛　刘良华◎著

3. 理实转化：叶澜“教育理论—实践观”研究　　李政涛◎著

4. 现代转向：叶澜学校变革思想研究　　卜玉华◎著

5. 生命自觉：叶澜教育价值思想研究　　张向众◎著

6. 天地人事：叶澜终身教育思想研究　　李家成◎著

7. 成己成人：叶澜教师观解读　　王　枬◎著

8. 诗性智慧：叶澜教育研究的审美意蕴探究　　张　永　庞庆举◎著

9. 生成之路：叶澜与“生命•实践”教育学派创建　　袁德润◎著

丛书责编　韩华球　刘立德

本卷责编　冯卫斌

"十四五"国家重点图书出版规划项目

国家出版基金项目
NATIONAL PUBLICATION FOUNDATION

"生命·实践"教育学研究丛书

王　枬　李政涛◎主编

成己成人：

叶澜教师观解读

王　枬◎著

中国教育出版传媒集团
人民教育出版社
·北京·

图书在版编目（CIP）数据

成己成人：叶澜教师观解读 / 王枬著. —北京：人民教育出版社，2022.4（2023.7 重印）
（“生命·实践”教育学研究丛书 / 王枬，李政涛主编）
ISBN 978-7-107-36390-0

Ⅰ.①成… Ⅱ.①王… Ⅲ.①叶澜－教育思想－研究 Ⅳ.①G40-092.76

中国版本图书馆 CIP 数据核字（2022）第 012652 号

成己成人：叶澜教师观解读

出版发行 人民教育出版社
（北京市海淀区中关村南大街 17 号院 1 号楼　邮编：100081）
网　址 http://www.pep.com.cn
经　销 全国新华书店
印　刷 山东临沂新华印刷物流集团有限责任公司
版　次 2022 年 4 月第 1 版
印　次 2023 年 7 月第 2 次印刷
开　本 787 毫米×1 092 毫米　1/16
印　张 22.25
字　数 342 千字
印　数 2 001～4 000 册
定　价 76.00 元

总 序

学派建设：在深究与阐述中共进

为他人研究我的教育思想的丛书写序，这是我有生以来第一次，可以肯定也就这么一次了。何以如此？是自我膨胀到无以复加的地步了？非也。我可以肯定地回答，头脑尚清醒。说到底，只因这里的“他人”是特殊的“他人”，是我的学生，更重要的是，他们是“生命·实践”教育学派团队的核心成员。我这样做，是出于现阶段本学派建设的需要：完成代际转换。

也许是因为忙碌，不知不觉间，我已跨入晚年这一生命的最后阶段。若问什么是还让我操心和放不下的，那就是“生命·实践”教育学派的持续发展。作为首创者，我有不可推卸的责任，就是使他们——既是学派建设的参与者，又是今后学派建设后续的中坚力量，有更长足的学术成长与发展。我认为，学派建设需要他们对我的教育思想有作为学派成员意义上的、更为深入的了解和研究。于是我生出此意：趁我现在尚清醒，开始推动“‘生命·实践’教育学研究丛书”的写作。大家对此欣然赞同。自2018年3月桂林会议始，至今年3月已整整三年了。大家先是各自按自己的研究基础和兴趣做选择、提出专题，然后再共同讨论。从确定丛书的书目，到一本本提纲的讨论，线上线下，一次、二次……直到大家思路基本一致，每个人才开始写作。丛书共9卷，由王枬、李政涛任主编。因我是全过程的参与者，大家给了我一个相对轻松的任务：写丛书总序。

对年轻人过多的操心和不放心，也许是老年人的通病。我在学派建设上尤其如此。进入2021年5月，我连续几天通读了每一部发给人民教育出版社的书稿，知道自己过虑了。从提交的书稿看，作者都尽心尽力地做着，不仅大量阅读了我的论文、专著、讲话稿，而且大量阅读了相关主题的国内外论著，在阐发中拓展和深化了对学派关键性问题的认识。无论是对概念、元研究、教育价值、学校改革大主题的研究，还是从理论与实践的转化、教师发展、终身教育、审美等多维度切入的研究，包括相当详细的学派创生史的撰述，都让我为他们的视界和深思、学术上的成熟和个性呈现而惊喜。我实在是“多虑”了。其实，何止“多虑”，我在不少方面已不如他们了。他们已经发我之未发，述我之未述，清我之未清，理我之未理了。

我为有这样一支来自曾是我的学生的学派创建的合作者和新生代的力量而倍增信心。多年来，我读他们的时候为多，这套丛书是他们合在一起读我。学派建设初期，这样的队伍结构不可避免，但随着我的淡出，他们将站在学派建设的舞台中央。这次是他们第一次集中的群体亮相。其中，可以读出的不仅是他们在学术和思想、功底和才华上各有千秋，还可以读出一起成长的浓浓的师生情和创建学派的共同追求。

情，是要一起做成任何事不可或缺的黏合剂，但也许正是“情”，会妨碍、局限和遮蔽他们对我思想的不足及问题的深度揭示与批判。但无奈，我只能先让非我的“局中人”来写。书稿完成以后的公开出版，正是为了让更多的“非局中人”来审视我和他们，对促进我们的学派建设提出批评和帮助，也期望能为中国教育学的建设、为更多学派的诞生提供资源或借鉴。

借此序，我讲出自己的心愿和期望；借此序，我表达对团队的深深感激；借此序，我深谢人民教育出版社，这一素以稳健持重享有盛誉的教育出版社，助“生命·实践”教育学派这个尚还幼稚的学术生命体一臂之力。尤谢各位责编的鼎力相助。

2021年5月9日于上海

本卷前言

这是一本对“生命·实践”教育学首创者和持续领导者叶澜的教师观的解读。

所谓教师观，即对教师职业的认识和看法，其中既含有对教师职业的价值、属性、特点、角色、职责等的理解，也含有对履行教师职责所应具备的职业素养等的认识，还有对教师教育即如何培养和培训教师的看法。从广义上说，教师观泛指各行各业的人对教师职业所持有的认识和看法；从狭义上说，教师观特指教师对自己所从事职业的认识和看法。而教师观不仅建立在对教育教学活动规律认识的基础上，也建立在对人的本质以及职业认识的基础上。

本书之所以选择叶澜教师观解读这一视角，是因为对教师这一教育活动基本要素的关注和研究在其教育及教育学思想中占据着很重要的地位，也有着诸多的著述，其中既涉及教师职业的角色、教师职业的价值，也涉及教师发展、教师素养，还涉及教育系科、高师院校及教师教育。如此广泛的领域与叶澜丰富的经历有关：她曾在华东师范大学附小担任过两年的小学语文教师和班主任，这作为其职业生涯的第一课为她奠定了对小学教师的理解和尊重；她也曾以援藏教师的身份在拉萨师范学校担任过两年教育学课程的教师，见证了当时广袤土地上贫困的师生与艰难的教育，这培养了她心中普及教育的草根情结；她还曾到南斯拉夫萨格勒布大学教育系做了两年的访问学者，感受到从教育学研究内容到教育研究方法论的巨大冲击；此外，她担任过华东师范大学教育系主任，对支撑师范教育的教育系科所经历的生存困境及专业突围有着切身体验；她担任过华东师范大学副校长，对高师院校在社会主义市场经济发展中遇到的诸多问题以及各显其能的破解之路有着亲身的经历；她担任过中国教育学会副会长，对中国教育尤其是基础教育改革有着全局的了解和参与；她还主持了长近30年的“新基础教育”研究，以理论与实践双向建构的方式，在推动学校整体转型性变革的同时也生成了独特的理论，创立了“生命·实践”教育学。正是这些人生的经历使得她对教师的思考和研究具有既微观又宏观、既有理论又有实践的整体系统的特点。

叶澜是一名教师，更是一名有着清晰的“自我意识”的教育学者。因此，她的教师观便不仅是在一般意义上对教师职业的认识和看法，更是在教育学意义上对教师职业的深刻剖析，在学校变革实践中对教师职业角色、价值的重新认识，在全球教师专业化背景下对教师专业发展的批判性反思，也是在从师范教育到教师教育的转化过程中对中国当下教师教育的重新构建。记忆犹新的是，1999年，叶澜应邀作为上海市教育名师讲坛的首批成员，为上海市的大中小学教师做了一场题为《论教师职业的内在尊严与欢乐》的报告，我在感受着叶澜激情澎湃的演讲和现场听众被理解被唤醒被点燃由衷喜悦的同时，也从这场报告中受到了思想和认识上的极大震撼。

2018年1月，在叶澜与弟子们微信交流的“以身立学汇”中，关于教师这一主题的讨论持续了三周，涉及的主题包括教师价值、教师角色、教师责任、教师理想、教师知识、教师能力、教师伦理、教师审美、教师教育等等，随后，叶澜以《关于本人教师观的形成过程与逻辑结构的自我解读》的书信对这一讨论做出了回应，这为本书的写作框架提供了最直接的来源。叶澜从历史和逻辑两个方面分析了其教师观的系统形成过程和独特的内在逻辑结构，表明她的教师观基于“生命·实践”教育学的基本立场，是“生命·实践”教育学有关学校教育理论的重要组成部分。她的教师观的提出是对已有教师观及其相关理论的批判性反思；是对实存的、在实践中具有普遍性表现，甚至成为教师自我认同和生存方式的观念及行为的批判性反思，意在唤醒教师重新确立角色自我，进而实现自主发展，促进主体的内生力。而她的教师观的形成始终是理论与实践相互关联、相互作用的结果。叶澜还特别阐述了她的理论或观点形成的螺旋式过程：一般是由实存状态催生出问题与反思意识，继而首先在理论上清思并提出新观点，进而促使这些理论在实践中成为积极的变革力量，再不断深化、提炼实践中内含的理论。在这一过程中，她自己也得到了从立场、理论到思想方法和观点的自我更新，在研究中实现了自我成长。这就使得她的教师观超越了狭义的个体的有限范围，而具有了更广阔的指向，对广大教师的成长和发展具有积极的指导意义。

本书意在通过梳理，将叶澜数十年来散见于著作、教材、论文、报告、杂记、散文甚至微信群的讨论和游学的闲谈中关于教师的论述整理出来，使这些观点和论述体系化，以便在更广泛的意义上传播和实践这些思想。本书的框架便是在大量阅读叶澜著述的基础上，吸收了同门的见解，并基于个人的理解而列出的。全书包括前言、正文六章及结语。正文六章分别是：第一章“叶澜教师观概述”，第二章“教师角色的重构”，第三章“教师价值的重估”，第四章“教师发展的重释”，第五章“教师素养的重塑”，第六章“教师教育的重建”。

这里的“重”字是一个既“破”又“立”的过程，突出了叶澜对旧有关于教师角色、教师价值、教师发展、教师素养、教师教育等观点的批判性反思，也展现了叶澜基于“生命·实践”教育学“教天地人事，育生命自觉”的教育理念及教师“成己成人”这一价值定位而对教师这一教育要素所进行的重新建构。

王　枬

2021年4月30日

（王枬系广西师范大学教授、博士生导师）

目 录

第一章 叶澜教师观概述 / 1

一、教师观览 / 2

（一）著述分布 / 2

（二）内容关涉 / 7

（三）形成过程 / 12

（四）逻辑结构 / 16

二、现实基础 / 22

（一）宏观背景：时代转型 / 22

（二）中观背景：学校变革 / 29

（三）微观背景：教师处境 / 35

三、理论前提 / 39

（一）对“教育”的重新定义 / 39

（二）对“教育要素”的独到分析 / 42

（三）对“师生关系”的重新认识 / 44

第二章 教师角色的重构 / 47

一、教师角色的一般概念 / 48

（一）教师职业角色的分析 / 49

（二）教师职业角色的演变 / 50

（三）教师职业角色的分类 / 57

二、叶澜对中国传统教师角色的批判 / 59

（一）中国传统教师角色的定位 / 59

（二）传统教师角色定位的两极 / 67
（三）传统教师定位偏差的原因 / 70
三、叶澜对“教师是谁”的重构 / 71
（一）教师与变革的关系 / 72
（二）教师与学生的关系 / 77
（三）教师与学科的关系 / 89
（四）教师与自我的关系 / 99

第三章　教师价值的重估 / 107
一、传统教育对教师职业价值的认识 / 108
（一）注重教师职业的工具价值 / 109
（二）强调教师职业的传递职能 / 117
二、叶澜对传统教师职业价值取向的批判 / 123
（一）对教师职业“工具取向”的批判 / 124
（二）对教师职业“传递取向”的批判 / 129
三、叶澜对“教师为谁”的新解 / 134
（一）对教师职业本体价值的思考 / 134
（二）对教师职业创造本质的发现 / 145

第四章　教师发展的重释 / 155
一、国际教师专业发展的浪潮 / 156
（一）教师专业发展的理念 / 156
（二）教师专业发展的内涵 / 161
（三）教师专业发展的阶段 / 167

二、叶澜对“教师专业发展”理念的审视 / 171
（一）对教师职业“专业”属性的分析 / 171
（二）对“教师专业发展”理念的反思 / 176
三、叶澜对“教师发展”的阐释 / 180
（一）为谁发展——提升生命质量 / 180
（二）发展什么——作为人的整体发展 / 184
（三）如何发展——在关系与活动的交互中实现 / 186
四、叶澜对“新基础教育”教师发展的探究 / 189
（一）对教师发展的理论思考 / 189
（二）对教师发展的实践探究 / 200

第五章　教师素养的重塑 / 211
一、叶澜关于教师素养提出的背景 / 212
（一）社会转型呼唤人的主体精神的培养 / 212
（二）学校变革呼唤“成事成人”的目标指向 / 214
（三）教师发展呼唤个人内在理论的提升 / 216
二、叶澜对教师素养的新构 / 220
（一）教师素养要求的变迁 / 222
（二）教师素养的复合结构 / 224
（三）新型教师的基本素养 / 235
三、叶澜对教师素养的重塑 / 238
（一）创新精神的唤醒 / 239
（二）发展自觉的培育 / 242
（三）终身学习的选择 / 248

第六章　教师教育的重建 / 257
一、叶澜对“高师教育”的反思与新构 / 258
（一）对“师范性”与“学术性”的辨析 / 259
（二）对高师教育“师范性”的辨析 / 266
（三）高师教育新功能体系的重构 / 273
二、叶澜对“教师教育”的反思与新构 / 284
（一）对我国教师教育的审视 / 285
（二）教师教育观念的更新 / 286
（三）教师教育一体化的构建 / 292
三、叶澜对“教育系科”的反思与新构 / 298
（一）世纪之交教育系科面临的困境 / 300
（二）对教育系科突破困境的探索 / 306
（三）新时期教育系科的新构 / 308

结语　叶澜教师观的独特贡献 / 317
一、探“教师所是” / 318
二、究“教师所为” / 320
三、析“教师何为” / 323

参考文献 / 330
后记 / 336

第一章　叶澜教师观概述

> 我们坚信，没有教师的生命质量的提升，就很难有高的教育质量；没有教师精神的解放，就很难有学生精神的解放；没有教师的主动发展，就很难有学生的主动发展；没有教师的教育创造，就很难有学生的创造精神。
>
> ——叶澜[①]

教师是教育活动的基本要素，也是教育存在的重要条件。在一定意义上可以说，没有教师就没有教育。正因为教师对于教育活动的开展有着至关重要的作用，因而教育学家历来关注教师。而在叶澜的教育思想中，不仅对“教师”这一教育要素有着高度的关注和系统的理论，而且有着许多与众不同的独特主张和创新观点，形成了独具特色的教师观。这成为由叶澜主持且长近30年的“新基础教育”研究的重要理念，也成为由叶澜领衔的“生命·实践”教育学的重要内容。叶澜的教师观不仅影响和改变了广大教师尤其是中小学教师的日常生活，而且充实和深化了中国教育学的基本理论和学科内涵。

① 叶澜，等. 教师角色与教师发展新探［M］. 北京：教育科学出版社，2001：3.

一、教师观览

叶澜的教师观体现在她丰富的著述和报告中。从时间上看，涵盖了从20世纪80年代后期至21世纪20年代共30多年的岁月；从分布上看，既有直接以教师为题的论文和著作，也有在论述教育或基础教育变革时涉及教师的思想，还有在各类报告中尤其是在“新基础教育”合作学校谈及教师时的阐述；从内容上看，既有论述教师尊严、教师价值的，也有论述教师素养、教师形象的，还有论述教师培养和培训的；从思想上看，既有对中外优秀文化及教育理论的传承，也有对世俗认识或流行教育观念的批判反思，更有基于时代呼唤和教育变革做出的系统创新的表达；从话语上看，既有独创且被教育理论及教育实践界普遍接受和使用的概念术语，如“成事成人”“生命自觉”“育己育人”等，也有源自教育实践又反过来指导教育实践且被众多学校和教师认同的教育信念和信条，如“教师是从事点化人之生命的教育活动的责任人”，而“学生是学习活动的主体和责任人，是教学活动复合主体的构成”等，这些表述具有直抵人心的思想力量……无论如何分类，都难免挂一漏万。在此，仅出于研究的需要，将叶澜的教师观做如下梳理，以为后续的分析确立基础和框架。

（一）著述分布

若以著述的主题和类别为依据，可将叶澜教师观的著述做如下分列。

表1-1　叶澜以教师为题的著述（以时间为序）

序号	篇　目
1	引言——教师与教育研究［M］//教育研究及其方法. 北京：中国科学技术出版社，1990.
2	时代与教师的职业修养［J］. 中国教育学刊，1993(2).
3	浅析影响教师社会地位的因素［J］. 现代教育通讯（香港），1993(3).

续表

序号	篇　目
4	转变观念、开拓发展空间——论当代中国高等师范教育的发展［J］.高等师范教育研究，1995(5).
5	迎接挑战：在改革中走向新世纪——再论当代中国高等师范教育的发展［J］.华东师范大学学报（教育科学版），1996(3).
6	创建上海中小学新型师资队伍决策性研究总报告［J］.华东师范大学学报（教育科学版），1997(1).
7	新世纪教师专业素养初探［J］.教育研究与实验，1998(1).
8	跨世纪中国教师教育发展的若干问题［J］.教学与教材研究，1998(2).
9	一个真实的假问题——“师范性”与“学术性”之争的辨析［J］.高等师范教育研究，1999(2).
10	导论：教师——教育世界的创造者［M］//教育理论与学校实践.北京：高等教育出版社，2000.
11	未来教师的新形象［J］.上海教育科研，2000(2).
12	“面向21世纪教育系科改革研究与实践”结题总报告［J］.华东师范大学学报（教育科学版），2000(3).
13	在学校改革实践中造就新型教师——《面向21世纪新基础教育探索性研究》提供的启示与经验［J］.中国教育学刊，2000(4).
14	论教师职业的内在尊严与欢乐［J］.思想·理论·教育，2000(5).
15	教师角色与教师发展新探［M］.北京：教育科学出版社，2001.
16	教师职业的本质［J］.教师之友，2002(2).
17	校长今天应该怎样学习［J］.中小学管理，2004(4).
18	关于当前语文教育若干问题的思考——在《小学语文教师》创刊200期纪念大会暨新生代特级教师观摩课研讨会上的讲话［J］.小学语文教师，2004(11).
19	改善发展“生境”，提升教师自觉［N］.中国教育报，2007-09-15(3).
20	学校文化的关键：唤醒教师内在的创造激情［J］.教书育人，2008(3).

续表

序号	篇　目
21	新基础教育研究和新型教师的培养［J］. 教书育人，2011（6）.
22	教师要做“师”不做“匠”［N］. 中国教育报，2012-02-28（2）.
23	教师的魅力在于创造［J］. 上海教育，2013（16-6A）.
24	他们是我的老师［J］. 人民教育，2015（8）.
25	散论“教师”［M］//俯仰间会悟：叶澜随笔读思录. 北京：中国人民大学出版社，2019.
26	为中国明日之教育：充实生命，铸就师魂［M］//变革中生成：叶澜教育报告集. 北京：中国人民大学出版社，2019.

表1-2　叶澜涉及教师思想的其他著述（以时间为序）

序号	篇　目
1	试论当代中国教育价值取向之偏差［J］. 教育研究，1989（8）.
2	新编教育学教程［M］. 上海：华东师范大学出版社，1991.
3	教育概论［M］. 北京：人民教育出版社，1991.
4	试论我国基础教育改革深化的若干认识问题——为纪念“三个面向”发表十周年而作［J］. 中国教育学刊，1993（6）.
5	时代精神与新教育理想的构建——关于我国基础教育改革的跨世纪思考［J］. 教育研究，1994（10）.
6	世纪之交中国学校教育文化使命之思考［J］. 教育改革，1996（5）.
7	让课堂焕发出生命活力——论中小学教学改革的深化［J］. 教育研究，1997（9）.
8	更新教育观念，创建面向21世纪的新基础教育［J］. 中国教育学刊，1998（2）.
9	“面向21世纪新基础教育”探索性研究理论纲要［J］. 上海教育科研，2001（2）.
10	世纪初中国教育理论发展的断想［J］. 华东师范大学学报（教育科学版），2001（3）.
11	思维在断裂处穿行——教育理论与教育实践关系的再寻找［J］. 中国教育学刊，2001（4）.

续表

序号	篇　目
12	实现转型：新世纪初中国学校变革的走向［J］. 探索与争鸣，2002(7).
13	重建课堂教学价值观——“新基础教育”课堂教学改革的理论与实践探究之一［J］. 教育研究，2002(5).
14	重建课堂教学过程观——“新基础教育”课堂教学改革的理论与实践探究之二［J］. 教育研究，2002(10).
15	改革课堂教学与课堂教学评价改革——“新基础教育”课堂教学改革的理论与实践探索之三［J］. 教育研究，2003(8).
16	扎实　充实　丰实　平实　真实——“什么样的课算一堂好课”［J］. 基础教育，2004(7).
17	“全球化、信息化背景下的学校教育改革”课题研究结题总报告［M］//全球化、信息化背景下的中国基础教育改革研究报告集. 上海：华东师范大学出版社，2004.
18	21世纪社会发展与中国基础教育改革［J］. 中国教育学刊，2005(1).
19	“新基础教育”论——关于当代中国学校变革的探究与认识［M］. 北京：教育科学出版社，2006.
20	“新基础教育”研究引发的若干思考［J］. 人民教育，2006(7).
21	当代中国教育变革的主体及其相互关系［J］. 教育研究，2006(8).
22	试论当代中国学校文化建设［J］. 教育发展研究，2006(15).
23	清思　反思　再思——关于“素质教育是什么”的再认识［J］. 人民教育，2007(2).
24	学校转型性变革中的评价改革——基于“新基础教育”成型性研究中期评估的探究［J］. 教育发展研究，2007(7).
25	千舟险过万重山——改革开放30年中国基础教育发展研究概述［J］. 基础教育，2009(1).
26	大学专业人员在协作开展学校研究中的作用［J］. 中国教育学刊，2009(9).
27	“新基础教育”研究史［M］. 北京：教育科学出版社，2010.
28	当前中国社会改革与素质教育推进的决策演进评析［J］. 教育发展研究，2011(2).
29	素质教育推进现状及其原因辨析［J］. 教育发展研究，2011(4).
30	略论“新基础教育”研究之路的若干特征［J］. 基础教育，2011(2).

续表

序号	篇　目
31	执着坚持之强，创造发展之功——“新基础教育”三年扎根研究总结交流会发言稿［J］. 基础教育，2012(4).
32	课堂教学改革中预设与生成［J］. 基础教育论坛，2012(10).
33	课堂教学过程再认识：功夫重在论外［J］. 课程·教材·教法，2013(5).
34	大中小学合作研究中绕不过的真问题——理论与实践多重关系的体验与再认识［J］. 教育发展研究，2014(20).
35	回归突破：“生命·实践”教育学论纲［M］. 上海：华东师范大学出版社，2015.
36	基础教育改革深化之路怎么走?［J］. 人民教育，2015(11).
37	“新基础教育”内生力的深度解读［J］. 人民教育，2016(3–4).
38	终身教育视界的深刻意蕴：全时空性的全人发展——保尔·朗格朗带给我们的启示和价值［J］. 人民教育，2017(1).
39	“生命·实践”教育的信条［N］. 光明日报，2017-02-21(13).
40	深化儿童发展与学校改革的关系研究［J］. 中国教育学刊，2018(5).
41	溯源开来：寻回现代教育丢失的自然之维（上）［J］. 教育发展研究，2018(2).
42	溯源开来：寻回现代教育丢失的自然之维（下）［J］. 教育发展研究，2018(3).
43	中国哲学传统中的教育精神与智慧［J］. 教育研究，2018(6).
44	教育创新呼唤“具体个人”意识［M］//变革中生成：叶澜教育报告集. 北京：中国人民大学出版社，2019.
45	把个体精神生命发展的主动权还给学生［M］//方圆内论道：叶澜教育论文选. 北京：中国人民大学出版社，2019.
46	从“冬虫”到“夏草”——“生命·实践”教育学派生成过程的个人式回望［M］//方圆内论道：叶澜教育论文选. 北京：中国人民大学出版社，2019.
47	新时期“新基础教育”再出发［M］//变革中生成：叶澜教育报告集. 北京：中国人民大学出版社，2019.
48	教育研究与教育改革——以“新基础教育”研究为例［M］//变革中生成：叶澜教育报告集. 北京：中国人民大学出版社，2019.

表1–1和表1–2所列的70余篇（部）仅是叶澜丰富著述中直接与教师观有关的部分。正是这些关于教师的系统论述和见解，构成了叶澜教育思想的重要组成部分，也成为“生命·实践”教育学的重要内容。本书对叶澜教师发展思想的研究便是基于上述文献的梳理和对相关论述的进一步阐发。

（二）内容关涉

叶澜关于教师的论述从20世纪80年代末开始一直到21世纪的20年代，跨越了30多年，所涉及的内容非常广泛，且逐步深化。其中比较集中的论述主要有如下几大主题。

1. 关于教师职业的价值

早在20世纪80年代，叶澜就关注教师职业的价值取向。如在《试论当代中国教育价值取向之偏差》一文中，叶澜分析了新中国成立以来中国教育价值取向上存在的偏差，表现为：“在政府的教育决策中历来只强调教育的社会工具价值，忽视教育在培养个性、使个人的潜能得到尽可能发展方面的价值；总是要求教育出即时的、显性的功效，忽视或者轻视教育的长期效益。”而造成这一偏差的原因，除政治和经济方面的原因外，“对于把人作为最高目的是社会主义教育的基本特征这一点未予确认”，个体在教育中始终没有取得应有的地位。[①]这里所谈的人，不仅指教育对象，也指教育者；所谈的个体，不仅指学生，也包括教师。也就是说，在教育价值取向上，必须纠正以往那种只看重教育的社会价值，只把人当成工具来看待的认识偏差。进入21世纪，叶澜就此主题写了更多的文章。在《论教师职业的内在尊严与欢乐》一文中，叶澜进一步指出：中国社会历来强调“师”

① 叶澜．试论当代中国教育价值取向之偏差［J］．教育研究，1989（8）：28，32.

对于“道”的依存关系，重视教师职业的外在工具价值；现实中人们又特别强调教师职业传递性的属性，重视教师作为道德示范者的形象，却忽视了教师自身的生命成长，忽视了教师在教育中的创造。未来社会更强调教师职业的内在生命价值，更重视教师独立地进行创造。“正是对教师培养具有创造精神和能力的人的要求和对教师工作中创造性的要求，让我们找到教师职业对于社会而言的外在价值与对于从业者教师而言的‘内在生命价值’之间统一的基点，找到了教师可能从工作中获得‘外在’与‘内在’相统一的尊严与欢乐的源泉，那就是两个赫然的大字——创造！”[①]这为我们看待教师职业的内在生命价值、认识教师职业的创造性特点奠定了重要的思想基础。

2. 关于教师的专业素养

在叶澜主编的公共课教材《新编教育学教程》一书中，专设了导论“时代、教师与教育学”。这一题目本身表明，叶澜非常重视这三者的关系，且用较大的篇幅论述了古代社会、近代社会、现代社会中教师职业的演变以及对教育学发展的推动作用，认为：“时代的发展产生了对教师的需要，教师的教育实践和人类科学、文化的发展为教育学的发展提供了基础。”叶澜尤其强调：“教师与教育学科的关系不只是学习者与学习内容的关系，而且是创造者与创造成果的关系。”[②]导论还分析了时代变化对教师职能和素养提出的新要求，提出：“教师应该是富有时代精神和创造活力的人。”[③]在《时代与教师的职业修养》一文中，叶澜更是详细分析了现代社会对新型教师的要求以及教师应具备的职业修养，即“具有参与时代的意识和能力”“具有促进发展的意识和能力”“具有自觉研究的意识和能力”。[④]论述了我国

① 叶澜．论教师职业的内在尊严与欢乐［J］．思想·理论·教育，2000（5）：10.
②③ 叶澜．新编教育学教程［M］．上海：华东师范大学出版社，1991：20；15.
④ 叶澜．时代与教师的职业修养［J］．中国教育学刊，1993（2）：50-51.

师资培养系统从结构、内容到方法上应该进行的变革，并指出最终要实现目标，需要教师本人的自觉投入，让教师真正感受到这一职业对自身智慧和能力的挑战。这是一种源自教师的内部动力。这种内部动力，正是构成教师与时代同步甚至超前发展的最根本保证。在《时代精神与新教育理想的构建——关于我国基础教育改革的跨世纪思考》一文中，叶澜分析了时代精神，指出“一个呼唤人的主体精神的时代已经真实地到来了”，在这样的背景下，特别需要教育工作者尤其是教师转变教育对象观和与其相关的教育观，“最重要的是确认生命的整体性和人的发展的能动性”。①后来，叶澜在《新世纪教师专业素养初探》一文中，专门论述了未来教师所需要的专业素养，并从教育理念、知识、能力等方面进行了分析，指出：“对人类的热爱和博大的胸怀，对学生成长的关怀和敬业奉献的崇高精神，良好的文化素养，复合的知识结构，在富有时代精神和科学性的教育理念指导下的教育能力和研究能力，在实践中凝聚生成的教育智慧，这就是我们期望的未来教师的理想风采。”②这种对时代、教师与教育学之间内在关系的重视，以及更好地把握时代对教师提出新要求的建议，对我们思考教师素养的系统构成具有重要的意义。

3. 关于教师发展和教师角色

在“教师专业发展”成为全球热词且居高不下的背景下，叶澜却不赞成简单地提这一概念，而主张提“教师发展”。在《散论“教师”》一文中，叶澜指出，目前存在的问题是教师对专业发展太看重了，却对自己作为一个全人的发展有所忽视。因此，更应该关注的是教师作为“人”的发展。“当然，没有专业是不行的，没有专业你讲台都站不住。但是仅仅有专业，肯定

---

① 叶澜．时代精神与新教育理想的构建——关于我国基础教育改革的跨世纪思考［J］．教育研究，1994（10）：4-5.

② 叶澜．新世纪教师专业素养初探［J］．教育研究与实验，1998（1）：46.

也是不够的。重要的是教师的整体发展。"[①]为此，叶澜强调要提升教师发展的自觉。在《"新基础教育"内生力的深度解读》一文中，叶澜进一步解释了"教师发展自觉"的内涵："我们把'发展自觉'概括为四句话：以学促自明，以思促自得，以省促自立，以行促自成。"[②]叶澜还从两个维度对教师角色进行了重构：一个是"关系"维度（包括教师与变革的关系、教师与学生的关系、教师与学科的关系、教师与自我的关系），在关系的意义上读懂教师；一个是"不是"与"是"的区别维度，在"不是"与"是"的区别中读懂教师。这是在倡导"教师专业发展"的国际热潮中鲜明地提出"教师发展"的观点，为我们理解转型性变革时代教师的角色提供了独特而新颖的视角。

4. 关于教师教育改革

在一组讨论中国高等师范教育改革的论文中，叶澜尖锐地批评了中国高等师范教育存在着职前和职后分离、缺乏结构效应，高师与普通中学对口、专业设置长期不变，"师范性"和"学术性"对立的关系模式等问题，提出：在观念转变上，"高师应以社会整个教育事业的发展趋势、以社会发展对教师职业的要求、以当代教育观念的变化发展作为自己办学的指导思想，确定培养目标的社会依据"[③]；高师院校不仅要为普通中等教育培养教师，而且应把中等职业技术教育师资培养作为自己的任务；高师院校应承担起教师职后培训和继续教育的任务；师范生培养应加强科研的精神与能力、交往的意识与能力、组织管理及策划教育活动的意识与能力；高师院校在教学过程中要

① 叶澜. 散论"教师"[M]//叶澜. 俯仰间会悟：叶澜随笔读思录. 北京：中国人民大学出版社，2019：124.

② 叶澜."新基础教育"内生力的深度解读[J]. 人民教育，2016(3-4)：33.

③ 叶澜. 转变观念、开拓发展空间——论当代中国高等师范教育的发展[J]. 高等师范教育研究，1995(5)：6.

加强与中等教育实践的联系。在高师教育功能的调整上，要实现教师职前培养与职后培训的多层次、一体化、终身化；高师院校要与中小学联合开展教育研究，“形成师范意义上的‘教学、科研、生产’联合体，在高师与中小学间的关系中增添新型的科研合作伙伴关系”[①]。在教师教育的改革上，职前的师范教育要改变过去以知识和未来工作需要为本的教育设计，真正从教师个人的需要出发进行培养方案的设计；“在职教师教育的系列既能服务于个体发展的不同水平，又能满足处在不同发展水平教师继续学习和发展的需要”[②]。在教师教育的定位上，要扭转“师范性”与“学术性”对立的看法，承认教师职业是一种真正的专业，“师范性”本身就蕴含着“学术性”，教师必须经过专业教育，“只有到此时，我们才能说在相对完整的意义上把握了师范性的意义，师范性就成为教师专业性的同义语”[③]。这为我们认识新形势下高师院校的功能、师范教育的任务、教师教育的性质以及明晰教师教育的改革思路等提供了颇为前瞻且具有重要启示的思想图谱。

以上简要的内容梳理，说明叶澜对“教师”这一问题的思考一直伴随着她对基础教育改革与教育学重建的探索，且从未中断过；内容涵盖了教师的职业价值、教师的专业素养、教师的职业角色、教师教育变革等。叶澜所谈及的也不仅仅是教师职业自身的问题，而是将教师职业放在整个社会和时代变革的大背景中去考量。可以说，叶澜以其教师观有力支撑着“生命·实践”教育学。

---

① 叶澜. 迎接挑战：在改革中走向新世纪——再论当代中国高等师范教育的发展［J］. 华东师范大学学报（教育科学版），1996(3)：11.

② 叶澜. 跨世纪中国教师教育发展的若干问题［J］. 教学与教材研究，1998(2)：12.

③ 叶澜. 一个真实的假问题——“师范性”与“学术性”之争的辨析［J］. 高等师范教育研究，1999(2)：16.

（三）形成过程

叶澜教师观的形成伴随着她对中国教育尤其是基础教育变革的思考，且深刻地影响和改变着众多教师尤其是中小学教师的日常生活。因此，有必要回顾和整理其教师观的产生、发展过程。

叶澜在2018年1月撰写的《关于本人教师观的形成过程与逻辑结构的自我解读》的书信中，将其教师观的形成过程分成了三个阶段。

第一阶段为1991—1995年，这是以探讨教育基本理论为主并为教师观奠定认识基础的时期。叶澜明确提出了作为发展主体的个人的生命实践在自身发展中的关键性作用，并强调了其最高的自觉是对自身命运的把握。叶澜指出，随着社会为人的发展提供越来越大的可能及提出越来越多和越来越高的要求，随着科学对人自身研究的深化，人们对个体发展的认识超越了经验的水平，发现人的潜能的多方面性与发展的相对无限性，从而改变了对个体发展时限的看法：把上限推前到生命的孕育期，把下限延伸到生命的终点，个体的发展贯穿于生命全程。而个体发展的动因包含内外因素，其中个体的实践是推动人发展的直接与现实的力量。因为个体实践既包含人的内在需求与条件、外部影响与条件，也包含发展主体的能动认识与选择，实践是内外因素作用于个体发展的聚焦点，所以，发展主体的实践活动对人的发展具有决定性意义。[①]教师作为普通人的发展同理。作为教育工作者，教师不仅要意识到自身作为发展主体的实践活动所具有的重要意义，还必须意识到自己所从事的教育工作的特殊性是由以人的身心发展为直接影响对象决定的，如何通过学生作为发展主体的实践活动促进学生成长更是教师的职责所在。可以说，叶澜从“教育”和“人的发展”两个方面对“教师”这一概念的内涵做出了一般和特殊的基本规定。

第二阶段为1996—2000年，这是以迎接新世纪到来为背景的教师问题

---

① 叶澜．教育概论［M］．北京：人民教育出版社，1991：194-197.

研究时期，也是“新基础教育”完成探索性研究进入拓展性研究时期。叶澜明确提出了“四把四还”，即“把课堂还给学生，让课堂焕发生命活力；把班级还给学生，让班级充满成长气息；把创造还给教师，让教育充满智慧挑战；把精神发展的主动权还给师生，让学校充满勃勃生机”。这些朗朗上口的观点表达不仅在“新基础教育”实践中得到广大教师的普遍认同，还成为许多中小学的办学理念，被一些学校镌刻在建筑物上。这一时期，教师职业的创造性成为该阶段研究的主题，并强调了学校改革实践对于教师发展的意义，而“新基础教育”以自己的探索和实践证明了新型教师培养的可能性和基本路径：“新型教师队伍的形成，是学校管理改革中最为重要的问题，要想使教师能长期坚持研究改革性实践，学校领导乃至更高的行政部门要做出支持教师研究、探索新教育的决策和政策，对走在前面的教师给予支持，并参与校内研究，成为知情、知难、知心的，能给教师力量和懂得欣赏教师创造的领导。唯有如此，学校改革研究才能持续进行，科研才会成为推进学校发展的重要力量；唯有持久的努力和创造性地开展教育改革实践活动，现有教师向新型教师的转化才能实现。”[①]这是崭新而宝贵的本土经验，且是在理论指导下自觉创造的本土经验。这也表明，实践的因素是产生真实的理论建构的重要力量。2000年，叶澜、郑金洲、卜玉华合著的《教育理论与学校实践》一书出版。该书以“教师——教育世界的创造者”为开篇，围绕“职业自我”“师道尊严”“知识传递者”“专业性职业”等关键词，对师范生以及广大教师提出了“走出教师职业自我认识的误区”及培育“教育世界创造者的专业素养”的要求。这里，叶澜的教师观不仅形成了基本框架，而且在理论与实践的互动中既影响着实践又深化着理论。

第三阶段为2001—2017年，这是叶澜教师观研究系统化、完善化和凸显“生命·实践”教育学特殊性的时期。叶澜不仅与她的博士生共同推

① 叶澜. 在学校改革实践中造就新型教师——《面向21世纪新基础教育探索性研究》提供的启示与经验［J］. 中国教育学刊，2000（4）：62.

出了以“教师”为题的专著《教师角色与教师发展新探》一书，还就“教师”这一主题发表了系列论文和研究报告。这一阶段最具理论性的阐述是叶澜2004年发布的《世纪初中国基础教育学校“转型性变革”的理论与实践——“新基础教育”理论及推广性、发展性研究结题报告》，其中专列“关于教师发展”的篇章，提出了“研究性变革实践”这一属于“生命·实践”教育学的专有概念，并将此作为教师发展的基本路径。[①]在2006年修订出版的《教育概论》中，叶澜从“教育是直面生命、通过生命和为了生命的人类独特事业”这一角度出发，再次强调了教师职业的崇高和伟大。[②]在2006年出版的《“新基础教育”论——关于当代中国学校变革的探究与认识》一书中，列出了专门章节“新型教师队伍的创建”，从理想重建、基本素养、基本路径几方面表达了对“教师”这一主题的探讨。[③]2013年，叶澜在接受《上海教育》杂志访谈时说：“进入职场以后，真正促进教师的发展，是他自己的实践，在日常实践中的研究反思，不断重建自己的教育生活。每个人的成长都要靠自己，靠外部是没有用的。外部只是一个影响、一种促进，但是最终的变化、真正成长是个体的事情，不是群体的事情。”[④]这不仅沿袭了叶澜始终如一的发展观，而且进一步重申了教师的研究性变革实践对教师个体发展的独特价值。在2015年出版的《回归突破：“生命·实践”教育学论纲》中，叶澜以“创造：师生在校新生活”作为全书的结尾，指出：“教师，也许不能改变整个社会，但只要我们愿意，只要我们懂得，只要我们清醒，只要我们践行，实实在在地从改变自己开始，我

① 叶澜.世纪初中国基础教育学校“转型性变革”的理论与实践——“新基础教育”理论及推广性、发展性研究结题报告［M］//叶澜.“新基础教育”发展性研究报告集.北京：中国轻工业出版社，2004：28-32.

② 叶澜.教育概论［M］.北京：人民教育出版社，2006：312.

③ 叶澜.“新基础教育”论——关于当代中国学校变革的探究与认识［M］.北京：教育科学出版社，2006：354-371.

④ 叶澜.教师的魅力在于创造［J］.上海教育，2013（16-6A）：36.

们就能改变自己的职业生涯，改变与我们长久相伴、相处的学生的生命成长。”[①]2016年，叶澜在《“新基础教育”内生力的深度解读》一文中，阐述了“四个读懂”，即“读懂时代”“读懂学校”“读懂教师”“读懂理论与实践的关系”，并在“读懂教师”的论述中，以“是”与“不是”表达了自己对教师职业价值、特性和创造本质的立场和观点。2017年，叶澜发表了《“生命·实践”教育的信条》，呈现出的12个信条是“生命·实践”教育学派关于教育、学校教育和教育学研究的基本信念、基本认识与基本准则，是学派精神内核的集中、概要式表达。其中多个信条与教师相关。如信条四：“学校是师生开展教育活动的生命场，提升学校的生命质量是学校变革的深层次诉求。”如信条六：“教师是从事点化人之生命的教育活动的责任人。没有教师的创造性劳动，就不可能有新的教育世界。教师只有将创造融入自己的教育生命实践，才能体验这一职业内在的尊严与欢乐。”如信条八：“用创造学校新生活的理念开展日常教育活动，使师生成为学校生活的主动创造者。教育的意义不只是在未来，它就在当下创造生命成长的、丰富的各项学校活动中。”[②]这些表达不仅简明扼要，而且旗帜鲜明，从中可以感受到，叶澜的教师观无论在批判还是在建树上都在走向系统化。

在系统阐述个人教师观发展脉络的基础上，叶澜以时间为主线，展示了其教师观的形成过程及不同时期关注的不同主题，并表达了一以贯之的思维策略。其形成过程见图1–1。[③]

---

① 叶澜. 回归突破：“生命·实践”教育学论纲［M］. 上海：华东师范大学出版社，2015：325.

② 叶澜.“生命·实践”教育的信条［N］. 光明日报，2017-02-21(13). 此文后来在收入《变革中生成：叶澜教育报告集》时，题目改为《“生命·实践”教育学派的教育信条》。见：叶澜. 变革中生成：叶澜教育报告集［M］. 北京：中国人民大学出版社，2019：445-452.

③ 该图由叶澜手绘于2018年1月，后由其学生根据原图用电脑绘制。

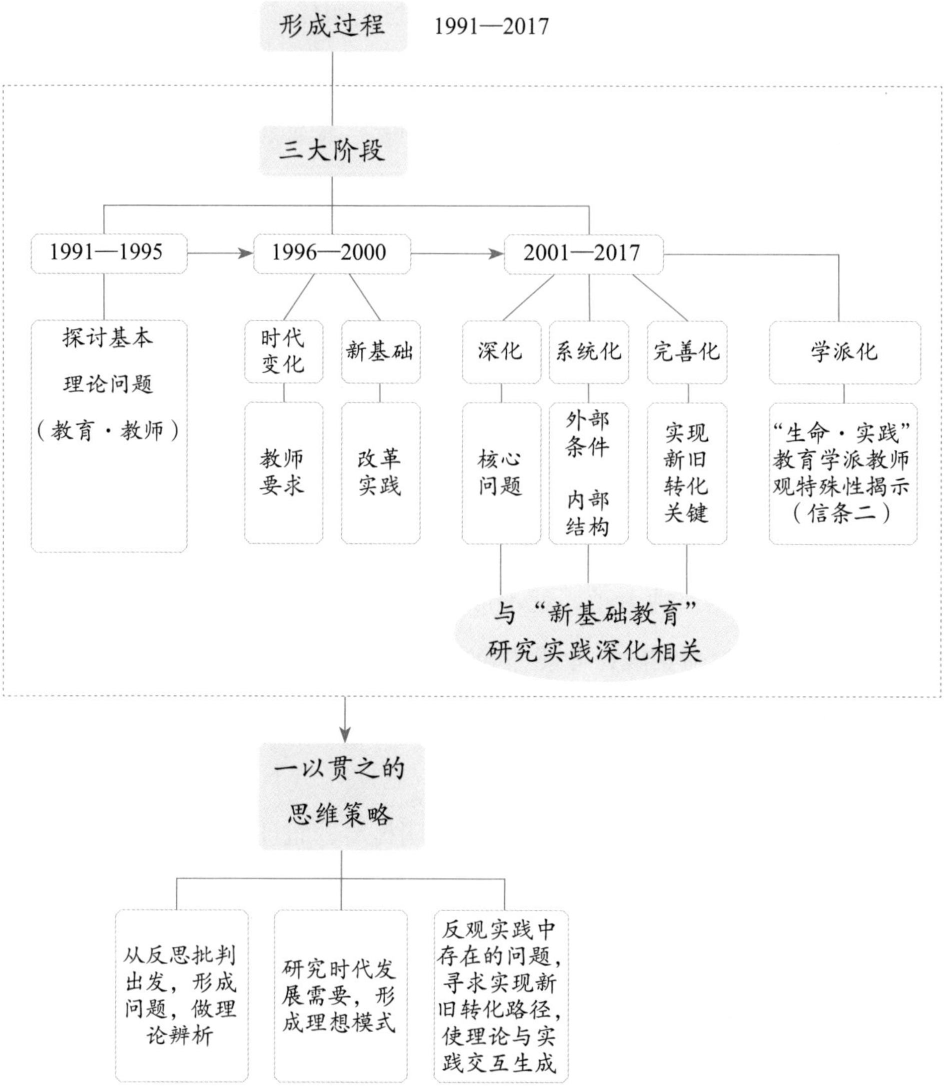

图1-1　叶澜教师观的形成过程

（四）逻辑结构

“逻辑”一词为“logic”的音译，源于希腊语，原意是指理性、规律、规则等。其作用一是澄清和定义，从而导向共识；二是提炼和概括，从而揭示规律。亚里士多德（Aristotle）的贡献就在于他规范了人类思考的形式和方法，让思考成为一个体系，即逻辑学。简单地说，逻辑的意思就是正确思维的技术和方法。[①]如伏尔泰（François-Marie Arouet）所说："要是你想和我交谈的话，请先给用语下个定义。"[②]黑格尔（Georg Wilhelm Friedrich Hegel）在《逻辑学》中提出，"逻辑的对象即思维"，"没有一门学科比逻辑科学更强烈地需要从问题实质本身开始"。[③]胡塞尔（Edmund Gustav Albrecht Husserl）在《逻辑研究》中认为，逻辑学是"这样一门科学，为我们指明，我们应当如何在合理的教科书中阐述科学"[④]。显然，逻辑以思维为对象，指向的是事物的规律，是对思维过程的抽象。因此，当涉及某一事物的逻辑时，我们讨论的内容是这一事物的实质、存在依据以及发展规律。

叶澜的教师观虽然在时间上经过了较长的阶段，且分散在其丰富的著述中，但从内容上看是系统而完整的，从逻辑上看是严密而自洽的。其教师观内容结构见图1–2。[⑤]

从这一结构图所呈现的教师观来看，在逻辑上有如下特点。

1. 内容系统完整

从内容上看，叶澜教师观包含对教师职业的价值、属性、特点、职责、角色、素养以及教师教育等的认识和看法。这既是职业存在的构成要素，也是职业认识的逻辑链条。叶澜的教师观已经涵盖了上述内容。如强调教师职业的价值不仅在于传道、授业、解惑，更重要的是在职业中独立地进行创造，不仅具有外在的工具价值，而且具有内在的生命价值。强调教师职业的属性"不只是为学生成长所做的付出，不只是别人交付任务的完成，它同时

①② 威尔·杜兰特. 哲学的故事［M］. 金发燊，译. 北京：生活·读书·新知三联书店，1997：85.

③ 黑格尔. 逻辑学：上卷［M］. 杨一之，译. 北京：商务印书馆，1982：23-24.

④ 胡塞尔. 逻辑研究：第1卷［M］. 倪良康，译. 上海：上海译文出版社，1994：23-24.

⑤ 该图由叶澜手绘于2018年1月，后由其学生根据原图用电脑绘制。

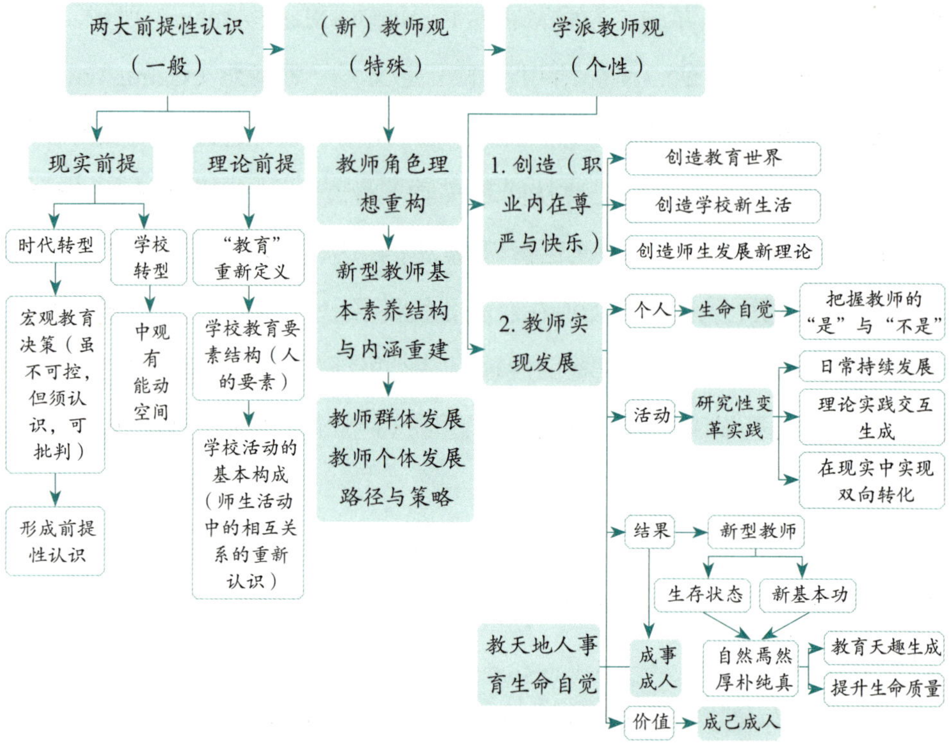

图 1–2　叶澜教师观的逻辑结构

也是自己生命价值和自身发展的体现”[①]。强调教师职业的特点不仅在于“育人”，教师也要“育己”，而且“育己”先于“育人”。强调教师的职责不仅是完成认识性的任务，更重要的是促进师生身心的多方面的发展；不仅是传递知识，更重要的是唤醒师生发展的生命自觉。强调教师的角色要实现根本性的转变，如教师是人，是经过长期教育专业培养的人，是有思想的实践者，有发现的研究者，有创生能力的变革者；教师是点亮学生心灯的“启蒙者”，是用人类文明使学生成人的“养正者”，是学生才情、智慧、人格发展不可替代的“助成者”；教师是学科知识的重要激活者，是学科育人价值的开发者，是教育教学实践的个性化创造者；教师是自主选择职业的责任人，是要不断自觉提升德行才智的发展者，是善在群体合作中发挥、发展个

① 叶澜．让课堂焕发出生命活力——论中小学教学改革的深化［J］．教育研究，1997(9)：5.

性的主动者。[①]强调教师专业素养表现为在认识基础教育的未来性、生命性和社会性的基础上形成新的教育观、学生观和教育活动观，多层复合的专业知识结构，以及交往、管理和教育研究的能力。强调教师教育不仅要推进职前培养与职后培训的一体化、终身化及全覆盖，而且高师院校要积极保持与中等教育实践的密切联系，建立与中小学的科研合作伙伴关系。此外，叶澜对一些传统的提法或流行的观点进行了批判，如反对提“教师专业发展”而主张提“教师发展”，反对将“教书”与“育人”并列而主张教师要“成事成人”。这些构成了叶澜教师观的完整体系，也成为教育变革特别是教师发展的思想引领。

2. 逻辑严密自洽

从逻辑上看，形式逻辑对思想表达总的要求是在同一思维过程中保持思维的确定性。这就要求遵守形式逻辑的基本思维规律。而表达思维的过程是运用概念做出判断并进行推理的过程。教师观也应该遵循思维规律，使论题、论据和论证的三大要素具有逻辑性。叶澜的教师观正符合上述要求。

第一，观点的确定和连贯。如1989年发表的《试论当代中国教育价值取向之偏差》一文中提出，以往的教育注重社会工具价值，却忽视了培养个性、使个人的潜能得到尽可能发展方面的价值，未来的教育应更关注人自身的发展，把人作为最高目的。在2000年发表的《论教师职业的内在尊严与欢乐》一文中进一步指出，教师职业不仅具有对于社会而言的外在价值，更有对于从业者教师而言的内在生命价值，教师应使自己成为自觉创造教师职业生命和职业内在尊严的主体。在2007年发表的《改善发展“生境”，提升教师自觉》一文中，强调教师应成为自身职业生涯的主人，“只要努力实现

① 叶澜.“新基础教育”内生力的深度解读［J］. 人民教育，2016(3-4)：39-41.

自我更新，就能胜任当代教师的职责，并在成就学生的同时，提升自己的生命质量，活出特有的职业尊严和欢乐”，而“当代教师提升自觉的核心任务是提升创造自觉”。[①]在2018年所做的《新时期“新基础教育”研究再出发》报告中再次强调，“教育者眼里的生命不只是自己，期盼的是通过教育让教育中更多的生命活得更美好”，主张“人人作为自己生命的发展主体，共同创造学校新生活，享受教育活动所特有的生命四季，享受教育独有的尊严、活力与欢乐”。[②]可见，叶澜对教师职业内在价值的关注和对教师劳动创造性特征的强调是始终如一的。

第二，论证的缜密和严谨。仅举两例。如在《“新基础教育”探索性研究总报告》中，叶澜特别指出：“我们把参与改革研究的学校统称为‘试验学校’，而非‘实验学校’，是为了表述这一研究在与实践相关的领域所采用的研究方式并非严格意义上的实验研究，而是基于现实的改革性试验，其中包括多种方法的综合。”[③]在《一个真实的假问题——“师范性”与“学术性”之争的辨析》一文中，叶澜直面教师教育的这一百年难题，认为这是一个在现实中存在但在逻辑上不存在的“真实的假问题”。她首先对我国“师范性”与“学术性”之争的由来与变化进行了分析，概括出争论中所指的“师范性”与“学术性”究竟各指什么。这是做逻辑分析前所必须进行的事实性材料和概念的清理工作。其次集中探讨教师培养中的“师范性”与“学术性”，并把此问题涉及的学校等级层限制在高等教育的范围内。她指出，当人们把“师范性”仅仅理解为把学科知识中最基础的、早已成为定论的那

① 叶澜. 改善发展“生境”，提升教师自觉［N］. 中国教育报，2007-09-15(3).

② 叶澜. 新时期“新基础教育”研究再出发——叶澜教授在全国“新基础教育”共生体第十次会议上的报告[EB/OL].(2018-05-24)[2020-01-29]. https://mp. weixin. qq. com/s/TbwztLwGBvKa5eGzO50IeA.

③ 叶澜.“新基础教育”探索性研究总报告——面向21世纪学校教育整体改革的初始构建［M］// 叶澜. 变革中生成：叶澜教育报告集. 北京：中国人民大学出版社，2019：129脚注.

些内容传递给中学生，即会教中学教科书的能力和技术时，这样的“师范性”概念与上述的“学术性”概念就不相干且可能对立。但是，假如我们承认教学活动也需要创造力，教学也是有学术水平差异的活动，所谓的“师范性”与“学术性”的对立就不复成立。最后得出结论，“师范性”与“学术性”的对立本身建立在对教师职业的非专业化的定性和肤浅而陈旧的观念上，它集中表现在对师范性的理解上，现在是结束“师范性”与“学术性”之争的时候了。我们面临的新问题是如何全面地把握教师的专业性。[①]这样的辨析如剥笋般层层深入，且论证充分，论据翔实，言语犀利，结论可信，为我们呈现了一个极好的逻辑分析的范本。

第三，理念的独创和传播。在与教师相关的丰富著述中，叶澜提出了许多新颖的理念和独特的概念，并为广大教师所认同和使用。如1993年在《时代与教师的职业修养》一文中提出了教师“职业形象”的概念；1997年在《创建上海中小学新型师资队伍决策性研究总报告》中进一步将时代发展对教师职业的专业化要求简称为“专业形象”，并提出了教师“专业精神”和“专业智慧”的概念；1998年在《新世纪教师专业素养初探》一文中提出了“教育智慧”的概念；2000年在《论教师职业的内在尊严与欢乐》一文中提出了教师职业的“内在生命价值”和“内在尊严”的概念；2002年在《教师职业的本质》一文中提出了教师“精神生命”的概念；2016年提出了“教师角色重构”的概念；此外，叶澜相继提出的“教天地人事，育生命自觉”“教师是从事点化人之生命的教育活动的责任人”等理念，不仅为广大教师所接受，还成为许多教师的教育信念及许多学校的理念遵循。

通过以上分析，期望能对叶澜教师观的逻辑构成做一粗略的呈现，并为本书的后续论述提供逻辑的框架。

---

① 叶澜．一个真实的假问题——“师范性”与“学术性”之争的辨析［J］．高等师范教育研究，1999（2）：10-16.

二、现实基础

叶澜的教师观不是凭空提出来的，而是建立在波澜壮阔的现实基础之上的。作为出生于20世纪中叶，亲身经历了中国改革开放的教育学者，叶澜敏锐地意识到了现实社会发生的各种变化，也看到了这些变化对教育尤其是基础教育以及教师提出的新要求。由叶澜主持的近30年的“新基础教育”研究正是时代转型和现实变革的产物，而其中独树一帜的教师观更是彰显了其关注社会现实、关注教师现状的初衷，也起到了引领教育实践、引领教师发展的作用。

（一）宏观背景：时代转型

叶澜始终保有对时代的敏感，认为“教育理论的发展与时代有着内在的、直接的、多方面和多层次的关联。在一定意义上，教育理论属于‘时代学’之列”。也就是说，“这些学科的发展需要与条件、方向与内容、研究方法与方法论、研究价值及功能的发挥等，在很大程度上与时代发展状态相关。凡属‘时代学’之列的学科，都是与人类和社会发展的实践密切相关的学科”。[①]正是基于这样的认识，叶澜比常人有着更强烈的对时代的关注，主张教育研究人员要“去呼吸时代的新精神、感受时代的新需要、学习时代的新工具、发现时代的新问题”[②]。前面所列的70余篇（部）著述中，以“时代”“当代”“新世纪”“新时期”等时间概念为题的就有近30篇（部），叶澜在不同场合的各种报告中，也常有对时代的深刻分析，以此为前提再探讨教育的改革和教师的使命。而叶澜对世纪之交现实社会的关注主要指向两个方向，一是对国际社会发展态势的清醒认识，二是对中国社会发展态势的准确把握。叶澜的教师观就是在这样的时代浪潮中孕育，在时代转型的推动下诞生的。

①② 叶澜. 世纪初中国教育理论发展的断想［J］. 华东师范大学学报（教育科学版），2001（3）：1；3.

1. 对全球化和信息化社会的关注

2001年，叶澜承担了教育部人文社会科学重点研究基地重大课题——“全球化、信息化背景下学校改革问题的诊断与对策研究”，并于2004年发表了课题研究的总报告。叶澜指出，人类刚一迈进21世纪，“全球化”与“信息化”就以十分醒目的笔触写在了人类社会21世纪的第一页上。“它们不仅成为人类进入新世纪所必须面对的标志性观念，而且已作为一种实存力量，构成当今人类社会的生存背景，向越来越多的国家、各种各样的人类活动领域，产生冲击式的和渗透弥漫式的广泛影响。”①

叶澜强调，对于全球化和信息化这一社会大背景及其给教育带来的影响不可低估，这是形成21世纪新型学校图景所不可缺少的部分。“全球化”与“信息化”是两个相关、相交但并不完全重合的概念。全球化与信息化反映了人类在社会发展过程中有关时空、交往、流通的意识与行为、范围与速度、目标与手段、组织工具与形态等诸方面在不同历史时期的变化过程。全球化和信息化的起始时期并不相同，但从20世纪下半叶至今，相互作用日益加强并在全球范围内汇流，尤其是在发展中国家得到凸显和关注。有关政府对此或当作挑战，或当作机遇，以或喜或忧、或主动投入或消极限制等各种姿态做出应对。②

就全球化而言，2001年中国加入世贸组织，以此为标志，中国社会直接、全面进入了经济全球化的大格局。这意味着中国社会改革开放的场景要发生由国内向国际的转换，在竞争的空间、对手和激烈、复杂程度上，在改革的速度、深度和力度上都要发生变化。叶澜指出，全球化即市场经济体系在全球的扩张，这是以经济全球化为核心，在政治、文化、科技、军事、生

---

① 叶澜.“全球化、信息化背景下的学校教育改革”课题研究结题总报告［M］//叶澜，等.全球化、信息化背景下的中国基础教育改革研究报告集.上海：华东师范大学出版社，2004：5.

② 叶澜.21世纪社会发展与中国基础教育改革［J］.中国教育学刊，2005(1)：3.

活方式、价值观念等多层次、多向度、多领域相互联系、相互影响的多元概念。全球化当代形态的实质表现为：第一，全球化并非淡化和消解国家、民族，强化全球、人类，以实现全世界共同利益和建立世界秩序为目标的全球发展过程，而是受经济利益的驱动，以强国经济和国际霸权为主势，服务于资本扩张的需要。第二，全球化并不仅限于经济领域，还关涉文化以及教育领域，发达国家的强势文化不仅随着生产方式、管理方式以及各种产品倾销传遍全球，还通过各种方式，使强势文化所携带的内在的价值观、思维方式等向全球扩张，对此，我国教育界必须有清醒的认识和警惕。第三，全球化不等于同质化、平等化和现代化，不可避免地处在以强国霸权主控、以资本扩张为根本利益、以市场竞争为推动机制的过程中。第四，全球化不是一蹴而就的，而是需要一个漫长的历史过程。多元、合作、平等、互利、和平、繁荣等促进各民族和全人类发展意义上的以人为本的全球化还需要各国人民的共同努力。[①]

就信息化而言，叶澜特别强调，认识信息化需要从三个形态来认识。第一，信息化的基础性形态——技术存在。信息技术的核心是把信息数字化，从发展的趋势来看，将来的电脑、机器人技术定会朝着人机对话界面的人性化和对人的多种特质与能力综合统一的方向突进。正是这种全面拟人化的走向，有可能全面改变现存的人与技术的关系，由拟人化的功能走向属人化，走向信息技术服务于人的解放和发展。第二，信息化的结构性形态——社会存在。不仅表现在信息产业代替了传统工业产业成为社会的支柱产业，知识成为社会经济和社会发展的重要动力，以及信息技术给企业生产或工作过程的内部结构带来深刻的形态变化，而且社会环境的信息技术化使人的生存环境中增加了虚拟社会，社会价值观也出现了多元并存的局面。第三，信息化的生命性形态——个体存在。这表现为：一是个人时空意识发生变化。在时

① 叶澜．“新基础教育”论——关于当代中国学校变革的探究与认识［M］．北京：教育科学出版社，2006：35-37.

间意识上，对“未来”的价值更为重视；在空间意识上，个体意识中的世界空间、宇宙空间变小，个人空间则因互联网而变大。二是个人生存方式发生变化。既有交往方式上增加了以间接性、匿名性和机器表达为特征的网上交往，也有学习方式上由于网络资源的丰富为个体独立学习提供了可能，更加凸显了个人在学习中的价值取向和主动性之重要。三是个体活动方式和时间分配的变化。计算机与个体的关系被固定化，计算机互联网成了个体生命不可缺少的消费和“组成”。四是个人语言和思维方式发生变化。表现为新语汇和表达方式出现的量与变换的速度都有所增加，原先相对稳定的语言系统也变得开放、多元、复杂和多变，网络语言介入母语日常语言系统的走势也在增强，计算机和传媒极大地增加了图像语言的表达机会和表达力。①

以上有关全球化和信息化的研究，是在对当今中国社会的影响及对中国教育的启示这一意义上说的。叶澜将其视为我国学校教育转型性变革的最重要和具有根本性与前提性的社会依据，这也成为其教师观的重要时代背景。

2. 对改革开放及社会转型的关注

当代中国的改革开放以1978年12月中国共产党十一届三中全会为起点，迄今已历经40多年。这是十分艰难但成效显著、富有划时代意义的40多年。中国纠正了极左路线的错误，拨正了社会发展的方向，打开了国门，加速了经济发展和融入全球化的步伐，国家经济实力以超常的速度增强，成为世界第二大经济体。叶澜高度关注改革开放的进程和社会的转型发展，认为这一切既对教育发展提出了挑战与要求，也为教育改革奠定了基础。

① 叶澜．“全球化、信息化背景下的学校教育改革”课题研究结题总报告［M］//叶澜，等．全球化、信息化背景下的中国基础教育改革研究报告集．上海：华东师范大学出版社，2004：11-20.

从改革开放的进程来看，建设社会主义现代化强国，实现中华民族的伟大复兴，全面进入小康社会，这是改革开放的宏大目标。叶澜系统细致地梳理了这一进程，认为当代“中国社会主义社会正处在向现代化发展的重要历史转型时期：生产力的构成和整个国民经济的产业结构，从劳动力密集型为主向智力密集型为主及三大产业结构比与现在倒置的方向转化；经济体制从计划经济为主向市场经济为主转化；经济增长方式从粗放型向追求效率和质量的集约型转化；社会发展模式由单一向综合、由短期行为向可持续发展、物质文明与精神文明协调前进的模式转化。……我们可以把此称为最深层次的转型，即中国人的生存意识和生存方式的转型：在生存的时间意识上，从重视过去向重视未来转化；在生存方式上，从稳定向发展转化；在生存的价值追求上，从趋同、统一向多元、自主转化”①。2017年10月，习近平总书记在党的十九大报告中提出：“中国特色社会主义进入新时代，我国社会主要矛盾已经转化为人民日益增长的美好生活需要和不平衡不充分的发展之间的矛盾。”人民美好生活需要日益广泛，“不仅对物质文化生活提出了更高要求，而且在民主、法治、公平、正义、安全、环境等方面的要求日益增长”。②我国社会主要矛盾的这一变化是关系全局的历史性变化，也必将促进社会的整体转型。

从社会转型的要求来看，叶澜认为，中国从“站起来”“富起来”到“强起来”，要求社会改革发展转型本身要升级换代。升级换代的主要指标，一是社会发展指向和谐、民生；二是经济发展突出创新、质量；三是市场经济加强规范、诚信；四是中国社会各地区空间布局大转换，城镇化提速与美丽乡村建设并举；五是国家软实力发展提上议事日程。“软实力”（soft

---

① 叶澜. 世纪之交中国学校教育文化使命之思考［J］. 教育改革，1996（5）：2.

② 习近平. 决胜全面建成小康社会，夺取新时代中国特色社会主义伟大胜利——在中国共产党第十九次全国代表大会上的报告［EB/OL］.［2020-01-20］. http://www.xinhuanet.com/2017-10/27/c_1121867529.htm.

power）这一概念是美国学者约瑟夫·奈（Joseph Nye）于1990年提出的。在约瑟夫·奈看来，一个国家的综合国力既包括由经济、科技、军事实力等表现出来的“硬实力”，也包括由价值观、影响力、吸引力等体现出来的“软实力”。软实力一般是指无形的、抽象的、非物质性的力量，它能通过吸引力而非威逼或利诱达到“不战而屈人之兵”的目的。这一概念的提出，把“软实力”提高到了与传统的“硬实力”同等甚至更为重要的位置，促使人们从关心军备、武力、科技进步、经济发展、地域扩张、军事打击等有形的“硬实力”，转向关注文化、价值观、影响力、道德准则、文化感召力等无形的“软实力”。为此，要求一方面是人的文化、文明和教养的提高，另一方面是社会秩序重建，还要形成维护机制，惩恶扬善。在国际上，由富到强的中国也面临挑战。一方面，中国在全球化中的角色地位发生变化，从被动全球化走向主动全球化，从被规定走向参与规定，从顺势而行走向对逆向的力量产生制约作用，“中国制造”正在走向“中国创造”。另一方面，为维护霸权地位，发达国家对中国也在强势打压，2018年美国主动对华发起的贸易战就是美国为确保自身地位而采取的行动，这使得国际利益格局发生重大变化。“中国面临近代以来（近200年）从未有过的复杂大变局和发展新希望，出现了历史发展的重要转折。”[①]这也要求我们认清形势，做大时代里的清醒人。

从深化改革的教育期待来看，叶澜认为，改革开放的深化，使中国社会的转型进入创建和发展的重要时期。“当前，中国社会真正进入到了社会繁荣发展且需要以更多个体富有时代性的充分发展作为条件的时代——社会发展和个体发展从来没有像今天这样具有直接的联系。这正是我国学校教育需要转型性变革的最重要和具有根本性与前瞻性的社会依据，也是对学校实现

① 叶澜．新时期“新基础教育”研究再出发——叶澜教授在全国“新基础教育”共生体第十次会议上的报告［EB/OL］.（2018-05-24）［2020-01-29］. https://mp. weixin. qq. com/s/TbwztLwGBvKa5eGzO50IeA.

转型的社会意义和个体意义的揭示。”[①]社会迫切需要人才，社会发展要求教育改革向纵深发展，培养出能把握自身命运、具有时代发展敏感性和社会责任感、能创造中国未来的一代新人。而这就向教师提出了更高的要求：要培养出一代新人，先要培养出新型教师。这便成为叶澜教师观提出的重要时代背景。

3. 对时代精神的强调与呼唤

叶澜关注并强调时代精神，是因为她通过对中外教育发展历史的研究发现，“凡在教育思想和教育实践中产生深远影响的教育家，都是时代精神在教育领域中的代言人，他们思想的光彩是时代精神的独特折射”[②]。随着中国改革开放的深入，时代变化的速度、幅度、强度与结构都在增扩，打破了原来平稳缓慢发展的格局，一个重视未来、强调发展、立足变革的时代已经到来；发展加速、竞争激烈，使人类的生存环境呈现多变、多元、多彩、多险的飘忽迷离状态，平稳而单一的局面被打破，不确定性和可选择性同时增强，要求每个人或社会在求发展的同时必须学会做出选择。[③]社会主义市场经济对基础教育改革具有重要意义的观念不是“商品”与“市场”，而是“主体”与“选择”。[④]正是基于这一认识，叶澜认为，“呼唤人的主体精神，是时代精神中最核心的内容”[⑤]。无论是适应环境变化的加速，还是做出正确的选择，都是要有人，且是富有主体精神的人才能实现的。而培养新人的任务就历史地落到跨世纪的中国教育上，落到跨世纪的中国教育工作者特别是教师身上。这正是叶澜提出必须构建新教育理想的深层次的时代根据。

---

① 叶澜. 21世纪社会发展与中国基础教育改革［J］. 中国教育学刊，2005(1)：4.

②③⑤ 叶澜. 时代精神与新教育理想的构建——关于我国基础教育改革的跨世纪思考［J］. 教育研究，1994(10)：3；4；4.

④ 叶澜. 试论我国基础教育改革深化的若干认识问题——为纪念“三个面向”发表十周年而作［J］. 中国教育学刊，1993(6)：16.

（二）中观背景：学校变革

叶澜教师观的提出不是脱离学校离开课堂的，而是基于学校变革的需要，与学校变革息息相关的。在世纪之交时代转型背景下发生的学校变革，是从观念到内涵对原有基础教育的整体性变革，是从传统向现代学校的转型性变革。叶澜之所以关注基础教育阶段的变革，强调中小学要进行转型性变革，是因为“如果说中国社会的近期发展，取决于现实的政治、经济、文化等方方面面的状态，取决于成人世界中各种人的素质、行动与精神面貌的话，那么，中国社会的明天，无疑将取决于今日的学校教育状态，取决于儿童、青少年世界中成长着的人的素质与精神面貌。这就是我们在追求长远目标——建设有中国特色的社会主义现代化强国和实现中华民族伟大复兴时，不能不把教育的变革与发展作为既有基础性，又具未来性，且是‘重中之重’的根本依据”[①]。因此，学校变革成为叶澜教师观的重要现实基础。

1. 新基础教育观念系统的提出

1993年，叶澜在《时代与教师的职业修养》一文中，分析了现代社会变革对教育提出的要求：“现代社会以科学技术、生产力的高度与高速发展为特征，它要求教育的职能发生重要变化：从面向过去转为面向未来；从服务于传递转为服务于创造；从人生一个阶段的教育转为终身教育。这些变化集中表现为向教育提出培养现代人的要求。”[②]基于这一认识，1994年，在中国社会即将进入21世纪，进入一个因科学技术、社会生产力高速发展和市场经济机制确立而产生深刻社会转型的新时代之际，由叶澜率领的研究团队，以基础教育改革为研究重点，在承担九年义务制的小学与初中阶段教育的学校改革方面，开启了“新基础教育”研究。这是一项为新世纪构建新基础教育的整体性、开创式的研究。正是在这一由大学研究人员与中小学教师

① 叶澜.实现转型：新世纪初中国学校变革的走向［J］.探索与争鸣，2002(7)：10.
② 叶澜.时代与教师的职业修养［J］.中国教育学刊，1993(2)：50.

合作持续开展的学校转型性研究的过程中，叶澜及研究团队对学校教育变革的中国问题有了相对清晰、系统和较为深刻的认识，并走出了一条独特的教育研究与学校变革之路。

叶澜认为：“要创建新型的、面向21世纪的基础教育，首先要分析、反思现有实践所体现的教育观念，找出造成实践弊端的思想根源，根据时代要求和教育发展的需要，根据教育认识的发展，形成新的教育观，并以新的教育观为指导，改造现有的教育实践。”[①]可以说，新教育观念是“新基础教育”之魂。为此，叶澜提出了要构建“新基础教育”的价值观，把“未来性”“生命性”和“社会性”作为“新基础教育”的价值定向；构建“新基础教育”的学生观，认识和关注学生的“主动性”“潜在性”和“差异性”；构建“新基础教育”的教育活动观，理解和把握好教育活动的“双边共时性”“灵活结构性”“动态生成性”及“综合渗透性”特征。

这里要特别指出的是，上述作为“新基础教育”观念系统的“三观十性”（价值观、学生观、教育活动观，未来性、生命性、社会性、主动性、潜在性、差异性、双边共时性、灵活结构性、动态生成性、综合渗透性）既是对全社会而言的，即要在全社会形成对基础教育改革的共识；也是对学校而言的，即学校的领导者和管理者要以新的教育观促进学校的转型性变革；更是对广大教师而言的，即教师在日常的教育和教学中要树立并自觉践行新的教育观念，改造现有的教育实践。例如，以“新基础教育”价值观中的“生命性”来看，叶澜强调：“要使每一个教师都强烈地意识到我们的工作直接面对生命，关系到人类最宝贵的财富——生命的成长。……教师的心目中不仅要有人，而且要有整体的人，要处处从发展、成长的角度去关注人，去做好自己的教育教学工作。……这一生命时期，又是最需要优秀和出色的教师（懂得珍爱生命、懂得生命的整体性、懂得青少年期对于人生的独特重要

① 叶澜. 更新教育观念，创建面向21世纪的新基础教育［J］. 中国教育学刊，1998（2）：6.

价值，并善于开发生命潜力和指导生命发展）的时期。”从“新基础教育”价值观中的“社会性”来看，叶澜强调：“教育工作者必须有时代和社会的发展意识，在文化精神上走在时代前列，把创建新文化并用新的文化精神滋养年轻一代作为应尽的责任。”从“新基础教育”学生观中的“差异性”来看，叶澜强调：“一个真正出色的教师，能教各种类型的学生，并能使他们每一个人都得到发展。”如果“新基础教育”学生观中的主动性、潜在性、差异性能够“在教育者头脑中扎根，教育者就会以新的眼光看待学生，发现他们中蕴藏着的巨大能量；就会从他们稚拙的行为中看到明日的辉煌；就会千方百计让学生自己去发现和实践，为他们独立性的成长而自豪”。而“教育者的全部智慧与艺术，最终要落实和体现在对教育活动的设计和创造性的开展上，落实和体现在使每个学生积极投入，使活动充满生命力并充分发挥促进学生发展的综合功能上”。①

2. 现代型学校内涵特质的阐析

叶澜认为，对当代中国来说，需要把关注的重心放到教育活动的基点——学校上来。普通中小学是整个中国教育的基石，是孕育中华民族未来的摇篮。实现转型，是中国学校教育变革的基本走向和关涉全局的基础性核心任务。转型是对变革性质和深度的描述，并不是对变化速率的要求。“‘实现转型’，即学校教育的整体形态、内在基质和日常的教育实践要完成由‘近代型’向‘现代型’的转换。”②

所谓近代型学校即我国建于清末民初被称为“新学堂”或“洋学堂”的学校。近代型学校的基本特征是：按工业化、批量性生产的模式“塑造”学生，教师被誉为“人类灵魂的工程师”；有统一的目标、基本划一的课程和

① 叶澜. 更新教育观念，创建面向21世纪的新基础教育［J］. 中国教育学刊，1998(2)：6-11.

② 叶澜. 实现转型：新世纪初中国学校变革的走向［J］. 探索与争鸣，2002(7)：13.

教科书；设有整齐排列的通用教室；制订确定性的课时、教学周期和教学进度；按规定执行的教育教学过程。总之，学校的基本任务是知识的传递和为社会不同领域需要的规范化人才打好基础。

然而，进入21世纪，中国社会的生存环境发生了巨大变化，无论是为实现在经济全球化、社会信息化背景下的社会主义现代化和民族复兴的伟大事业，还是为满足新时期每个人的生存、发展的需求，都迫切要求创建不同于近代型学校的现代型学校。而我国教育改革实践的不断深入发展，不仅对学校转型提出了要求，也提供了可能性。

叶澜详细地阐述了现代型学校的特质。与近代型学校相比，至少涉及以下几个方面。第一，价值提升。从以传递知识为本转向以培养人的主动发展的意识与能力为本，是现代型学校价值提升的核心构成。第二，重心下移。表现在教育对象与目标的重心下移、教学内容的重心下移、管理方面的重心下移。第三，结构开放。除了表现为整个学制的开放性和弹性化以外，在学校结构层面上，还表现为向外的开放和向内的开放，由宝塔型向扁平型转换，使结构整体呈网络态。第四，过程互动。呈现出多元、多层、多向、多群互动的状态。第五，动力内化。意味着学校形成自己内在的发展需求、动机和动力机制，表现为由贯彻上级行政要求式的执行机制转向以校本研究为动力的学校发展机制。以上关于现代型学校内涵的勾勒，是从学校的基本形态、内在基质和实践过程三个维度进行的综合思考。①

在学校实现由近代型向现代型转型的变革中，最重要的变革力量是教师。无论是“价值提升”提出的对培养人的发展能力的重视，还是“重心下移”所要求的关注“具体个人”即每一个学生的主动发展；无论是“结构开放”带来的对沟通和运用各种资源能力的更强把握，还是“过程互动”所蕴含的创生及创造力的更大空间，都是对教师而言的，是向教师提出的更高

① 叶澜.实现转型：新世纪初中国学校变革的走向［J］.探索与争鸣，2002(7)：13-14.

要求。也就是说，如果没有教师从观念到行为、从知识到能力的主动改变，就没有学校的转型性变革。因此，“学校转型不仅是教育实践的变化、培养目标的重新构建和实现，而且是教育者自身的发展变化过程。没有一线教育实践工作者自身的变化，要实现转型是不可能的；再则，教育者自身的改变也不能脱离变革实践来完成”①。

3. 学校转型性变革探索的实践

为适应时代的呼唤，从1994年开始，叶澜主持了近30年的“新基础教育”研究与实践。“新基础教育”选择了从基础教育的开端、承担九年义务教育的小学与初中做起，研究的目光放在了学校内部，定位则为“学校转型性变革”研究。把学校作为一个整体来考虑，是因为“学校改进的目的是学校作为一个整体的变革（单纯的人事改革或单独在一个教室内的变革都不会有效）——计划必须是系统的，并持续一个时期的。变革涉及学校的所有方面（结构，过程，气氛）。变革必须考虑到与具体的教学变革相关的许多因素”②。“转型性变革”不仅指向教育价值观的变革，更是渗透到学校具体实践中的变革，并通过改革实践去改变实践中的人，使学校变革和教师发展成为一个事情的两个不可分割的有机组成部分。在学校内部的改革项目上，“新基础教育”选择了在三个方面开展试验：一是开展以课堂教学为基础的试验改革，初中以语文、数学、英语，小学以语文、数学和思想品德为主要课程；二是开展班级建设新模式的研究；三是进行学校管理模式的改革。前两个属于以班级为组织单位的教育教学改革，改革的直接承担者是相关学科的教师与班主任；第三个属于整个学校的管理改革，直接承担者是以校长为首的学校管理层。

---

① 叶澜. 21世纪社会发展与中国基础教育改革［J］. 中国教育学刊，2005(1)：7+11.

② 波·达林. 理论与战略：国际视野中的学校发展［M］. 范国睿，译. 北京：教育科学出版社，2002：100.

从1994年开始至今的“新基础教育”经历了多个阶段并仍在进行中，包括1994—1999年的探索性研究、1999—2004年的发展性研究、2004—2009年的成型性研究、2009—2012年的扎根性研究、2012年至今的生态式推进研究。每一阶段有每一阶段研究的重点，也有每个阶段研究形成的独特成果。第一阶段的探索性研究，重心是通过基于教育和学校现实的调查，发现并形成关于现实中教育行为的基本状态及其背后教师在教育教学中以语言和行为习惯的方式呈现出来的教育观念的认识，进而形成并明确提出变革所需要的理论参照系，再通过与教师一起开展对教育活动的反思，逐渐对“新基础教育”改革的价值取向、观念系统的变革、涉及的主要领域，以及需改变的核心问题及其表现等形成双方共同的心向和认识。第二阶段的发展性研究，重心是以理论与实践双向互动的方式来实现研究本身和教育共同体成员的主动发展，在研究方式上，清晰地提出了作为教育改革一线实践人员如何将变革理论与实践创造紧密结合，逐步形成促进新经验和自身新发展生成的“研究性变革实践”。第三阶段的成型性研究，重点是“新基础教育”的理论丰富成型和一批学校完成转型。第四阶段的扎根性研究，重点是将“新基础教育”的成型性成果深化和广化，创建了“教育均衡发展”的新模式，即用合作研究的方式，让学校的内生力越来越强大，在学校发展中实现均衡。第五阶段的生态式推进研究，重点是宏观均衡与学校内涵发展相统一，即在承认教育物质、经费等硬资源必须由政府均衡配置的前提下，以组建学校间自愿合作生态区的方式，通过学校间领导、教师的分区联合研究，深化学校改革，提升教育者的发展水平，从而促进各校内生长力的发展，达到宏观均衡与学校内涵发展统一的目标。目前，“新基础教育”以“共生体”的方式在持续推进中，重点放在了学科育人价值的全面深度开发和学校综合活动育人价值的充分开发的研究上。

“新基础教育”近30年的研究与实践，其实是在教育的初心和原点上思考教育。叶澜认为，教育的核心问题有两个：一个是为谁而教，一个是怎么教。“为谁而教”是教育的目标和价值取向问题，“怎么教”是教学的策略、方法和艺术的问题。这两点都与教师相关，与教师不断地自我超越和真实成长密不可分。[①]“新基础教育”所进行的学校转型性变革，是综合性的，是指向日常的，是贴近教师的，目的是要培养一批新型教师，促进教师更好地发展，最终促进基础教育的整体提升。[②]

（三）微观背景：教师处境

叶澜对教师的关注和系统论述除了与时代提出的要求及学校的转型性变革有关外，还与教师的现实处境有关。叶澜在多篇著述里对自古以来教师的地位、性质、作用等进行了分析，指出其中存在的偏颇之处。在此基础上提出的教师观便具有振聋发聩的意义。

1. 对教师职业社会地位的关注

叶澜从历史与现实两个方面分析了教师职业的社会地位。

从历史上看，教师作为一种社会职业，是伴随着学校的产生而产生，在奴隶社会形成的。叶澜分析了教师职业的变迁，指出：早期的学校只有初等和高等之分。初等学校的教师以未成年的儿童为教育对象，主要任务是照管儿童与教他们认识文字和计算。“奴隶社会中初等学校的教师社会地位低下。在古希腊文中，‘教师’一词由‘教仆’演化而来。”在古罗马时代，初等学校的教师大多是为谋生而从教的被释放的奴隶。在中国和古埃及等东方国家，最早的一批教师是由巫师、祭司组成的。“他们服务于宫廷贵官的子女，亦无重要的社会地位。”[③]到了封建社会，尽管教学内容发生了较大的变化，

① 叶澜. 基础教育改革深化之路怎么走？［J］. 人民教育，2015（11）：61.

② 叶澜. 在学校改革实践中造就新型教师——《面向21世纪新基础教育探索性研究》提供的启示与经验［J］. 中国教育学刊，2000（4）：59-60.

③ 叶澜. 新编教育学教程［M］. 上海：华东师范大学出版社，1991：2.

“但初等学校教师的社会地位并无显著的变化”。高等学校教师的情况则有所不同。古代的大学以成人为教育对象，且往往由著名的哲学家、思想家或政治家开办，因而产生了较大的社会影响。总之，“无论是东方还是西方，无论是初等学校的教师还是高等学校的教师，他们与社会上其他成员的重要区别之一，都在于他们有文化，且把传授文化于他人（或儿童，或成人）作为自己的社会职业”。尽管他们中的相当一部分人社会地位低下，但这一特殊的社会职业为人类文化的传承发展从而也为人类自身的发展做出了不可磨灭的贡献。“这就是教师这个职业自它诞生之日起就内含的、不管社会或他人是否承认却永远具备的伟大与崇高。”①近代社会由于义务教育的实施，意味着对教师需求数量的激增和业务质量要求的提高，教师职业受到了较高的社会关注，教师的社会地位也有了一定的提高，但依然没有改变其依附性、工具性的地位。现代社会由于文化的交融、制度的变迁，尤其是科学技术的飞速发展，对人才以及教师素质提出了更高的需求，这在一定程度上促进了教师社会地位的提升。1986年美国卡内基基金会发表的《国家为培养21世纪的教师做准备》的报告中称教师“是社会中最重要机构的栋梁。……尽管有不少人可以起重要作用，但只有教师才能最终实现我们设计的蓝图”②。教师社会地位的这一变化是可喜的，也成为叶澜思考教师问题的重要前提。

从现实来看，中国的改革开放特别是市场经济在给社会带来巨大发展动力的同时，也对教育特别是教师职业造成了巨大的冲击。叶澜曾举1993年“洵阳路小学一位教师的跳槽和校长的一场大哭”的例子。当时，课题组成员照例在听完第一节课后到校长办公室稍事休息。突然，校长推门而入，拿起门背后的毛巾，坐到椅子上掩面伤心地大哭起来。原来二年级试验班的一位数学老师托人捎来一张纸条后就不来上课了，原因是有更高报

①② 叶澜．新编教育学教程［M］．上海：华东师范大学出版社，1991：3；14.

酬的宾馆要他。结果，原定第二节的听课只能取消。[①]这是教师地位低下的真实写照。所谓“造导弹的不如卖茶叶蛋的，拿手术刀的不如握杀猪刀的”正反映了改革开放初期“脑体倒挂”的状况。然而，叶澜在深入阅读了《中共中央关于建立社会主义市场经济体制若干问题的决定》后，却看到了纷乱背后的生机，意识到作为市场经济必需的对竞争主体和独立法人的呼唤，意味着对人的主体性之需要的现实土壤已产生。也因此，叶澜更关注教师的主动发展，更强调教师的发展自觉。“最有挑战的是怎样让教师认识自己，改变职业理想、教育观念和课堂中的角色定位，改变课堂教学中的关注重心和行为方式。”[②]之后，叶澜承担了上海市中小学新型教师队伍建设的课题。通过对20世纪90年代上海中小学教师队伍现状的研究，发现除了教师的年龄、学历、职称、性别以及职业素养存在着与21世纪初时代挑战的诸多不适应外，与教师职业的社会地位直接相关的表现就是“受市场经济大潮的冲击，部分教师，其中还有一些高级教师热衷于第二职业或家教，精力分散，影响学校教学、教育工作的质量”[③]。这在一定程度上也反映了教师生存状况的窘迫。叶澜在反对这种缺乏敬业精神的行为的同时，也提出：“保障教师的生存条件，是教师人权的基本要求，也是教师能否完成教育任务和实现进一步发展的基础性条件。……正在走向昌盛文明的今日中国，不可能也不应该以教师的贫困为骄傲。教师的基本生存条件的满足，是一个国家教育事业维护尊严的起码要求，各级政府应该在落实义务教育经费的同时，真正落实教师的工资等待遇保障。”[④]叶澜的教师观便是在这样的背景下提出并形成的。

---

①② 叶澜. 我与“新基础教育”——思想笔记式的十年研究回望［M］// 丁钢. 中国教育：研究与评论：第7辑. 北京：教育科学出版社，2004：15；51-52.

③ 叶澜. 创建上海中小学新型师资队伍决策性研究总报告［J］. 华东师范大学学报（教育科学版），1997（1）：7.

④ 叶澜. 改善发展“生境”，提升教师自觉［N］. 中国教育报，2007-09-15（3）.

2. 对教师专业自主权的关注

叶澜在深入研究教师职业的专业属性时，从外部和内部两个方面进行了分析。

从外部来看，普遍存在着外界干扰教师专业工作的现象。这种干扰既有来自行政部门的，也有来自社会各界的。各种检查、验收、展示、汇报，各种大赛、评比、选拔、评估，各种外加的时限性很强的任务，甚至一些与教师职责相去甚远的专项工作，都会投向教师这一群体。社会各界也常有对教育及教师指手画脚的批评和偏颇片面的攻击。这使教师常处于疲于应付的被动状态和身心叠加的委屈状态。叶澜指出："这种被动应对的局面不从制度、机制上加以改变，其必然后果是压抑、消磨教师在专业领域里的责任心和创造力，使他们逐渐演化成只是执行他人规定的工具。"① 为此，叶澜提出要加强保障教师权利和专业自主权法规的建设。因为"教师行使专业自主的权力，是教师最重要的且与教育教学活动质量直接相关的权力"②。而落实教师的专业自主权，要"在教学、教育改革中，尊重和提供教师选择、重组教学内容与方法的自主权，在专业发展上按需选择培训内容、方式、途径等自主权"③。唯此，教师才能真正获得自主发展的空间。

从内部来看，普遍存在着教师对专业自主权的自我放弃。叶澜注意到教育中惯常的一种现象："现有中小学内学生的发展基本上由教师主宰，学生在校的生存方式基本上是被动应答。……表面上看来作为主宰者的教师，也是被规定者。他们被领导规定，被课程规定，被大纲规定，被教科书和教学参考资料规定。在许多情况下教师是指令的执行者、程序的操作者。"④ 这种被动的、工具性的存在不仅成为社会公众心目中教师职业性质的定位，而且

---

①③ 叶澜. 改善发展"生境"，提升教师自觉 [N]. 中国教育报，2007-09-15(3).

② 叶澜. 21世纪社会发展与中国基础教育改革 [J]. 中国教育学刊，2005(1)：7.

④ 叶澜. 把个体精神生命发展的主动权还给学生 [M]// 叶澜. 方圆内论道：叶澜教育论文选. 北京：中国人民大学出版社，2019：130.

成为教师群体自我认同的职业定位，并成为许多教师工作中的日常状态。这显然是阻碍教师成长的，也是教师产生职业倦怠和职业枯竭的重要原因。为此，叶澜在思考教师职业时，尤为强调教师职业的专业属性，关注教师自身的发展，呼吁要从过去“传递者”的定位转向“创造者”的定位，提升教师的发展自觉。这一转换，正凸显了教师的专业自主权。叶澜的教师观也是建立在这一基础之上的。

三、理论前提

叶澜的教师观不是孤立的，而是建立在其对教育基本理论的独特见解基础之上的。可以说，对教育的概念、要素以及师生关系的重新认识和界定成为其教师观的理论前提，而叶澜的教师观也成为“生命·实践”教育学的重要组成部分。

（一）对“教育”的重新定义

“教育”是人们耳熟能详的概念，也是与每个人息息相关的存在。任何人来到这个世界，都需要通过教育而成人，即由生物学意义上的“自然的人”“可能的人”转变为社会学意义上的“社会的人”“现实的人”。因此，对“教育”这一概念的界定是认识教育现象、把握教育规律的前提，也是教育学的起点。

古往今来的许多教育家从不同的角度给“教育”下过定义，如孟子在《孟子·尽心上》中所说“得天下英才而教育之”，许慎在《说文解字》中所说“教，上所施，下所效也；育，养子使作善也”，夸美纽斯（Johann Amos Comenius）提出教育应当“把一切事物教给一切人”，斯宾塞（Herbert Spencer）主张教育就是为美好生活做准备，杜威（John Dewey）则强调“教育即生活”，等等。叶澜在分析了近百位著名教育家有关“教育”的定义后，一方面从中获得了启示，认为这些关于教育的看法提醒我们，一要考虑教育的复杂性，二要考虑教育特别是学校教育的独特性；另一方面寻绎到了这些定义的共同基础，即“活动”，这也成为叶澜思考“教育”这一概念的起点。

叶澜特别指出，“教育”这一概念不是一成不变的，而是随着教育活动的变化、发展而变化，随着人们对教育活动的认识的深化而深化的。她本人对“教育”这一概念的界定既有一以贯之的表述，也有不断深化的定义。

在1991年出版的专著《教育概论》中，叶澜以三个追问开启了对“教育”这一概念的界定过程。第一，教育是人类的社会活动还是动物界的生存活动？叶澜在剥茧抽丝般地分析了所谓动物中的“教育”后指出：“教育是人类社会特有的活动。正像社会性是人与其它动物的本质区别，因此需要用‘人’这个词把人与动物区别开来一样，社会性也是人的教育活动与动物所谓教育活动的本质区别，因此也需要用‘教育’这个词把人的培育活动与动物的亲子本能的活动区别开来。”[①]对教育社会性的强调使我们思考和研究教育超越了生物活动的水平。第二，什么是教育这一社会活动的特殊性？叶澜在分析了有关教育的几种广义的定义后指出，要区别“教育活动”与可能产生“教育影响”的其他活动，不能以“结果”和“影响”为准；不能只从受教育者着眼，而要从活动的对象、活动的目标着眼。这就提供了科学的方法论的视角。在此基础上，叶澜为“教育”下了一个广义的定义，即：“教育是有意识的以影响人的身心发展为直接目标的社会活动。”这里所说的“人”，包括各个年龄阶段的人；这里所说的“影响”，包括“正”和“反”两种可能存在的影响。[②]这一关于教育的广义的定义，抓住了教育活动与其他社会活动相比在目标与对象上的本质区别，彰显了教育这一社会活动的独特性。第三，什么是学校教育的独特性？通常给教育所下的定义包括广义的

①② 叶澜.教育概论［M］.北京：人民教育出版社，1991：6；8.

定义和狭义的定义两个方面。叶澜在分析教育广义的定义的同时，还把目光指向了狭义的教育即学校教育。她分析了学校教育与其他教育如家庭教育和社会教育的区别，认为最重要的区别有两个方面：一是学校教育的目的性、系统性和组织性，二是学校教育的专门性。在此基础上，叶澜为教育下了一个狭义的定义，即："学校教育是由专职人员和专门机构承担的有目的、有系统、有组织的，以影响入学者的身心发展为直接目标的社会活动。"①在这一概念中，最为独特的贡献是叶澜突出了"专职人员和专门机构"的专门性，这为后来深入研究教师埋下了伏笔。

在2015年出版的专著《回归突破："生命·实践"教育学论纲》中，叶澜从"是什么"的角度对"教育"概念进行了三层界定。第一层次为划界式界定，主要是区分教育活动与非教育活动，即"教育是有意识的以影响人的身心发展为直接目标的社会活动"。第二层次为结构性界定，主要是在教育内部分析其结构与过程，即"教育由正规的机构和非正规的机构两大形态组成"，"教育活动构成的基本要素是教者与学者、教育内容和教育物质"。第三层次为功能性界定，主要是教育价值的效应式界定，即"教育是具有直接影响个体多方面发展的内功能和间接影响社会多方面发展的外功能的独特社会活动"。②这一多重界定不仅为我们提供了关于"教育"的层次分明的概念系统，而且为其建立自己独属的概念体系奠定了基础。在此基础上，叶澜进一步将"教育"定义为"教育是直接点化人之生命的社会实践活动"③，进而提出了"教天地人事，育生命自觉"这一中国式表达。④

叶澜关于教育的重新定义为她的教师观提供了概念框架。

---

① 叶澜．教育概论［M］．北京：人民教育出版社，1991：9.

②③④ 叶澜．回归突破："生命·实践"教育学论纲［M］．上海：华东师范大学出版社，2015：175-181；236；243.

（二）对“教育要素”的独到分析

如果把教育活动视为一个系统，那么，教育就是由若干相互联系、相互作用的要素组成的一个有机整体。其中，教育要素就是构成教育活动这一系统的最基本且必不可少的组成单元。

对教育要素的认识是我们认识并开展教育活动的前提。卢梭（Jean-Jacques Rousseau）将教育要素分为“自然的”“人的”“事物的”三个方面，涂尔干（Émile Durkheim）将教育要素区分为“两个人的要素”和“一个事物的要素”，斯普兰格（E. Spranger）将教育要素分为“教育主体”“教育客体”“陶冶材”，等等。国内也有学者对教育要素进行了不同的划分，如有教育者、受教育者、教育内容的“三分法”，加上教育影响的“四分法”，再加上教育媒介的“五分法”，再加上教育设施的“六分法”等。这些分析各有道理。叶澜强调，所谓要素一定是必不可少的、最基本的东西，若有些东西未被包含在要素中，是因为其具备了由要素派生出来的成分。基于这样的认识，她提出了以教育活动中的人（含教育者与受教育者，后称“教者和学者”）、教育内容、教育物质所组成的“三要素”论。

关于“教育者与受教育者”，叶澜是在相互作用的关系背景下，从“人的要素”这一角度进行探讨的。“凡是在教育活动中承担教的责任（包括直接承担者和间接承担者）和施加教育影响的人都是教育者”，“凡是在教育活动中承担学习责任和接受教育的人都是受教育者”。[①]这里，教育者与受教育者是唇齿相依、共生共存的关系，教育者是相对于受教育者而言的，没有受教育者也就没有教育者；反之亦然。同时，教育者与受教育者又是教育活动中最重要也是最基本的要素。如果说教育是人类社会所特有的活动，那么教育就必然是由人所进行的并且是为了人而进行的活动。相较于教育中“物的要素”，显然，“人的要素”起着主导的决定性的作用。在2006年修订

① 叶澜．教育概论［M］．北京：人民教育出版社，1991：11.

的《教育概论》中，叶澜将这一组概念修改为“教者”和“学者”，更凸显了教育者与受教育者关系的相对性。

关于“教育内容”，叶澜是从“纯客体”这一角度，从教育活动中教育者与受教育者共同认识、掌握、运用的对象上去分析的。教育内容丰富多彩。叶澜从多个层面分析了教育内容。就其涉及的范围来看，包括人类社会各个领域活动的知识、经验和技能技巧；就其价值来看，教育内容具有发展人的智慧、品德、体力、审美能力和劳动能力等方面的作用；就其表现形态来看，有物质的、符号的、精神的、行为的。叶澜特别指出，不能把教育内容等同于教材。①

关于“教育物质”，叶澜是从条件的角度，从教育活动必需的各种物质资源上去阐述的。她特意比较了“教育物质”与“教育技术”这两个概念，指出前者强调“物”的因素，后者强调“技术”的因素。而在构成教育“物的要素”中，她更倾向于使用“教育物质”这一表述。②具体而言，她又细分为“教育的活动场所与设施”“教育媒体”以及“教育辅助手段”三大类，提出在教育物质低于基准线的情况下，教育中的“物的要素”就成为教育活动能否开展的决定性因素。但若这个基准线已经达到，那么，教育物质的改善只是有利于教育质量提高的重要条件，并不能对教育活动的开展起决定性作用，也不是学校水平或教育质量的根本标志。真正起决定作用的还是“人的要素”。③

除了对教育要素进行静态分析，叶澜还从动态的角度，分析了教育目的与策略、内容、组织方式、方法与手段、成效检测等一系列活动的构成要素“有意识”的选择与组合。显然，这“对于教师形成教育活动中过程要素意识的整体性与全程性，提高教育质量具有积极的意义”④。

---

①②③　叶澜.教育概论［M］.北京：人民教育出版社，1991：15-18；18，脚注；19-22.

④　叶澜.回归突破：“生命·实践”教育学论纲［M］.上海：华东师范大学出版社，2015：178.

叶澜关于教育要素的结构性分析为其教师观提供了重要的思想基础。

（三）对“师生关系”的重新认识

教育既然是人类社会所特有的活动，是由教者与学者、教育内容和教育物质等基本要素构成的，而“教者与学者”作为人的要素又是教育活动中最重要、最基本的要素，因此，教者与学者，或者说，教师与学生及其相互关系便成为我们理解教育活动的认识起点。

叶澜对“师生关系”的重新认识至少包含了三个维度：一是从教育要素中教者与学者的关系上去分析，二是从师生的多种交往方式上去分析，三是从教师角色中教师的“是”与“不是”上去分析。

在对教育要素教者与学者关系的分析中，叶澜提出了师生关系的“复合主客体”说。在教育活动中，教者与学者的关系十分复杂。一方面，教者与学者的地位有一定的相对性，总体上教师是教者，学生是学者，但在具体情境中，教师也可能向学生学习，学生也可以互教互学，学生还可以进行自我教育，因而教者与学者的关系并非固定不变的。另一方面，在教育中，主体由教者与学者复合组成，他们是教育活动的共同承担者。而教育中的客体具有相对性，就学者而言，教学内容与教师构成复合客体；就教者而言，教学内容与学生构成复合客体；教者与学者各自又都具有个体身份意义上的主体与客体的双重复合性。[①]这一提法相对以往“师生即主客”的定位来说更具有辩证的意味，也更符合教育活动的实际。

在对师生多种交往方式的阐述中，叶澜首先提出了“教育起源于交往”的论断。她分析了原始社会人类相互非物质性的交往活动，指出：“只要这类交往发生，就必然有交往的双方和交往的内容，交往的结果则是在交往的双方身上产生认识、情感、意志或行为的影响。以上这些都包含着教育的要

① 叶澜．教育概论［M］．北京：人民教育出版社，2006：12-23.

素。一旦交往的作用被人类意识到，并将此转化为以影响新生一代生长为直接目的的特殊活动，交往活动的一方就转化为教者，另一方则转化为受教者。……因此，可以说：人类的教育活动起源于交往，在一定意义上，教育是人类一种特殊的交往活动。”①这正是教育的本质特征，也是师生关系的源头。叶澜继而分析了师生直接交往的特点。正因为教育意味着交往，所以师生在教育中的存在就体现为师生的直接交往。在师生的直接交往中，“教师作为交往的一方与学生群体或个体发生直接的关系。由于教师所处的地位的优势，使他在交往中一般成为主动的一方，并且在很大程度上决定师生间关系的性质和交往教育价值的发挥程度”②。这就要求教师应主动地影响学生，以建立起良好的师生关系。为此，叶澜提出了师生直接交往的基本方式，即“印象式交往”“认识性交往”“角色性交往”“理解性交往”“控制性交往”等。③这些既影响着师生交往的效果，也决定着师生关系的性质。

在对教师角色的论述中，叶澜从教师与学生关系的维度将教师定位为“启蒙者”“养正者”“助成者”。她对传统教育观念和教育现实中对教师或拔高或贬低或模糊或偏离的角色定位逐一予以澄清，指出：教师不是为学生燃尽生命的“蜡烛”，而是点亮学生心灯的“启蒙者”；教师不是放任学生自发生长的“牧羊人”，而是用人类文明使学生成人的“养正者”；教师不是学生成长路线与模式的“规定者”，而是学生才情、智慧、人格发展不可替代的“助成者”。④以“是”与“不是”表达对师生关系的看法，既承认了教师在师生关系中仍属主动一方的地位，也承认了师生互为主客体不可分割的各自作用。这是对教师角色的重构，也是其教师观的重要基础。

---

①②③ 叶澜. 新编教育学教程［M］. 上海：华东师范大学出版社，1991：31-32；268；268-272.

④ 叶澜.“新基础教育”内生力的深度解读［J］. 人民教育，2016（3-4）：39.

从三个维度对师生关系的阐述，体现了叶澜对师生关系的理解，这为她的教师观提供了重要的关系视角。

综上，叶澜对教育的重新定义，对教育要素的结构性分析，对师生关系的多重探讨，成为其教师观的理论前提。

第二章　教师角色的重构

只有用创造的态度去对待工作的人，才能在完整意义上懂得工作的意义和享受工作的欢乐。

——叶澜①

教师角色包含了教师这一个体在各个场域中的所有角色，如在学生面前是教师的角色，在其他教师面前是同事的角色，在父母面前是子女的角色，在孩子面前是父母的角色，在社会中是公民的角色，等等，因而教师角色是由一系列角色构成的“角色丛”。而教师职业角色则聚焦于教育事业中，强调教师在职业中所履行的社会性要求以及职业性要求，如在教育教学中是专业者的角色，在师生交往中是指导者的角色，在班集体建设中是管理者的角色，等等，教师职业角色同样是由职业中的一系列角色构成的角色系统。

叶澜对教师角色问题有着特别的敏感，对中国传统教育赋予教师的角色定位进行了深刻的反思和批判，并创造性地从“关系”的维度和“是”与“不是”的维度对“教师是

① 叶澜.新编教育学教程［M］.上海：华东师范大学出版社，1991：15.

谁”的终极追问进行了中国式的解答。

一、教师角色的一般概念

“角色”一词最早指戏剧舞台上演员所扮演的剧中人物。在戏剧中，角色是独立于个人而存在的，即只要担当某一特定角色，就要按照这个角色的行为规定来行事，演员个人的特质则要尽量隐去。后来人们意识到舞台与生活有着内在的联系，戏剧中的人物形象其实是社会生活的写照，舞台的角色也是基于生活的现实，这一解释也能表达在社会系统中角色这一存在形式的基本特征，因而“角色”一词便被广泛地应用于社会生活中。1943年，美国社会心理学家乔治·赫伯特·米德（George Herbert Mead）将“角色”一词引用于社会心理学中，运用“角色”的概念来说明个体在社会生活舞台上的身份及其行为，从而使“角色”成为社会心理学中的一个重要概念。

角色是“处于一定社会地位的个体或群体，在实现与这种地位相连的权利与义务时，表现出符合社会期望的行为与态度”[①]。如美国社会学家欧文·戈夫曼（Erving Goffman）所言：“我们向他人呈现我自己”，“角色即一种形象，一般而言，是一种美好的形象”。[②]角色是个人在特定社会群体中的身份，以及为身份所规定的行为规范和行为模式的总和。个人的社会身份就是个人的社会职能、权利和责任，它规定了一个人活动的特定范围，即应做什么、不应做什么，其中也包含对人对己的情感、态度和价值观等心理成分。当一个人行使自己社会身份所规定的行为规范和行为模式时，便充当着角色。角色的存在形式使人明确，当“我”在被他人需要的状况下，“我”

① 顾明远．教育大辞典：上卷［M］．增订合编本．上海：上海教育出版社，1998：843，702.

② 欧文·戈夫曼．日常生活中的自我呈现［M］．冯刚，译．北京：北京大学出版社，2008：214.

应展现的行为与基本状态。这种展现在满足他者需要的同时，也能使行为主体获得自我实现的成就感。“角色”的存在并非让人放弃自身人格，而是在自身人格与他者需要的交互中实现平衡，在良好的沟通中摒弃压迫。

在朱智贤主编的《心理学大辞典》中，对“角色”一词做了如下三层含义的诠释：首先，角色是一套社会行为模式，每一种社会行为都是特定的社会角色的体现；其次，角色是由人们的社会地位和身份决定的，角色行为真实地反映出个体在群体生活和社会关系中所处的位置；最后，角色是符合社会期望的，是按照社会所规定的行为规范、责任和义务去行动的。[①]这一心理学的“角色”定义为我们提供了一个有益的视角。

从角色的存在形式可以看出，角色的形成主要受两方面要素影响：一方面来自个体心理的主观意愿——这样的角色表达是否会背离“我”的人格？是否会影响“我”的利益与感受？另一方面来自角色的需求主体——这样的角色能否满足“我”的需求？能否让“我”感到适切、自然、易于接受？因此，角色的建立是双方共同影响的结果，受角色主体的心理因素以及需求主体的社会因素的制约。

（一）教师职业角色的分析

职业是分工的产物。自人类的劳动脱离生活成为一种独特的实践活动以来，职业就因劳动分工的存在而成为人类个体一种与日常生活区别开来的独特场域。“职”即职位、职责，“业”即行业、事业，“职业”即在分工的背景下人们所从事的相对稳定的、有收入的、承担了某种职责和义务的专门行业的工作。我国2015年版《中华人民共和国职业分类大典》将职业分为8个大类、66个中类、413个小类、1 838个细类（职业）。[②]

人们选择了某种职业，就意味着进入了这一职业角色，接受了社会对这

① 朱智贤. 心理学大辞典［M］. 北京：北京师范大学出版社，1991：350.

② 中华人民共和国职业分类大典［M］. 北京：中国劳动社会保障出版社，2015：9-10.

一职业从业人员所期望的行为模式，并愿意按照职业行为规范、责任和义务等去行动。因此，职业角色体现了一定社会历史条件下人们对某一行业以及该行业从业人员的期许与要求，同时也是这一行业从业者应承诺的职责与义务。

教师职业角色是指教师在进入教育行业、从事教育活动时表现出的由其地位决定的符合社会对教师期望的行为模式。

在瑞典教育家托尔斯顿·胡森（Torsten Husen）和德国教育家T. N. 波斯尔斯韦特（T. N. Postlethwaite）主编的《教育大百科全书·教育社会学》中，"教师角色"被划分为三个层次：一是用教师角色来表示教师特有的行为，主要涉及教师在工作环境中，即在学校或课堂上的行为；二是用教师角色来表示教师的身份或地位；三是用教师角色来表示对教师的期望，其中既有教师对自己的期望，也有学生家长、学校行政领导以及学生和社会公众对教师的期望。①这一概念反映了教师在自身工作范畴中以及在教育活动的关系中所应有的表现，与职业范畴较为契合，可以作为教师角色职业分析的视角。

（二）教师职业角色的演变

教师职业角色的产生，是社会分工、生产力发展以及社会文化传递等实践活动多方面作用的结果。而教师职业角色的演变涉及具体的历史时代变迁以及东西方社会差异的影响。若以社会形态的演进为依据，可将人类社会的发展划分为古代社会、近代社会、现代社会。教师职业角色在人类社会发展的不同阶段有不同的角色呈现及社会要求。

1. 古代社会：教师一职从非职业到职业

古代社会通常指有人类以来至公元1500年前后，包括原始社会、奴隶

---

① T. 胡森，T. N. 波斯尔斯韦特. 教育大百科全书·教育社会学［M］. 刘慧珍，译. 重庆：西南师范大学出版社，2006：162.

社会和封建社会三个历史发展阶段。

原始社会是人类文明的萌芽阶段，也是教育活动的萌芽时期。这时的生产方式主要以采摘、狩猎为主，到原始社会中后期，人类具有了一定的工具制造能力。但就总体而言，原始社会在经济上呈现出生产力低下、生产关系较为简单的特点，在社会关系上呈现出等级观念模糊、无阶级性的特点。在这一时期，教育并未从生产劳动中分离，在实践层面也没有专门的教育实践活动。教育主要表现为日常生活以及劳动中的相互影响、经验传递，教育方式以口耳相传为主，年长者主要承担教育的任务，“长者为师”，负责传递生活以及生产经验。受教育者主要为新的社会成员，任务是接受年长者的生产经验与技能并将其传承下去。当人类进入母系氏族公社时期，男女两性间出现了比较明确的社会分工。男子主要从事狩猎、捕鱼，女子则从事农业、饲养业和家务。由于女子的劳动场所相对固定，在经济生活中处于比较稳定的地位，便承担起了教育下一代的任务。我国自古相传燧人氏教人钻木取火，有巢氏教民构木为巢，伏羲氏教民渔猎，神农氏制作耒耜、教民农作，黄帝发明指南针，嫘祖发明养蚕取丝，仓颉造字，等等，他们都可被视为教师的祖先。但这时教育活动的承担者还不是以教师为业的人员。

随着生产力水平的不断提高，社会有了教育的需求。从政治上看，在阶级和国家出现后，统治者迫切需要培养自己的继承人，以强化对被统治者的思想统治。这就需要有能够管理政权的官吏，需要有能为保卫政权而战的武士，也需要有一批掌握知识，能从事各种精神、文化活动的人。这些人都需要经过一定的教育和训练才能培养出来。从经济上看，人们的生产和生活经验也在不断积累，如农业生产的发达使人们注意到灌溉、测量和节气的变化，稳定的定居生活使建筑房屋的技术不断发展。于是，单纯依靠口述身教已不能适应生产力发展的需要了。

与此同时，社会发展也为教师职业的产生提供了条件。作为职业的教师属于脑力劳动者，是在人类社会有了脑体分工之后出现的。随着铁犁牛耕的出现，生产劳动工具得到进一步改进，提高了劳动生产率，不再需要全体社会成员都投身于体力劳动。这一方面使一部分人能脱离直接的生产劳动，专门从事脑力劳动，整理和总结来自实践的知识和经验，使它们适合传授，从此也就形成了脑力劳动与体力劳动的分离；另一方面也为人们从事学习和教育活动提供了闲暇时间，使另一部分人能够专门接受教育。而文字的出现更为教育以及学校的产生，特别是为教师职业的产生创造了条件。文字是一种记录和传授知识的新工具，它为人类知识、经验的保存和传递提供了载体，极大地扩展了文化知识积累的可能性，使人类知识、文化的发展得到了基本保证。

正是社会需要以及相应的条件，使得教育者的活动逐渐向系统化的方向发展，教育者的从教活动也向着职业化的方向迈进。

我国古代社会在政治上等级制度鲜明，教育主要培养为统治者服务的政治人才，教师主要由政府官吏担任，教育的场所也都在官府中进行，因此逐渐形成“学在官府”“官师合一”的特征。到了西周，我国已有国学和乡学两大类。秦王朝采取“以吏为师”的政策，对兼任教师的官吏严格控制，担任教师的官吏在学识上要求精通“六艺”（礼、乐、射、御、书、数），在品行上要求人格高尚、学德并重。除日常的教学任务外，官师还需要辅佐统治者治理国家，提出有益的治国方略。这一类教师在社会上有着一定的威望，但并非专门的独立的教师群体，与现今专门从事教育活动的教师仍有着较大区别。私学教师相较于官学教师，有着更大的自由度与政治抱负，通过游走于各国的私人讲学来招收门徒，并传播自己的政治主张。这一时期的私学以孔子与儒家学派所开办的私学为代表。孔子主张“有教无类”，无论是统治阶级的子女还是平民百姓的子女，只要付出一定的酬劳，都可以被收为徒，施以教育。这样，世界上第一次出现了以“教”谋生并把“教”当成自己主要生活方式的从业者，“教师”以及教师职业就此诞生。而孔子在其教育实践中提出的教育主张，深刻影响了我国乃至世界教育的发展。[1]

书院是中国教育史上独具特色的文化教育奇观。作为与官学平行发展的一种教育制度，书院萌芽于唐末，鼎盛于宋元，普及于明清，改制于清末，是集教育、学术、藏书为一体的文化教育机构。书院的主持人被称为“山长”或“洞主”，多由品行高尚、学识渊博的社会名士担任，也有部分官吏告老还乡后开馆授业。教师的任职资格强调从学识到德行综合考量。

总之，我国古代社会教师的角色相对比较稳定。唐代著名文学家、思想家和教育家韩愈一生先后做过四门博士、国子博士和国子祭酒，直接从事教育与教学工作。他在《师说》一文中概括了教师的角色与职责：“师者，所以传道、受业、解惑也。”教师的任务包括三个方面：一是传道，即传授儒家的以“修身、齐家、治国、平天下”为目的的仁义之道，教育的目的就是“学为道”，这种“道”是由教师传授给学生的。二是授业，即讲授《诗》《书》《礼》《乐》《易》《春秋》等儒家的六艺经传与古文，使学生掌握一定的古代文献，具有一定的读写能力，受到历史文化知识技能方面的教育。三是解惑，即解答学生在学习“道”与“业”的过程中所提出的疑难问题。三者中以传道为本，以授业、解惑辅之。道在先，业在后。道统帅业，业体现道。道是主导方面，业是从属方面。教师在对学生进行教授的过程中，也要以道和业的标准严格要求自己，充实自身对道与业的认识，在教授的过程中也不断追寻自身的求道之路。这为教师角色规定了“道”的职责和要求。

西方历史上最早的职业教师是“智者”，公元前5世纪后主要活跃于古希腊各个城邦，四处游学并收取报酬。任务是教授哲学、雄辩能力以及其他类型知识。后人将这种收费授徒的现象称为“智者运动”。[2]普罗泰戈拉（Protagoras）第一个宣称自己是智者，是教人智慧的教师，并提出了著名的

① 王炳照，等. 简明中国教育史［M］. 北京：北京师范大学出版社，1985：24-45.

② 张伟. 西方智者学派的兴起、影响及教育启示［J］. 南方职业教育学刊，2012（1）：58.

命题：人是万物的尺度。

与智者学派生活在同一时期的苏格拉底（Socrates）是第一个雅典公众教师。他宣称自己一无所知，而且知道自己一无所知，是没有智慧的人，他只是一个“爱智慧者”，以此区别于他鄙视的部分靠炫耀知识赚钱的智者。与视施教为谋生手段的智者学派不同，苏格拉底从不为钱而教，而是为雅典人的利益而教。他将知识的获得比为婴儿之降生，“产妇就是学生，助产士就是老师，产房就是教室，而婴孩就是观念。‘产婆术’之名乃与苏格拉底同在”[①]。同时，他把教师放在建立一个美好社会的中心地位。

欧洲中世纪早期出现了教会学校和宫廷学校。教会学校的教师由教士担任。宫廷学校是为世俗阶级设立的，教师主要由贵族招揽的知名学者担任。11—12世纪城市学校的出现以及对教师的公开选聘，使得这时的教师已经具有了近代教师的基本形态。

2. 近代社会：教师职业从经验化到专门化

相对于古代教师职业的经验化、随意化而言，近代教师职业出现了专门化、系统化的特点。如果以班级授课制对大量师资的需求催生了师范学校的诞生作为教师职业专门化的起点，那么，教师职业专门化已经走过了300多年的历史。捷克教育家夸美纽斯在1632年出版的《大教学论》中把教师职业理解为：是一种通过掌握有效的方法而可以少教、学生却可以多学的职业，是施以恰当的教育从而使人真正成为人的职业，因而也是太阳底下最光辉的职业。[②]正是工业革命催生了对掌握一定技术、具有劳动能力的劳动者的需求，推动了普及教育的发展，普及教育的需要又促进了教师职业的专门化：普及初等教育推动了中等师范教育的产生和发展，普及中等教育推动了高等师范教育的产生和发展。教师职业就在这一过程中走向了专门化。

① 林逢祺，洪仁进．教师不可不知的哲学［M］．上海：华东师范大学出版社，2009：3.

② 夸美纽斯．大教学论［M］．傅任敢，译．北京：人民教育出版社，1984：扉页．

1684年，法国天主教会的基督教兄弟会开办了训练小学教师的讲习所，并附设有专供实习用的“练习学校”，这是法国乃至欧洲最早的师范教育设施。[①]1696年，德国的弗兰克（A. H. Franke）创办了第一个教师培养机构——实践研究会（或称“教员养成所”）。这是德国最早的私立教师培训机构。1748年，弗兰克的学生赫克（J. T. Hecker）在柏林设立了“教堂司事与教员培养所”，招收18—30岁的人入学，修业年限1—2年。由于培养师资的成绩突出，政府于1753年将该机构收归国有。这便成为德国最早的国立教师培训机构。[②]1840年，凯-沙图华兹（J. P. Kay-Shuttleworth）等人在英国伦敦郊外创办了英国第一所不属于任何宗派的私立师范学校——巴特西训练学院。这是一所以裴斯泰洛齐（Johann Heinrich Pestalozzi）的经验为基础、以普鲁士师范学校为蓝本、结合英国国情而创立的实验性师范学校。[③]这成为英国师范教育的开端。

18世纪60年代从英国发起的工业革命，开创了机器大工业生产的时代。自然科学的进步带来了学科的不断增加，也促进了近代学校的分化。一方面，大工业生产是建立在科学技术运用基础之上的，为了培养劳动者，欧洲各国都开设了初等学校，如在英国出现了星期日学校，在德国出现了面向广大平民的实科中学；另一方面，原来主要是为统治阶级子弟提供教育的中学和大学也有了新的发展。最终，形成了“双轨制”的学校系统。其中，以幼儿学校、初等教育学校、实科中学和职业学校为一轨，对劳动者子女实行教育，把他们培养成为具有一定文化知识和劳动技能，能适应以科学技术为基础的工业生产需要的劳动者；以家庭、中学预备学校、中学、大学为一轨，

① 王长纯. 从双轨制到一体化——谈法国师范教育制度的历史演进［J］. 外国教育研究，1994(3)：25.

② 钟佑洁. 德国近现代师范教育发展研究［D］. 武汉：华中师范大学，2008：6-7.

③ 石伟平. 英国地方公立师范院校与英国师范教育（上）［J］. 外国教育资料，1988(2)：55.

对统治阶级子弟进行教育，把他们培养成能够管理工业、商业和国家机关的统治人才。

基于大工业时代对人的素质以及对人才培养规模的要求，班级授课制应运而生，教师培养也逐渐规范化，并形成了教师职业群体。在教师群体逐渐职业化、专门化的发展过程中，教师也逐渐承担起更多层次、更多功能的角色，如知识的传授者、社会文化的引导者、典范与榜样、研究者、管理者等。

中国教师职业的演变也经历了上述过程。自1840年鸦片战争以后，中国原来建立在自给自足经济基础之上的封建旧教育已经不能适应当时社会变革的需要，近代学校发生了变化。在洋务运动中，创办了京师同文馆、上海广方言馆和广州同文馆等外国语学校，培养翻译人才；创办了福建船政学堂、天津水师学堂等军事学校，培养军事人才；为培养科学技术人才，创办了电报学堂等技术学校，外国语学校和军事学校也注重科学技术教育。维新运动中进一步提出了改革科举制度、兴办新式学堂的教育要求。1904年清政府颁布了《奏定学堂章程》(也称“癸卯学制”)，规定了包括普通教育、师范教育和实业教育在内的学校系统。其中，师范教育分为初级师范学堂和优级师范学堂两级。这不仅意味着中国社会对教师职业角色的承认和重视，也意味着教师职业在中国已进入规范化、专门化的轨道。

3. 现代社会：教师职业从专门化到专业化

在20世纪的两次世界大战中，中西方的教育体系都遭到了一定程度的破坏，各国教育陷入停滞。二战后，随着社会的逐步变革以及和平与发展的时代主题的确立，全球的教育事业又重新复苏。

西方的教育在二战后进入了快速建设期，各国在不同层次、不同阶段的教育实践中纷纷开展了改革。而在师范教育的改革中，最大的变化就是“师范教育”这一概念正逐步被“教师教育”所取代。这不是一个简单的概念替换，而是标志着教师培养进入一个新的历史阶段，可以说，教师教育是职前培养和在职进修的统一，是正规教育和非正规教育的结合，是多层次、全方位、立体式的教师终身“大”教育。[①]这标志着教师职业逐渐向专业化发展。[②]

当代中国教育事业的发展呈现出一定的历史阶段性。改革开放前，中国在曲折中完成了社会主义教育事业的奠基，保障了人民大众的受教育权；改革开放后，教育事业发展渐趋平稳，开始注重在普及九年义务教育基础上提高质量，尤其注重以课程教学改革为核心的内涵式发展。1993年颁布的《中华人民共和国教师法》第三条规定：“教师是履行教育教学职责的专业人员，承担教书育人，培养社会主义事业建设者和接班人、提高民族素质的使命。教师应当忠诚于人民的教育事业。”这可以说是对教师职业角色的总体规定。其中包含了对教师职业的社会期望和行为模式。对教师的社会期望是“培养社会主义事业建设者和接班人、提高民族素质”，而对教师角色所期望的行为模式是“履行教育教学职责”“教书育人”“忠诚于人民的教育事业”。

随着我国教育体制改革的不断深化以及经济和社会的不断发展，教师角色也由新中国成立初期的“教书匠”转变为大众眼中的“园丁”“人类灵魂的工程师”，再到当下专业化的研究者、引导者、合作者。在我国的教育事业中，教师群体在不断发展的过程中丰富着自身的内涵，开拓着教育事业的未来。随着社会的发展以及人们对教育事业认识的不断变化，教师正承担着更加多元化的角色。

（三）教师职业角色的分类

关于教师角色的分类有不同的角度。麦金太尔（D. John McIntyre）用

① 黄崴.教师教育体制国际比较研究［M］.广州：广东高等教育出版社，2002：8-9.

② 本书在第三章有专门的篇幅探讨教师专业发展的主题，故在此处略去。

“多才多艺”来描述教师的角色，他认为一名教师至少要扮演十种角色，包括组织者角色、交流者角色、激发者角色、管理者角色、革新者角色、咨询者角色、伦理者角色、职业角色、政治角色、法律角色等，并强调教师的多种角色并不具有排他性，而仅仅代表教师这一复杂角色的一部分。[①]格兰布斯（J. D. Grambs）认为，穷尽教师扮演的所有角色，都可以在以下分类中找到其位置：一类是作为教学指导者的教师，另一类是作为文化传播者的教师。前者涉及课堂教学中教师角色的实际状态，如学生成绩的评判者、知识与技能的择定者、纪律维持者、儿童的保护人、道德气氛的创造者、教育机构的成员、学校教育传统的支持者；后者则指涉社会结构、文化传承对教师角色的不同期望，如中产阶级文化的恪守者、青年人的楷模、理想主义者、思想界的先锋、有文化教养的人、社区事务参与者、社区中的陌生人、教育机构中的路人、社会的公仆。[②]

显然，当代西方学者对教师角色的分类有不同的依据。若按教师所处空间的作用和地位来划分，可将教师角色归入四个向度下形成的四类角色：第一，社会角色——教师促进民族国家社会和经济发展的角色；第二，学校角色——教师作为学生家长、教师同事、教学管理人员和社区合伙人的角色；第三，课堂教学角色——教师作为“教学专家”和学生学习“引领者”的角色；第四，自我职业角色——自我职业认同和重塑的角色。若按教师工作的内容指向来划分，可将教师角色分为三类：一是教学与行政的角色，二是心理定向的角色，三是自我审视的角色。

以上的粗略梳理呈现了教师这一职业从非职业到职业、从经验化到专门化、从专门化到专业化的大致脉络，以及西方学者对教师角色的分类框架，

① D. John McIntyre，Mary John O’Hair. 教师角色［M］. 丁怡，马玲，等译. 北京：中国轻工业出版社，2002：目录.

② 吉恩・D. 格兰布斯. 教师的角色［M］//厉以贤. 西方教育社会学文选. 台北：五南图书出版有限公司，1992：629-648.

意在为后面的分析做好铺垫。事实上，叶澜对教师角色的分析具有鲜明的现实指向，也有着浓郁的中国色彩。而重构教师角色的依据不仅源于教育变革的实践需要，更是教师发展的内在诉求。正因如此，叶澜对“教师是谁”的诠释和解答便引起了广大教师的共鸣和认同，也成为教师重新认识自我的价值推动。

二、叶澜对中国传统教师角色的批判

在思考和分析教师角色这一论题时，叶澜主要是从中国历史的反思与现实的透析开始，对中国传统文化和传统教育中教师角色的定位以及出现的偏差进行了鞭辟入里的剖析，探寻造成教师角色定位偏差背后的文化根源。这为叶澜重新定位当代教师的角色做好了准备。

（一）中国传统教师角色的定位

1990年，叶澜在所著《教育研究及其方法》的“引言——教师与教育研究”中，对社会上包括不少教师自己仅仅将教师职业视为“知识的传递者”而不是“知识的创造者”的角色定位提出了质疑，强调教师劳动具有突出的创造的特性。1999年，叶澜应邀作为上海市教育名师讲坛的首批成员，为上海市的大中小学教师做了一场题为《论教师职业的内在尊严与欢乐》的报告。[①]在报告中，叶澜从理论与实践、历史与现实、社会与个人、师与道等方面对中国传统教师角色的定位进行了深入的分析，对片面理解教师、一味拔高教师或贬低教师的现象给予了尖锐的批评。2000年，叶澜在与郑金洲、卜玉华合著的《教育理论与学校实践》一书中，专列了“导论：教师——教育世界的创造者”，讨论了新世纪教师的新角色以及作为教育世

① 该报告后以同题首发于《思想·理论·教育》2000年第5期第6—11页，后收录于上海市教委主编的《今天我们怎样做老师》一书（上海教育出版社2000年版，第96—117页）。

界创造者应具有的专业素养，目的是帮助师范生“走出教师职业自我认识的误区”[①]。2015年，在全国“新基础教育”研究成果推介会上，叶澜做了题为《“新基础教育”内生力的深度解读》的报告，以贯穿“新基础教育”的“四个读懂”，即“读懂时代”“读懂学校”“读懂教师”“读懂理论与实践的关系”，阐明了“新基础教育”的内生力，并从“读懂教师”的立场出发，着重探讨了“教师是谁”的问题。这是围绕教师角色定位所做的最为集中的论述。此外，叶澜还在其他著述中多次讨论过教师角色问题，明确提出了教师角色重构的思路。

综上可知，叶澜对中国传统教师角色的批判主要集中在以下几方面。

1.“天地君亲师”中的“卫道士”角色

中国社会有将教师抬升到“天地君亲师”共序的崇高牌位中的传统，也有将“天地君亲师”作为祭祀对象的民间习俗，教师因此获得了与天地、与君亲共拜的资格。旧时民间，许多家庭会在中堂设立“天地君亲师”的牌位，作为祭天地、祭祖先、祭圣贤等民间祭祀的综合。北京师范大学的徐梓认为，“天地君亲师”的思想发端于《国语》，形成于《荀子》。东汉时期，在《太平经》中就出现了形式整齐的“天地君父师”的说法。北宋初期，“天地君亲师”的表达方式已经正式出现。明朝后期，崇奉“天地君亲师”在民间广为流行，把它作为祭祀对象也已经比较普遍。清雍正初年，第一次以帝王和国家的名义，确定“天地君亲师”的次序，并对其意义进行了诠释，特别突出了“师”的地位和作用。从此，“天地君亲师”就成为风行全国的祭祀对象。[②]这样的定位，显然与中国重知识重文化的传统有关。教师“闻道在先，术业有专攻”，是知识的代表，也是文化的象征，承载着“道”，因而成为人们尊敬和祭拜的对象。

---

① 叶澜，郑金洲，卜玉华. 教育理论与学校实践［M］. 北京：高等教育出版社，2000：2.

② 徐梓.“天地君亲师”源流考［J］. 北京师范大学学报（社会科学版），2006（2）：99.

叶澜分析了我国尊师传统的本质，指出我国历来有尊师的传统，但深究其为何尊师，就可看到其“卫道”的本质。荀子是明确提出“尊师”之说的代表人物。他把教师的地位提到与天地、先祖及君主并列的高度，言称：“天地者，生之本也；先祖者，类之本也；君师者，治之本也。”[①]荀子认为教育具有教化人的作用，所以他强调：“国将兴，必贵师而重傅；贵师而重傅，则法度存。国将衰，必贱师而轻傅；贱师而轻傅，则人有快，人有快则法度坏。”“人无师无法而知，则必为盗；勇，则必为贼；云能，则必为乱；察，则必为怪；辩，则必为诞。人有师有法而知，则速通；勇，则速威；云能，则速成；察，则速尽；辩，则速论。故有师法者，人之大宝也；无师法者，人之大殃也。”[②]古代先秦儒家的教育名篇《学记》则把师与道的关系概括表述为“师严然后道尊，道尊然后民知敬学”，还进一步提出“能为师然后能为长，能为长然后能为君”，把能否当好教师与仕途直接联系起来了。[③]韩愈在《师说》中更是明确地表达了“师”与“道”的依存关系：“道之所存，师之所存。”显然，在中国传统文化中，对教师的角色定位主要是“卫道”，因而“尊师”之“尊”是出于“师”所承担的“卫道”的角色。然而，这样的“尊”停留在只是把教师作为工具的层面，强化了教师对于社会、对于治国所具有的使命，却忽视了教师自身作为人的存在，更遑论教师的发展。

近代以来，教育领域人文思潮跌宕，民主运动此起彼伏，然而，教师的社会角色并没有多少实质性的改变。与过去相比，教师只是不再仅仅以传授正统之“道”为业，传播科学技术和经邦济世之“术”同时成了教师

① 毛礼锐，瞿菊农，邵鹤亭. 中国古代教育史［M］. 北京：人民教育出版社，1979：126.

② 许椿生. 简谈历史上教师的作用和地位［M］//李涵生，马立平. 教育学文集·教师. 北京：人民教育出版社，1991：6-7.

③ 叶澜. 论教师职业的内在尊严与欢乐［J］. 思想·理论·教育，2000（5）：7.

新的任务。[1]

叶澜指出了传统意义上的“师道尊严”产生的多重消极后果。其一，教师群体在职业意识上缺乏独立性。“师”与“道”的关系只是依存和维护的关系，当这种所谓的“道”代表着一种落后甚至反动的、阻碍历史进步的力量时，教师的“卫道”就会成为一种保守的甚至是一种逆潮流而动的社会势力的支持者。在平稳发展的社会阶段，传统卫道士的角色定位，也会使教师习惯于向后看，而不是向前看。这种倾向在社会改革时期，就可能表现为社会改革和教育改革的消极力量。其二，“卫道”的角色定位使教师缺乏民主意识。因为教师把自己看作是“道”的代表，认为“闻道在先”，在学生面前是当然的权威，故而很少想到或认同他可能从学生那里学到什么和得到什么启发。学生越小，教师就越有这种优越感。在学校中教师说了算，喜欢学生服从和听话，就是这种师道尊严精神的折射。其后果还会殃及学生，使其缺乏民主意识和自主能力，这显然与当代社会的发展是格格不入的。

叶澜进而从面向未来的立场出发对教师的角色提出了新的要求。无疑，教师的职业必有“卫道”的使命，但必须清醒地认识到，在今日的中国，教师要“卫”的是社会主义发展之“道”、人类文明进步之“道”。这种“道”本身不是僵死的，而是处在发展变化之中的，其本质就是实现中国社会主义现代化的变革之道。在一个社会急剧变革的时代，教师应是站在时代和人类进步前列的人，他对新文化、新观念有学习和研究的兴趣，对传统有按发展的需要做出选择与更新的眼光，对现实有深刻的理解和改变的能力。教师应是新的主流文化建设、传播和发扬队伍中的一支重要的社会力量。唯有如此，他才可能“面向未来”，以饱满的精神状态投入培养新世纪的开拓者的

---

① 鲍道宏. 彻底的生命关怀——“生命·实践”教育学派之“教师发展”意蕴浅析［M］// 叶澜.“生命·实践”教育学论丛：第一辑　回望. 桂林：广西师范大学出版社，2007：142.

事业。[①]

2. “蜡烛”与“春蚕”中的“牺牲者”角色

在中国历史上，一直将教师视为榜样、楷模。汉代的扬雄在《法言》首篇《学行》中说道：“师哉！师哉！桐子之命也。务学不如务求师。师者，人之模范也。”民间对教师的赞美之词也从不吝啬。人们常把教师比喻为“蜡烛”“春蚕”“园丁”“工程师”，以“春蚕到死丝方尽，蜡炬成灰泪始干”歌颂教师无私奉献的精神，以农业时代人们理想中的园丁及工业时代人们向往的工程师作为教师角色行为的范本。显然，这样的比喻寄予了对教师的角色期待，即教师应该像蜡烛和春蚕、园丁和工程师那样，以奉献和牺牲承担起百姓对教师的厚望，并为社会做出示范。

叶澜看到了这些歌颂背后存在的问题，指出：尽管社会赞美教师，但人们歌颂的只是他们对学生的爱心、默默无闻的奉献，像红烛一样燃烧自己照亮别人，像园丁一样用心血、汗水浇灌幼苗，像春蚕那样到死丝方尽，“红烛”“园丁”“春蚕”成了教师的象征；人们歌颂的只是老师为他人成长、对社会发展做出无私奉献的高尚精神，从而把教师职业的意义从现实提升到神圣。但是，这些歌颂并未涉及教师职业劳动对教师本人现实生命质量的意义；并未涉及教师能否在日常的职业工作中感受到对自己的智慧与人格的挑战、对自己生命发展和生命力展现的价值，感受到因从事这一职业带来的内在尊严与欢乐的满足。所以，这种歌颂并不带来人们像对富有创造性的专业工作人员那般的尊重。[②]

确实，当把教师看成是用燃烧着的生命之光为别人带来光明的蜡烛时，就忽视了蜡烛在照亮别人的时候会毁灭自己；当把教师当作是毕生吐丝结茧

① 叶澜，郑金洲，卜玉华. 教育理论与学校实践［M］. 北京：高等教育出版社，2000：3-4.

② 叶澜. 论教师职业的内在尊严与欢乐［J］. 思想·理论·教育，2000（5）：8.

为人类造福的春蚕时，就忽视了春蚕在温暖他人的同时也牺牲了自己；当把教师比喻为田园里辛勤耕耘的园丁时，就忽视了园丁在施肥浇水除虫中也型塑了幼苗的生长；当把教师类比为“人类灵魂的工程师”时，就忽视了工程师在统一蓝图规划下的标准化、模式化。这样的比喻也许赞颂了教师职业“无私奉献”的品格，却是片面且消极的。一方面，它曲解了教师职业的本质，将教师职业解释为简单的知识输出，似乎教师将自己身上横溢的才华无私地转移到学生身上就是职业内涵的全部，结果，失去创造性的教学变成了低层次的简单劳作，传道、授业、解惑的职责变成了可尊敬的单向消耗，与其说这是赞颂，不如说是贬低。另一方面，它窄化了教师角色的内涵，把学生成才与教师发展对立起来，似乎教师命中注定就只能在飘洒的粉笔灰中自我淹没，教师唯一的安慰只能来自于白发苍苍之时学生戴着功勋奖章的感谢，这也成为一些教师安于现状无所作为的借口，一辈子辛辛苦苦、窝窝囊囊、逆来顺受、与世无争，还自诩为“伟大的牺牲”。然而，“假如把牺牲性的行为看成是只对别人有意义而对自己毫无意义的行为，这恰恰意味着自己只不过是一件工具而不是一个显示着人的价值的人，如果一个人自身是无价值的，那么他所做的牺牲也就成为无道德价值的贡献”[①]。因此，甘当蜡烛、为他人牺牲的鼓励和赞美虽然崇高却未免悲壮而凄凉，它不仅没有给教师带来振奋和激励，反倒常常使教师产生一种委屈和吃亏的体验。[②]

3. “教书匠”中的“传递者”角色

中国民间除了将教师列入“天地君亲师”的序列以表达尊重的习俗外，也存在着中小学教师因所教对象的非成熟性和教学内容的基础性而地位低下的现象。两千多年前，孔子就为教师立下了“述而不作”的信条。韩愈

① 赵汀阳.论可能生活［M］.北京：生活·读书·新知三联书店，1994：76.
② 王枬.论教师职业的内在价值［J］.教育研究，2000（9）：62-63.

在《师说》开篇即言："古之学者必有师，师者，所以传道、受业、解惑也。"可见，"述"与"授"自古就被定为教师的基本任务。如若是教小孩，需要"述"和"授"的内容就十分浅显，故在科举盛行之时，秀才只有落第才去教童子。而私塾先生是穷酸和稍有学问之人的代名词，常被贬称为"教书匠"，被人看不起。[①]更有不少教师自谦为"教书匠"。无论是贬称还是谦称，在中国社会，"教书匠"这一称谓流行了多年。

"匠"，一般指具有某种手艺且技能熟练精到的人。社会分工中许多行业都有一些技艺精湛的匠人，如木匠、铁匠、花匠、补鞋匠、理发匠、钟表匠等等，他们以手艺谋生，并以娴熟的技能立足于社会。

然而，以"匠"比喻教师，却未必是对教师职业的赞美，也不是对教师角色的认可，而是包含着贬损、轻蔑的意味。

叶澜针对"教书匠"这一流行了多年的说法特别进行了评析。她指出，教师往往被他人贬称为"教书匠"，这一"书"一"匠"两字对"师"字的替代，概括了许多人对教师职业性质的认识：他们只是教"书"的"匠"人而已；他们只是把已有的知识传递给青少年而已；他们只要认真工作，不把知识教错，教对、教好即可。充其量，教师是人梯，因牺牲自己的生命，造就他人的成长而伟大，并不像科学家、艺术家那样因创造而伟大。教师职业不能在社会上引起真正的尊重，其认识根子在此。更令人忧虑的是不少教师也认同这样的观点，他们往往只为教书而行，负责任者力图把所教"书"的内容理解得更透彻，关心学科知识的更新，提高与自己所教学科一致的学历水平，为的是把"书"教得更好。至于自己的劳动有何创造性，同样未做深究。如此，教师就无所谓什么工作中的创造自觉，也无法体验创造的欢乐与尊严，培养创新人才之类的话往往也就流于空谈。[②]

① 叶澜，郑金洲，卜玉华．教育理论与学校实践［M］．北京：高等教育出版社，2000：5.

② 叶澜．散论"教师"［M］//叶澜．俯仰间会悟：叶澜随笔读思录．北京：中国人民大学出版社，2019：121.

确实，“师”与“匠”的区别是显然的。“匠”的工作主要指向物，从事的是物质产品的加工，“师”的工作主要指向人，且主要是未成年人，从事的是人的心灵、精神的培育；“匠”的工作属性是“技术导向”，强调技艺的娴熟，“师”的工作属性是“人文关怀”，强调育人的良善；“匠”的工作所需的手艺对主体的学养要求不高，只要简单操作、精益求精、熟能生巧即可，“师”的工作所需的不仅有忠诚和热爱的态度及感情，还需要丰富的知识、高超的能力、科学的方法，由于教学情境千变万化，所教学生禀性各异，无法凭借通用的模式或简单的套路去工作，所以还需要教育智慧。因此，当教师的角色定位于“教书匠”时，便将工作指向了物，导向了技术，引向了机械重复的“传授”。其带来的必然结果是：教师只看重传授了多少知识，只关注用什么方法能更有效地传授知识，只期待有程序明晰、指令明确、操作简单的“工作手册”，却放弃了独立的思考，撂下了育人的责任，停下了创新的脚步。

2012年，叶澜在《中国教育报》上发表了题为《教师要做“师”不做“匠”》的文章，从创新、创造的角度出发，对“教书匠”的现象进行了更为深入的分析，并发出要做“师”不做“匠”的呼吁。叶澜指出，当前社会上存在着一种误区，认为教师只是一个教书“匠”，只要把别人的东西讲给孩子们听，会管住孩子，就是一个好教师。但在今天，我们必须改变“教育是以知识传递为主”的传统观念。教育实际上是充满着创造的事业。如果一个教师，自身不懂教育创造，怎么能把人类的知识转化成学生的？怎么能把自己的教学内容激活，最后又转化成学生内在的生命成长？如果教师自己都不肯也不愿去创新创造，又如何能培养出具有创新思想和创新能力的一代新人呢？现在呼唤创新，就是要把“创新”这个核心词还给教育本身，还给教师的劳动，让教师在教育过程中享受智慧的挑战，享受创造的欢乐，让孩子享受成长的欢乐。这样的课堂才是人的课堂，而不是物的课堂。这样的教师才不是“匠”，而是名副其实的“师”。[①]

（二）传统教师角色定位的两极

中国传统中教师角色的定位也许还不止上述所列。叶澜从历史和现实的剖析中意识到，这些关于教师角色的隐喻或描述，在定位上存在着两极化，这是两个完全不同方向的描述，也因此导致教师职业社会声望的巨大反差。

1. 教师角色的“圣化”和“神化”

在古人的观念中，天神乎其神，故曰“天神”；地无所不能，故曰“地圣”。而中国古代社会将教师职业“圣化”，源于对孔子“孔圣人”的尊称。如今在山东曲阜孔墓前巨大的石碑上，仍然清晰可见上面镌刻着八个古朴苍劲的篆书大字：“大成至圣文宣王墓”。孔子是中国历史上第一个布衣称王称圣的人。[②]这里，“圣人”之“圣”，主要是道德学问名满天下，因而成为“万世师表”。由此，也奠定了社会的“尊师”传统，以及世人对教师职业的景仰和称颂。

从前述的分析中可以看出，不管是“天地君亲师”中将教师与天地并列、与帝王共序，还是“蜡烛”“春蚕”中对教师付出、奉献、燃烧、牺牲的无限拔高，都是基于教师“与众不同”的定位，即不是把教师视为“凡人”“常人”“普通人”，而是把教师看成是“完人”“圣人”“神人”。然而，这种“圣化”和“神化”却给教师套上了沉重的枷锁，教师被供奉在一个高冷的不食人间烟火的神台上，背负着道德高地的伦理规约。教师被塑造成一种不求回报的牺牲者的形象，只有把自己的全部身心甚至整个生命都投入到工作中去，才对得起学生，对得起社会；教师被要求是道德的标杆，只有时时事事处处为世人做出表率，才符合“万世师表”的要求；教师的言谈举止

① 叶澜．教师要做“师”不做“匠”［N］．中国教育报，2012-02-28（2）．

② 卞朝宁．孔子何时称圣？［J］．文史天地，2018（12）：76-80．

必须符合人们对“神圣”的角色期待，才配得上“教师”这一称谓。“起得比鸡早，睡得比狗晚，干得比驴多，吃得比猪少。”[1]这是许多教师在重负下生活境况的真实写照。于是，教师成了不食人间烟火，不能有七情六欲的“圣人”“神人”“完人”，结果变成了“非人”。

值得警惕的是，人被“神化”就是把人的生命存在中的超越性和应然性向度绝对化，把人归结为脱离现实生活、不食人间烟火的绝对超越的理想性存在。人被“神化”的后果就是人生命存在中感性的、现实性的一极被彻底否定，全面、丰富的人的生命存在被瓦解与分裂为脱离现实生活的抽象幽灵。[2]于是，“人”便不再成其为人。同理，当社会以“圣化”“神化”的角色定位教师时，就忽略了教师作为“人”的感性、现实性的存在，就可能一味要求教师无私奉献和牺牲，进而为自己未能满足教师基本生活和工作条件找借口、寻托词。这显然又背离了“强国必先强教，强教必先强师”的初衷。

2. 教师角色的“匠化”和“矮化”

对教师角色的“匠化”和“矮化”既有历史的原因，也有现实的原因；既来自社会，也来自教师自身。

从词源上看，“教育学”（pedagogy）一词是从希腊语“教仆”（pedagogue）一词派生而来的。在古希腊，负责照料、陪送年幼的奴隶主子女上学并帮助他们携带学习用品的奴隶就被称为“教仆”，后来，人们把那些专门从事儿童教育的人称为“教师”。在罗马帝国时代，初等学校的教师大多是为谋生而从教的被释放的奴隶，罗马的自由民不屑于担任这样的工作。在中国，很长一段时间里，教师的地位也非常低下。清代著名画家郑板桥曾写过一首

---

① 陈宏斌. 把老师当当人吧！［EB/OL］.［2020-11-21］. https://mp. weixin. qq. com/s/FKn-eusVEIc1ENJu6kcSLg.

② 贺来. 有尊严的幸福生活如何可能［J］. 哲学研究，2011（7）：21-22.

《教馆诗》自嘲，感叹自己的教师经历和寄人篱下的卑微处境：“教馆本来是下流，傍人门户度春秋。半饥半饱清闲客，无锁无枷自在囚。课少父兄嫌懒惰，功多子弟结冤仇。而今幸得青云步，遮却当年一半羞。”[①]由此可见，无论中外，教师源于“教仆”的身份决定了其不高的社会地位和声望。

从社会来看，所谓“教书匠”的称谓大体表达了一种对教师职责部分内容的描述，其中不乏对这一角色的轻蔑和不屑。陈桂生分析了“教书匠”这一提法的由来。他指出，把教师比喻为“教书匠”，是由于“教”也是一种技艺或艺术。“艺术”与“技艺”的区别在于技艺为手工操作技巧，而艺术为依据一定的理性原则对操作技巧的运用。由于自古以来就存在着“教学”（教书）与“教育”（育人）之分，教书之“教”（第一声）近于技艺，育人之“教”（第四声）近于艺术。虽然教师也“育人”，但育人者不仅是教师，还有其他一切对学生产生“善”的影响的人，而唯有承担“教书”职责的人才算得上是“教师”。这样，“教书”成为教师的本职。但是，任何社会都期待并要求教师不但要教书还要育人，于是，人们以伦理的方式约束教师，把只教书不育人的教师贬为“教书匠”。[②]如此一来，“教书匠”的称谓还带有社会上对教师角色窄化的不满和责备。同时，这一称谓本身也意味着人们对教师只是定位于知识的“传递者”和“搬运工”，只“复制”知识、只简单劳作而缺少创造的轻蔑。

“匠化”和“矮化”实质上是人的“物化”，人的生命存在中超越性、理想性的一极被抽离出去，人仅仅被归结为纯粹自然性的、物质化的存在。这是物对人的统治，它使人的生命退化为片面而贫乏的存在，使人与人、人与自然的关系成为异己的、敌对的以“物化”为本质的关系，把人的自由自觉的活动贬低为维持肉体生存的手段，把人的无限丰富的肉体和精神需要化

① 许椿生．简谈历史上教师的作用和地位［M］//李涵生，马立平．教育学文集·教师．北京：人民教育出版社，1991：9-10.

② 陈桂生．师道实话［M］．上海：华东师范大学出版社，2004：39-40.

约为对物的动物般的占有机能。①

从教师自身来看，现实中有不少教师也自称为“教书匠”，虽然其中有自谦的意味，但更多的是一些教师对教师角色的片面认同。即把教育理解为操作训练，把教师的工作定位在低层次的简单劳作，把教育活动降低为机械的习惯和例行的公事。这也是教师角色的自我矮化。在这样的认知下，教师的角色就成为被动的付出，职业对教师而言是从外部强加的角色，教师在职业中感受不到快乐，找不到内心的自由。“匠化”与“矮化”使教师的劳动发生了异化。马克思在《1844年经济学哲学手稿》中分析了“劳动的异化”，指出：“劳动的外在性表现在：这种劳动不是他自己的，而是别人的；劳动不属于他；他在劳动中也不属于他自己，而是属于别人。”②

对教师职业的“圣化”和“神化”或“匠化”和“矮化”，表面上相互对立，但实质上内在相通，二者都是以不同的方式表现出的对教师职业的片面认识和曲解，更是对人的全面、丰富的生命存在的分裂和瓦解。如贺来所说，人的“神化”把人虚化为远离人间的“幽灵”，人的“物化”则把人降低为欲望的“禽兽”。在中国和人类的历史上，这二者都曾以种种变化的形式影响和支配着人的自我理解，而其结果无一例外地是人的尊严被亵渎，人的幸福被贬损。这些深刻的教训提醒我们，只有把人当成全面、丰富的从而“活生生”的存在，有尊严的幸福生活才可能真正成为现实。③

（三）传统教师定位偏差的原因

在中国传统教师角色的定位中，无论是“卫道士”还是“牺牲者”或是“传递者”，显然都存在着偏差。叶澜分析了造成教师角色定位偏差的原因，认为最大的偏差在于没有认识到教师劳动的创造性，甚至教师本身也未必清

①③ 贺来．有尊严的幸福生活如何可能［J］．哲学研究，2011（7）：22.

② 马克思．1844年经济学哲学手稿［M］//马克思恩格斯文集：第1卷．北京：人民出版社，2009：160.

晰地意识到这一点。进一步深究，主要有三个方面的原因。一是整个社会还没有真正做到“以人为本”。尚处于温饱型社会的人们，更多关注的是物质财富的创造与谋取，人在社会职业中主要被当作工具，以及个人谋生的工具。又因其政治、经济地位低而不被重视。在基本生存、温饱都还需要奋斗的时代，人们很少去深究这一职业与人类自身和从业者发展的深层关系。二是教育观的陈旧和对教师职业缺乏深入研究。人们并不明白教育究竟为什么和是什么，也没有认识到教师劳动的特质与复杂，以及它对从业者品格、智慧的高度综合要求。教师培养趋于简单化、方法技能操作化，使教师成为掌握教育教学模式的熟练操作工，忽视了对教师人格陶冶、学识广博及识人、育人的智慧创新能力的养成，制约了教师的教育水平和创造潜能的开发。三是人们习惯于以科学、艺术等已被公认的创造性劳动的范式来评价教师劳动，习惯于以可见、可测、可直接呈现为新增产品或财富的方式来评价劳动的创造性及其价值。正是这种评价范式与标准的硬套或错位，使人们无视或看不懂教师劳动的创造性。①

因此，对教师角色的片面认识，以及对教师职业性质的误解，导致教师角色定位的偏差。这种角色定位的偏差不仅给教师带来自身发展的诸多困惑，也引起社会对教师职业评价的巨大反差。

这种局面必须改变。

三、叶澜对“教师是谁”的重构

陶志琼曾分析了对教师的不同追问方式。“教师是什么”的追问属于事实陈述的、科学思维取向的、以工具理性为重的问题；“教师是谁”的追问则是主体参与性价值的陈述，是富含价值取向的，价值理性居于主导地位，

① 叶澜．散论“教师”［M］//叶澜．俯仰间会悟：叶澜随笔读思录．北京：中国人民大学出版社，2019：123-124.

不只是探讨教师应该做什么，而更重要的还在于探讨教师应该如何度过其教育教学生涯才有意义。①

2016年，在批判中国传统教师角色定位偏差的基础上，叶澜写下了《“新基础教育”内生力的深度解读》一文，从“关系”的维度和“是”与“不是”的维度，深入分析了“教师是谁”的问题，用表格的形式对教师角色进行了系统的重构，从而厘清了人们对教师角色的模糊认识。同时，以“新基础教育”的探索为例，提供了事实层面与价值层面教师角色重构的基本路径。②

这里，“关系”的维度呈现了教师角色可能涉及的各个层面。叶澜主要从教师与变革、教师与学生、教师与学科、教师与自我四个方面探讨了教师应然的角色定位，提供了一种基于关系思维下思考教师角色的新视角。“是”与“不是”的维度则呈现了对现实中部分教师角色定位不当的否定和对观念上教师角色理想定位的期待。罗振宇在分析“人和动物到底有什么区别”时说道：要是想说明白一件事，必须能调用一个公式，就是“不是，而是”。任何事物，靠它自己是没法定义的，再准确的概念也不行，必须给它一个背景，而且还能用一个简洁的标准把它从背景中清晰地区分出来，这样才算理解了它。③如果说叶澜对教师“不是”什么的描述是再现了当下部分教师的实存状态，表达了对事实层面上教师“不应该是这样”的批评，那么她对教师“是”什么的描述则是对价值层面上教师“应该是这样”的更高要求。

（一）教师与变革的关系

变革与创新是社会发展的永恒主题，也是作为教育者的教师无法回避且

① 叶澜，等.教师角色与教师发展新探［M］.北京：教育科学出版社，2001：31，38.

② 叶澜.“新基础教育”内生力的深度解读［J］.人民教育，2016(3-4)：38-42.

③ 罗振宇.人和动物到底有什么区别？［EB/OL］.［2020-10-24］.https://mp.weixin.qq.com/s/91sNrlP4JxiGYh7OJKlNRw.

应该主动参与和自觉担当的选择。随着人类社会迈进21世纪，叶澜敏锐地意识到“现代化”“全球化”“信息化”给中国教育带来的全方位的挑战。同时也意识到我国中小学与现代社会要求存在的明显差距，意识到广大教师在这场世纪挑战中可能面临的巨大冲击。叶澜分析道：21世纪初我国的中小学尚未走出20世纪初中国从封建社会走向半殖民地半封建社会时初建的近代型学校的形态。近代型学校带有明显的工业社会教育的特征：按工业化、批量性生产的模式“塑造”学生，教师被誉为“人类灵魂的工程师”，有统一的目标、基本划一的课程和教科书，设有整齐排列的通用教室，制订确定性的课时、教学周期和教学进度，按规定执行的教育教学过程。总之，学校的基本任务是知识的传递和为社会不同领域需要的规范化人才打好基础。[①]这种局面带来了教师角色的模糊甚至错位，阻碍了教师的成长和发展，进而阻碍了教育的变革。

叶澜从三个方面分析了教师与变革的关系，指出：教师不是上级制度规定的机械执行者，不是他人改革经验的照搬者，不是教育变革实践的操作者，而应该是有思想的实践者，有发现的研究者，有创生能力的变革者。

1. 教师不是上级制度规定的机械执行者，而是有思想的实践者

人区别于动物的重要标志在于人有理性、有思想，如马克思所说：“一个种的整体特性、种的类特性就在于生命活动的性质，而自由的有意识的活动恰恰就是人的类特征。”[②]这里所说的“自由”，是指对动物本能的超越和对各种桎梏的摆脱，体现出强烈的超越性和发展性。教师当然是人，而且是经过长期教育专业培养的人，因而也应该是有思想的实践者。然而，在现实中，不少教师将自己的职责理解为主要是教书，是按照教材、教学参考资

① 叶澜.21世纪社会发展与中国基础教育改革［J］.中国教育学刊，2005(1)：4-5.

② 马克思.1844年经济学哲学手稿［M］//马克思恩格斯文集：第1卷.北京：人民出版社，2009：162.

料、考试试卷和标准答案去教。至于为什么要教这些，为什么要这样教，怎样教更好，许多教师没有更深地思考过，或者也不愿去思考。于是，出现了这样的现象：课程标准是由国家制定的，教学内容是由教材编写者编好的，教学参考资料是由教研部门提供的，教学方法是由教研部门介绍的，考试试卷是由教育部门编制的。教师成了游离于这一切之外的被动的旁观者，成了教育行政部门各项要求的机械执行者。教师不再是人，而是变成了物，变成了机器。更危险的是，一些教师还安于、乐于这种状态，心甘情愿地听人摆布，任由自己的头脑变成别人思想的跑马场，"书上怎么说我就怎么教""上级要我做什么我就做什么"，在不用动脑筋的机械操作中度日。叶澜特别谈到了"新基础教育"探索性研究初期，一些教师经常提出的要求："不用跟我讲那么多理论，就直接告诉我应该怎样操作就行了"，最好能提供具体的步骤明晰的"操作手册"。如此一来，教师便把个人实践的改变寄托在他人提供具体的、操作性指导上，忽视了对个人实践中内含的个人理论的批判与反思。这种忽视会使自己陷入模仿与执行者的境地①，进而导致思考需求的消退，对读书、学习的热情的消减。因此，要转变教师只做机械的执行者的角色，而成为有思想的实践者，这是未来变革成功与否的关键。学校的变革只能由承担学校工作的校长、教师自己来做。教育变革只有进入学校内部，只有真正出自教师自身对教育变革的理解和认同，才可能产生对学生发展、对教师发展、对学校发展的真实而有意义的教育变革方案，也才可能将这种方案落实到培养理想新人的教育实践之中。

2. 教师不是他人改革经验的照搬者，而是有发现的研究者

近些年，不少学校和教师在教育变革中做出了积极的探索，也形成了丰富的经验，这本是非常可喜的局面。然而，有些教师为了提高自己教学的效

① 叶澜．我与"新基础教育"——思想笔记式的十年研究回望［M］//丁钢．中国教育：研究与评论：第7辑．北京：教育科学出版社，2004：45.

果，对一些经验尤其是模式和套路趋之若鹜，并将别人课堂教学的成功经验简单照搬到自己的课堂教学中，却忽略了教育的情境，忽略了学生的差异，忽略了自身的独特。

叶澜分析了这种模仿照搬的现象，指出：借鉴他人好的经验，用来打开自己的思路，明白他人好在哪里，反思我可以怎样做得更好，这显然是有意义的，也是应该鼓励和提倡的。但若只是简单照搬别人的做法，却忽视了师生的原有基础和教育教学的具体情境等因素，便可能产生南橘北枳、南辕北辙的效果。何况有些好的经验是无法照搬的。这也正是教育的复杂性所在。因此，教师应该做有发现的研究者。所谓发现，是用自己的眼睛去观察，用自己的头脑去思考，用自己的身心去体验，以探求事物的真相。所谓研究，是钻研、琢磨，是极深研几、追根究底。教师可以把学校及教室当成天然的实验室，在日常实践中实施自己的教育理想，寻找教育教学的规律；教师可以根据有限的空间、特殊的条件和具体的情境创造性地教学；教师可以通过对教育教学实践的反思研究，积累并升华自己的教育经验。教师正是在看似无疑的地方发现疑惑，在惯常行为背后找到问题，进而揭示那些潜藏着的认知图式、预定的假设等，建构起个人的教育哲学，以获得内在的启蒙和解放的力量，增强实践能力和自我超越的能力。这里，教师的反思是对自我之“思”的“思”，教师的研究是“过去的我”与“现在的我”的对话交流，是努力摆脱“已成的我”，走向“理想的我”，不断获得新生的过程。

在1990年出版的《教育研究及其方法》一书中，叶澜明确地把参与教育研究视为教师创造性工作的题中应有之义，并将掌握教育研究方法比喻为教师腾飞的“翅膀”，提出教师创造性的劳动“不仅指教师在学校日常工作中的创造性劳动，而且指教师在教育研究活动中的创造性劳动。只有通过教师的创造性劳动，才能使一切外在的有利条件切实转化为教育事业和教育科学的发展。因此，教师不仅是教育事业，而且是教育科学发展的十分重要的生力军”。然而，现实中我国教师在教育研究中的生力军作用远未充分发挥，急需加强教师从事教育研究的意识和能力。①所以，教师不仅要有教育研究的意识和主动性，还要学习和掌握教育研究的基本方法，这也是教师成为有发现的研究者的前提。

3. 教师不是教育变革实践的操作者，而是有创生能力的变革者

以往的教学过程主要是教师对教材中的既有知识进行传递的过程，这导致许多教师关注的不是教学内容的意义和价值，而是传递教学内容所使用的技术和方法。以苏联教育家凯洛夫（И. А. Кайров）为例，在他的教育学中，对基础教育影响最大的就是“组织教学、复习旧课、讲授新课、巩固新课、布置作业”的教学五环节的思想，在我国中小学有着广泛的传播，在中小学教师中也有不少拥趸。人们拥护和应用的缘由并不是对凯洛夫教育学理论的完全认同，而只是对这教学五环节表述内含的操作方便、简单易学的认可。然而，教学活动是千变万化的，教育变革也是多姿多彩的，没有适用于所有课堂的教学模式，也没有适合一切学校的教育改革方案。教师应从自己的教育实践中寻找变革的突破口，从学生发展的需要中生成变革的设计图。这就要求教师进行研究，在研究中创生，在创生中变革，在变革中成长。教师要研究当代学生的身心特点，把握学生的内在需求，并在此基础上采取有针对性的教育；教师要研究基础教育改革的要求，研究新课程、新教材，以使自己能跟上新时代发展的步伐；教师要研究教育教学的规律，了解立德树人的时代要求，使自己能在把握规律的基础上事半功倍地工作；教师还要研究自身，研究自己的成长规律，使自己的教学思想、教学艺术、教学风格能及时得以总结、提炼、概括、升华。只有在这个基础上，才会有教师创造性的生产，才会有教师智慧性的活动，也才会有千姿百态的学生个性的产生和

① 叶澜.教育研究及其方法［M］.北京：中国科学技术出版社，1990：11-14.

学生独立自主的批判意识的形成。这时，教师就不是在“复制”而是在“创造”，不是在“操作”而是在“创生”。师生在这种创生的过程中享受智慧、品味欢欣、感悟成长、体验人生。于是，教育就由传统的“外烁”转向了现代的“内养”，富有了更生动的韵味和丰富的含义。叶澜特别指出：近30年的“新基础教育”研究，从不搞操作手册，就是希望大家去思考去研究，而不是去操作去复制；“新基础教育”现有的经验，希望大家去深思，而不是去照搬。因为转型是在研究变革实践的创生中完成的。转型变革的第一步，必须弄清楚一个最基本的问题，即在变革中“教师是谁”。

表2-1　教师与变革关系维度上的角色重构

	不是	是
教师与变革的关系	上级制度规定的机械执行者 他人改革经验的照搬者 教育变革实践的操作者	有思想的实践者 有发现的研究者 有创生能力的变革者

叶澜从教师与变革关系维度对教师角色“是”与“不是”的重新定位，便将教师置于一个富有创造性的研究型实践者的图景中。

（二）教师与学生的关系

教师与学生是教育活动的基本要素，也是人际关系中非常特别的一种存在。在教育思想史上，由于对教师与学生作用和地位的认识不同，便出现了“教师中心论”与“学生中心论”之争。

“教师中心论”以德国教育家赫尔巴特（Johann Friedrich Herbart）为代表，认为教师掌握着人类积累的文化知识，是知识与智慧的传播者；传递社会与文化的价值观念，是专制与权威的代表者；施行教学活动中的管理与训练，是统治与约束的执行者，在教育活动中教师应处于中心地位，决定着教育标准、内容和方法。学生被认为生来就是需要管教的，教师必须借助惩罚、监督、命令、禁止等管理手段树立起教师的权威，这是进行教育的前提；同时学生须顺从教师的教导，才能学到知识，养成良好的品德。“教师中心论”重视教师在教育过程中的主导作用，重视系统书本知识的传授，在一定程度上揭示了教育过程提高学生认识的某些规律，具有一定的合理性，因而19世纪末20世纪初得到迅速传播。但同时由于重视书本知识，忽视实践经验，重视教师的讲授，忽视学生的接受，重视课堂学习，忽视社会生活，重视管理和规训，忽视民主和对话，因而被斥为知识与生活、教师与学生、课堂与社会相脱离，受到后来“学生中心论”的猛烈抨击。

“学生中心论”以杜威为代表，重视儿童自身的能力和主动精神在教育过程中的作用，重视儿童已有的经验，重视学生的兴趣与需要，并以此作为教育活动的出发点，提倡以“做中学”代替“从师而学”。杜威把教育从“以教师为中心”向“以儿童为中心”的转变称为一种革命，并将其比喻为和哥白尼（Mikołaj Kopernik）把天文学的中心从地球转到太阳一样的那种革命。“儿童是中心，教育的措施便围绕着他们而组织起来。”[①] 由于知识的来源从教师转向生活，传统教育中教师借传授知识而树立的权威地位旁落，由学习的主导者变成了学习的辅助者。“学生中心论”切中了传统教育片面强调教师权威、强调认知的要害，因而于20世纪二三十年代激起不少国家的学校教育改革，但最终因教育质量不高而失败，其根源在于过分强调学生的主动性，过分注重学生的经验而忽视了教师应有的作用。但是“学生中心论”所蕴含的重视学生主体性教育、创造性教学、发展性教学，重视儿童实践、关注儿童成长等思想在当代已是教育改革的重要内容。

叶澜注意到了“教师中心论”与“学生中心论”的思想分歧特别是教育理念的差异，从教师与学生的关系维度上，分析了教师的“是”与“不是”，旗帜鲜明地提出了自己的主张：教师不是为学生燃尽生命的“蜡烛”，

---

① 杜威．杜威教育论著选［M］．赵祥麟，王承绪，编译．上海：华东师范大学出版社，1981：32.

放任学生自发生长的“牧羊人”，学生成长路线与模式的“规定者”，而是点亮学生心灯的“启蒙者”，用人类文明使学生成人的“养正者”，学生才情、智慧、人格发展不可替代的“助成者”。

1. 教师不是为学生燃尽生命的“蜡烛”，而是点亮学生心灯的“启蒙者”

叶澜对长期以来有关教师榜样和教师形象的宣传导向进行了分析，认为存在着很大的偏差，即大都还沿着传统的“悲情路线”走：以优秀教师的忘我工作、辛勤劳动甚至自我牺牲来感动人。出现在记者笔下的教师要么是疾病缠身仍抱病带班，要么是家里揭不开锅仍忍饥上课，等等。类似“以病弱之身支撑着教育，以一己之力支撑起学校”的赞颂，在让我们感动并感慨于教师榜样伟大崇高的同时，也有着更多的不解和不安。教师榜样的背后大多伴随着巨大的牺牲，让很多教师无比敬仰又望而却步。然而，这样的教师榜样和教师形象呈现的是一种凄苦文化，折射出的是一种不正常的社会心态，即以奉献和牺牲之名从道德上裹挟了教师。为什么非要让这些教师燃尽生命呢？为什么这些教师不能生活和工作得更有尊严呢？近年来，不时传出教师猝死讲台的报道，我们在痛心和惋惜之余，更应深刻反思造成这类问题的深层次原因。“春蚕到死丝方尽，蜡炬成灰泪始干”的忘我和奉献固然崇高和伟大，但这种奉献不应是以教师健康乃至生命为代价的奉献；“鞠躬尽瘁，死而后已”的无私和牺牲固然令人敬佩，但这种牺牲不应是以教师自我性命乃至家人的性命为代价的牺牲。

从社会的角度来看，在现代社会，教师这一职业虽然崇高，虽然伟大，虽然有力地影响着未来，但教师却不得不面对一个事实：当教师走下讲台，以同事、下属、妻子、母亲、女儿或丈夫、父亲、儿子等多种复杂的身份面对生活时，教师便迎来了诸如买菜、做饭、结婚、生子、买车、住房、津贴、职称等各种各样的现实问题，特别是在现代世俗社会中生存，教师职业的清贫、生活的困顿，也会令教师难堪。尽管如此，很多教师不管生活多么清苦甚至艰辛，还是竭尽全力地维持着教师的尊严与体面，维持着学生对教师的崇拜与信任。因此，当前更重要的不是单纯从道德意义上赞美教师职业如何崇高，而是要真正给予教师健康工作快乐生活的制度上的保障，形成全社会关心和爱护教师的良好风气，“关心他们的薪资，关心他们的健康，关心他们的心理状态，关心他们的压力与痛苦，关心他们的付出与收获是否成正比”①。

就教师榜样评选的理念而言，我们已进入新时代，教师专业化的浪潮席卷全球，当代教师应成为“反思型教师”“研究型教师”已变为共识。在这样的背景下，教师榜样的树立显然应该具有鲜明的时代特征，应该体现对教师专业发展的要求，应该具有广泛的社会影响力。这样的榜样才能立得住、行得远。具体来说，教师榜样应重点强调如下三方面。其一，拥有令人折服的专业能力。过去，我们对道德素养关注比较多，对专业素养却不够重视。在追求教育家办学的背景下，专业引领的重要性更加凸显。其二，拥有广泛的教育影响力。榜样不是树起来的，而是自己冒出来的，是以自己先进的教育理念、专业的教育能力获得社会公认的。其三，拥有幸福人生。对工作投入并不等于要牺牲生活乃至家庭，只有当榜样和幸福联系在一起的时候，它的感召力才会最大化。因此，榜样评选应关注教师的健康身心、阳光状态和幸福人生。②

叶澜强调，教师是人，非圣、非神。教师的价值不是仅仅为学生燃烧自己，而是要点亮学生的心灯，教师是点亮学生心灯的“启蒙者”。这就将教师角色从“燃烧自己”转向了“点亮学生”。这是角色的转变，更是理念的转变。“燃烧自己”意味着教师不得不在消耗殆尽中走向毁灭，“点亮学生”

① 痛心！又一老师猝死在三尺讲台上！［EB/OL］.［2020-11-01］. https://mp. weixin. qq. com/s/GBOwJ4unaAlVKIpnhhSlkQ.

② 蒲公英. 今天，我们需要什么样的教师榜样［N］. 中国教育报，2013-09-07(1).

却意味着教师在薪火相传中获得重生。作为一个教师，如果只要求自己像蜡烛一样，成天勤勤恳恳地埋头苦干，以牺牲自己作为职业高尚的表达，而不是用一种创造的智慧去点燃学生内在的精神潜力，那么工作对于他自身而言只有付出没有魅力，也难培养出有创造力的学生。[①]因此，这一转向建立在对教师角色以及教育事业的深刻认知基础上，也将促进教师角色从被动无奈地应对走向主动自觉地创造。

叶澜在谈到教师为何要成为点亮学生心灯的“启蒙者”时说：孩子们为什么来学校？是为了过一种和家庭、社会、日常生活不一样的新生活。人所生活的场域是广阔而丰富的，家庭、社会、学校构成了个人成长中不可或缺的存在。就家庭生活而言，家庭是重要的生活场所，也是重要的教育场所，但是，家庭生活是各种目的交织在一起，并不只是为了教育而存在的；在家庭里虽然也会开展形式独特的教育活动，但整个家庭生活并非完全建立在完成教育目的的基础之上。就社会生活而言，人生活于社会之中，由于现代科学技术在生产和生活中的广泛运用，人们必须掌握一定的科学技术知识才能更好地从事生产和生活，因而社会许多场所都具有教育因素，社会生活也交织着教育的影响，但是，这些场所以及社会生活并不是只以教育为目的而设定的，而是为了完成教育以外的更重要的任务而进行活动的地方。由此可见，家庭和社会都对人有教育影响，但它们和以教育为目的的学校生活还是有区别的。学校是一种特别的教育机构，以教育为目的而设立，其一切活动都以教育目的为准绳；学校建立在固定的场所并有一定的设施及设备，在一定期间内持续存在；学校有专门从事教育活动的人员；学校里有确定的教育内容，有各种各样的教育活动；学校还有一定的管理制度；更重要的是，学校里有许多适龄的正在接受教育的儿童。学生进入学校，就意味着将在有目的、有计划、有系统、有组织的教育机构里，在专

① 叶澜．教师的魅力在于创造［J］．上海教育，2013（16-6A）：33.

业人员的指导下接受系统的教育。叶澜特别强调，教育需要发挥启蒙作用，即开导蒙昧，使学生明白事理。这就对教师的角色提出了新的要求：做点亮学生心灯的“启蒙者”。

2. 教师不是放任学生自发生长的“牧羊人”，而是用人类文明使学生成人的“养正者”

在我国，21世纪初轰轰烈烈的基础教育课程改革，强调以学生为本，为学生的幸福人生奠基，尤其主张关注学生的兴趣和个性，注意发展学生的主动性和自主性；主张教师要少讲精讲，要从传授知识为主转向促进学生的全面发展。这些显然都是有着积极意义的。但一些好的教育理念在具体的教育实践中却出现了偏差。例如，当人们在广泛引用杜威的话语“教师在教学中只应充当‘看守者’（watcher）和‘助手’（helper），他不应该站在学生面前的讲台上，而应站在学生背后”①时，由于理解上的局限或片面，便导致现实中教师的作用“弱化”“淡化”的现象。尤其是当学生课业负担越来越重，“减负”的呼声日益高涨之时，社会各界对教育的批评日甚，“愉快学习”“快乐教育”的主张也使得一些教师不再敢对学生提出严格的要求，甚而不知该如何面对学生了。

叶澜谈道：“近期我特别感受到一种‘牧羊人’模式、一种‘放任’的舆论，且因得到媒体认可、宣传放大而盛行。给孩子自由，使他们快乐成了教育中第一位的价值选择。当然，我们不该让孩子们承担过重的作业负担，剥夺他们成长中所必须有的其他一切，但是教育者要意识到：快乐是孩子的天性，让学校生活充满童趣，不等于孩子要的都对，不等于对学生没有要求。我说过，孩子既不是魔鬼，也不是天使，而是成长中的人。‘成长’永远是教育所最关心的！”②

① 李秉德．教学论［M］．北京：人民教育出版社，1991：104．

② 叶澜．“新基础教育”内生力的深度解读［J］．人民教育，2016（3-4）：39．

学生区别于其他人群的重要特征是“正在成长”。正在成长中的学生，其身心发展是有着特殊规律的，无论是认知领域、情感领域，或是动作技能领域，都表现出与成年人不同的特点。认识并且尊重这些规律，是开展学校教育工作的前提。学生的身心发展特点表现在以下几方面。其一，身心发展具有顺序性。从出生到成年，人的身心发展是一个由低级到高级、由量变到质变的连续不断的发展过程，是按照一定的顺序展开的。人在身体和心理两个方面的发展都呈现出一定的顺序，且生理发展的顺序必然影响到心理发展，特别是以神经系统发展为基础的心理发展。同时，身心发展的个别过程和特点的出现也具有一定的顺序性。例如，人的身体发展总是遵循着从上到下、从中间到四肢、从骨骼到肌肉的顺序发展的，人的思维总是按照从动作思维到形象思维再到抽象思维的顺序发展的，人的记忆一般也都遵循从机械记忆到意义记忆的顺序发展，这些顺序是不可违背的。其二，身心发展具有阶段性。人的发展在时间上表现出典型特征的不断更替性。一个典型特征的出现，常常意味着一个发展阶段的到来。根据人的发展呈现出来的典型特征，一般把人的身心发展特点比较突出的某一段划分成一个阶段，于是，个体生命全程的发展可划分为如下阶段：婴儿期，出生—1岁或1. 5岁；幼儿期，1岁或1. 5岁—6岁或7岁；童年期，6岁或7岁—11岁或12岁；少年期，12岁或13岁—15岁或16岁；青年期，16岁或17岁—25岁或30岁；成年期，26岁或31岁—55岁或60岁；老年期，55岁或60岁—死亡。[①]不同的阶段表现出身心的不同特征。以思维为例，在童年期，人的思维具有较大的具体性和形象性，抽象思维还比较弱，对抽象的事物不易理解；到了少年期，人的抽象思维已有很大发展，但仍需借助具体形象思维的帮助；进入青年期，人的抽象思维已占主导地位，能进行理论逻辑推断。阶段性还表现为人的身心发展的各个阶段是互相衔接的，每一个阶段都是前一个阶段的延

① 叶澜. 新编教育学教程［M］. 上海：华东师范大学出版社，1991：88.

续，又是后一个阶段的准备。其三，身心发展具有不平衡性。人的发展是一个完整的变化过程，但身心发展与身心各方面的发展并不是齐头并进的，在不同的年龄阶段会表现出不平衡的特点。一方面，身心同一方面的发展在不同年龄阶段具有不平衡性。例如人的身高、体重的增长有两个高峰期，一是出生后的第一年，二是青春发育期。又如脑的发展最迅速的是在出生后的第5—10个月、五六岁、十三四岁三个阶段。另一方面，身心不同方面发展具有不平衡性，有的方面在较早的年龄阶段已达到较高的发展水平，有的方面则要到较晚的年龄阶段才能达到较成熟的水平。例如感觉、知觉在少年期之前已发展到相当水平，而逻辑思维则要到青年期才有相当程度的发展。但是，在不同的年龄阶段，都有人的某方面机能和能力最适宜培养的时期，心理学家因此提出了“关键期”的概念，即人最容易学习某种知识、技能或者形成某种心理特征的时期。例如，2—4岁是儿童口语发展的关键期；0—4岁是儿童形状知觉和坚持性发展的关键期；5岁左右是儿童整体记忆能力开始形成的关键期，也是综合数学能力形成的关键期；而青少年期是人生观、世界观、价值观打基础的关键期。其四，身心发展具有个别差异性。由于教育、环境、遗传等方面的不同，个体在身心发展上存在着个别差异性。个别差异是在共同的心理活动中人们所表现出来的彼此不同的心理特点，它使得人与人之间不完全相同。正因为学生身心发展具有顺序性、阶段性、不平衡性、个别差异性等特点，更清晰地呈现了“正在成长”的过程，所以教育的任务就是促进学生更好地成长。

许多哲学家、教育家都强调，教育是促使人由“自然人”变成“社会人”，从而成为“真正的人”的唯一路径。如夸美纽斯说：“只有受过恰当教育之后，人才能成为一个人。”[①]康德（Immanuel Kant）也说：“人是唯一必须受教育的被造物。”“人只有通过教育才能成为人。除了教育从他身上所

① 夸美纽斯.大教学论［M］.傅任敢，译.北京：人民教育出版社，1984：39.

造出的东西外，他什么也不是。需要注意的是，人只有通过人，通过同样是受过教育的人，才能被教育。”[①]叶澜指出，对于正处在成长中的学生而言，教育要用人类文明“养其正”、成其人。所谓“养正”，即指培养其端正的心性及行为。孩子们为什么进学校？是为了看到人类文明的灿烂、丰富！没有教育者，孩子自己无法达到多方面更加完善的发展。所以，教育意味着有要求、有纪律、有引导、有训诫。教师不能放弃这些责任，不能过度放任学生，不能无度顺从学生的每一个要求，而应该发挥教导、指引的作用。教师应是“养正者”。

3. 教师不是学生成长路线与模式的“规定者”，而是学生才情、智慧、人格发展不可替代的“助成者”

由于教师职业自诞生以来便以传授知识为重要职责，而教师又“闻道在先，术业有专攻”，因此，传统教育中常常把教师放置于中心地位，教师对知识传授有着不容置疑的决定权，对儿童成长有着无可争辩的支配权。基于这样的认识，传统教育中对教师的定位便突出了“包办者”“规训者”的角色。一些教师也习惯于为学生做决定，帮学生做安排，指手画脚，包办代替。

然而，学生是人，是有着独立思想、独立人格的人。这表现在：第一，学生是一个活的能动体。这意味着他具有发展自身的动力机能。他不仅与其他生物一样能够通过对外界的摄取活动，使自己的机体得以保存和发展，更为重要的是，这种动力机能还表现为他能够以人所特有的能动性，创造和满足自己的物质需要与精神需要，并用以发展自己的身心。作为一种实践对象，他不是消极地接受塑造和改造，而是能够意识到自己是被他人所塑造的和改造的，从而有可能自觉地参与到教育过程中去，以一种与教师相重叠的

① 伊曼努尔·康德．论教育学［M］．赵鹏，何兆武，译．上海：世纪出版集团，2005：3，5.

目的活动，共同完成教育的过程。第二，学生是具有思想感情的个体。学生是有血有肉的人，有自己的思想感情。因此，教师对学生心理的反应不仅限于认知范围内，也就是说，在教师的心理上，不仅把学生作为一种认识对象，而且必然会与学生建立起其他心理系统，诸如情感、需要等的联系，而各种心理联系同时又必然是双向的。而学生是一个具有思想感情的个体，又意味着他具有自身独立的人格，他有自己的需要、愿望和尊严，这一切都应当得到正当的满足和尊重。第三，学生具有独特的创造价值。人具有其独特的价值，这是因为人有能动的创造力，人有智慧，能劳动，具有创造价值物的积极作用，可以说，世间一切有价值的东西，都是由人所创造的。处于学习期间的学生虽然尚未进入创造价值的过程，但是通过教育却可以使他们为人类做出积极贡献，甚至创造出伟大不朽的价值。人的这种特性也与物完全有别。在教育过程中应当珍视学生作为人的价值，不能任意损伤和残害他们。

叶澜特别指出，每个人的人生都会面临许多机遇、冲击、诱惑和选择，每个人都得自己活，不能由别人代活。学生也同样，“学校中的学生处于生命成长的重要时期，具有主动发展的需要与可能。学生是学习活动的主体和责任人，是教学活动复合主体的构成”[①]。因此，学生的人生既不能由教师代替，也不能由家长代替，不能由社会规定该怎样活。教育的关键是：经常和孩子沟通，让孩子知道如何为自己的选择负责，选择错了如何纠正，如何把自己认定的坚持到底。因此，人生只能由自己做主，学生的人生也应当由学生自己选择、自己规划。

那么，何为基础教育？基础教育的任务何在？教师又在基础教育中担当着什么样的角色呢？

基础教育的性质是为学生未来的发展奠定基础。在顾明远主编的《教育

---

① 叶澜.“生命·实践”教育的信条［N］.光明日报，2017-02-21(13).

大辞典》中，将“基础教育”界定为：“对国民实施基本的普通文化知识的教育，是培养公民基本素质的教育，也是为继续升学或就业培训打好基础的教育。”[①]1974年，联合国教科文组织在肯尼亚首都内罗毕召开的高级教育计划官员讨论会上对“基础教育”做了如下界定：“基础教育是向每个人提供的并为一切人所共有的最低限度的知识、观点、社会准则和经验。它的目的是使每个人能发挥自己的潜力、创造性和批判精神，以实现自己的抱负和幸福，并成为一个有益的公民和生产者，对所属的社会发展贡献力量。”[②]1990年，联合国教科文组织在泰国的宗迪恩召开了世界全民教育大会，在随后发布的《世界全民教育宣言》中指出：“每一个人（无论他是儿童、青年还是成人）都应能获益于旨在满足其基本学习需要的受教育机会。基本学习需要包括人们为生存下去，为充分发展自己的能力，为有尊严地生活和工作，为充分参与发展，为改善自己的生活质量，为作出有见识的决策，为继续学习所需的基本学习手段（如识字、口头表达、演算和解题）和基本学习内容（如知识、技能、价值观念和态度）。”[③]显然，基础教育的本质在于“基础”。叶澜将这种“基础”解释为：一要基本、必需，二要宽厚、扎实。能做到这两点，就足以为学生的未来提供多种发展的可能。

教师在基础教育中的角色，应定位在学生完整人格发展不可替代的“助成者”上。叶澜指出，教师为促进学生主动健康发展而工作，教师天天和学生在一起，如何看待学生，如何看待自己和学生的关系，是决定教育教学行为合理性的关键。学生是正在成长中的人，是发展中的人，具有发展的巨大潜力和无限可能性。马克斯·范梅南说过：“何谓儿童？看待儿童其实就

---

① 顾明远.教育大辞典：第1卷［M］.上海：上海教育出版社，1990：71.

② 李志义.让教育回归本然［J］.中国大学教学，2010(2)：5.

③ 联合国教科文组织.教育——财富蕴藏其中［M］.联合国教科文组织总部中文科，译.北京：教育科学出版社，1996：109-110.

是看待可能性，一个正在成长过程中的人。”[①]成尚荣分析了学生发展的可能性，认为学生的可能性就是“还没有”和“将要是”。所谓“还没有”，是指还没有成熟，还没有确定，还没有完成；所谓“将要是”，是对学生未来的预测和把握，也是对学生发展的召唤和期待。[②]人作为一种可能性存在，决定了人有受教育的可能，教育抓住了人的可能性，也就抓住了人的根本。而基础教育最重要的任务，是要培养学生主动探索的精神和走向世界的能力，这就要“育生命自觉”，要从培养学生的自尊、自信和主动性开始。学生是一个完整的人，作为促进学生发展的教育也应该是完整的，即不仅要影响人的认识、情感等心理因素，也要影响人的身体等生理因素；不仅要关心人的智力发展，还必须塑造人的品德；不仅要使学生能适应社会现有的生产水平，还必须使他们能够适应现有的社会关系，以承担和创造未来的社会生活。总之，教育所培养的人应是德智体美劳全面发展的人，是才情、智慧、人格协调生长的人，是真善美和谐一致的人。教师应助力学生完整的发展，而不是只对某一方面下功夫。

表2-2　教师与学生关系维度上的角色重构

	不是	是
教师与学生的关系	为学生燃尽生命的“蜡烛” 放任学生自发生长的“牧羊人” 学生成长路线与模式的“规定者”	点亮学生心灯的“启蒙者” 用人类文明使学生成人的“养正者” 学生才情、智慧、人格发展不可替代的“助成者”

叶澜从教师与学生关系的维度上对教师角色“是”与“不是”的重新定位，便赋予教师一个与学生处于平等地位，又肩负着学生成长的启蒙、养正、助成多种责任的“人师”角色，也就厘清了社会上或诸多教师模糊的认识。

① 马克斯·范梅南．教学机智——教育智慧的意蕴［M］．李树英，译．北京：教育科学出版社，2001：1.

② 成尚荣．儿童立场［M］．上海：华东师范大学出版社，2018：97-98.

（三）教师与学科的关系

“学科”，在《中国大百科全书·教育》中解释为：“教学科目，也称科目。依据一定的教学理论组织起来的科学基础知识的体系。为了教学的需要把某一门科学的浩繁的内容加以适当的选择、合理的组织和排列，使它适合学生身心发展的水平和某一级学校教育应该达到的程度。这就形成了同这门科学相对应的学科。”[①] 如中国古代的“六艺”（礼、乐、射、御、书、数），欧洲古代的“七艺”（语法、修辞、逻辑或辩证法、算术、几何、音乐、天文学）等，都是当时学校设置的科目。[②] 不过，从严格的意义上说，中国历史上并没有现代意义上的学科分类，文、理、工、医等现代学科分类从一开始就移植于西方。这对中国传统学术而言，毫无疑问是一场深刻的学术革命，没有这一引进就没有现代学术，其意义不容低估，但“言必称希腊”的弊端也如影随形。[③] 随着人类对自然界认识的日益深化，学科的分化也越来越细。我国1912年颁布的《大学令》中，将大学的学科分为文科、理科、法科、商科、医科、农科、工科七类。2012年我国新颁布的学科门类中，将大学学科分为哲学、经济学、法学、文学、教育学、历史学、理学、工学、医学、农学、管理学、军事学、艺术学十三大门类。学科成为学校教育内容存在的重要基础。

“教师”这一概念不是抽象的而是具体的，每位教师都是以某一学科教师的身份出现，并作为学科教师被聘于学校从事教育教学工作的。就目前学校教师的分布而言，大体上教师是以学科教师的身份出现于教育活动之中的。通常按照不同学段学科的设置，可将教师分为语文学科教师、数学学科

---

① 中国大百科全书总编辑委员会《教育》编辑委员会. 中国大百科全书·教育［M］. 北京：中国大百科全书出版社，1985：434.

② 顾明远. 教育大辞典：第1卷［M］. 上海：上海教育出版社，1990：258.

③ 王学典. 何谓“新文科”？［EB/OL］.［2020-11-03］. https://mp. weixin. qq. com/s/f_VLOJkFTIRh22lTqwa90w.

教师、英语学科教师、政治学科教师、历史学科教师、地理学科教师、物理学科教师、化学学科教师、生物学科教师、艺术学科教师、体育学科教师等。由于学校教育的中心环节是不同学科的教学活动，教师与学科须臾不可分，任何教师在学校中都依托于学科而存在，并通过学科而实施教学。因此，学科就成为教师职业活动的内容领域和存在根据。叶澜将学科知识视为每个教师都应具备的，且是教师发展的重要方面。

然而，如何看待教师与学科的关系？如何定位自己在学科教学中的角色？这是看似简单却值得深思的问题。叶澜主要从学科知识的教学、学科育人价值的挖掘、教育教学个性的创造三个层面进行了透彻的分析，提出：教师不是学科知识的简单传递者，不是学科技能的机械训练者，不是学科能力的反复宣讲者，而应该是学科知识的重要激活者，是学科育人价值的开发者，是教育教学实践的个性化创造者。

1. 教师不是学科知识的简单传递者，而是学科知识的重要激活者

学生以学为主。这是学生质的规定性。学生的主要职责是学习，这就决定了学生在社会结构中所占据的地位，决定了他们参加社会生活的方式。作为学校教育内容的学科，由于主要是为了让学生认识世界、认识社会、认识自我而存在的，因而与相应的科学既有联系又有区别。同时，学生学习学科知识是在教师指导下进行的。教师的指导不仅使学习更具成效，而且也是在特定情况下（如特定年龄阶段、特定的学习内容等）学习活动得以产生的前提条件。这里，关键在于教师如何“指导”。美国教育家赫钦斯（Robert M. Hutchins）有句名言：“教育意味着教学。教学意味着知识。”①确实，教育的一项重要任务，就是用人类千百年来积累下来的文化知识的精华武装学生的头脑，使他们能站在巨人的肩膀上攀登。而人类的文化知识又是以学科

① 赫钦斯. 普通教育［M］//王承绪，赵祥麟. 西方现代教育论著选. 北京：人民教育出版社，2001：206.

的形式存在的。对于学生来说，包括教材在内的各种书籍是文化知识的提炼，是人类历史的浓缩。教师的教育和教学，就是要把这些静态的知识激活。因此，知识的活化成为教育过程的本义，激活知识也成为教师的重要任务。

教师激活学科知识，主要是实现三方面的沟通：一是教师要将书本上凝固的文字与火热的现实生活联系起来，使书本知识具有现实性和生活性。一旦静止的知识与现实的生活相连，与意义相关，便对学生的人生具有了指导作用，成为学生在自主发现中认识社会、理解生活的指南。二是教师要将结构化后的以符号为主要载体的书面文字与学生的经验世界联系起来，使书本知识具有生长性和经验性。对于学生来说，知识的活化过程就是他发现真理的过程。怀特海（Alfred North Whitehead）说："儿童应该从他一开始受教育就体验到发现的愉快。他必须发现，普通概念使他理解那倾注在他生活中的川流不息的事件，这川流不息的事件也正就是他的生活"，因此，"所谓利用一个概念，我指的是把概念和由感性知觉、感情、希望、欲求以及调整思维与思维的关系的心理活动所组成的川流联系起来，这个川流就构成我们的生活"。[①]这样，知识就不再是游离于学生生活之外、与学生的生活毫不相干的"它在"，而是学生成长的必需，知识就与学生的人生紧密地联系在一起，成为他们步履坚定地走向世界的强大支持。三是教师要将某门知识的内容与人类文化的长链联结起来，使学科知识具有整体性和发展性，使文化富有历史感，成为学生探索真理、创造世界的动力。叶澜强调：学科知识是充满生命能量的，须回到它创生时的原始状态，知识创生过程中的经历、曲折和智慧，都是有生命的，是活的。学科知识独特的逻辑、魅力，也是有生命的，是活的。具有内在生命态的知识最能激活和唤起学生学习的内在需

① 怀特海. 教育的目的［M］// 王承绪，赵祥麟. 西方现代教育论著选. 北京：人民教育出版社，2001：115-116，117.

要、兴趣、信心，并提升他们主动探求的欲望及能力。[1]教师的能力，就是让学生得到活的知识，看到知识创建的过程，懂得知识对于人类、个体的价值与意义，而不只是一个用符号表达的“死”的结论。这样，学科知识就与学生的生命有了内在的联系，成为开发学生生命潜能的精神力量，而学生也借此进入了世界，进入了生活，并在世界多彩的生活中找到了自己，确证了自己。在这一意义上可以说，“教育正是借助于个人的存在将个体带入全体之中。个人进入世界而不是固守着自己的一隅之地，因此他狭小的存在被万物注入了新的生气。如果人与一个更明朗、更充实的世界合为一体的话，人就能够真正成为他自己”[2]。

教师激活学科知识需要具备几个前提。其一，教师对本学科的知识有深刻的领会和准确的把握。唯此，教师的课堂教学才有一份自信和自如，才能居高临下、深入浅出；教师才有更多的精力去关注学生的变化，掌握教学的进程。其二，教师对与本学科相关的知识有一定的了解，只有这样，教师在课堂教学中才有更宽广的知识背景和更深厚的学术功力，各学科的知识才不至于支离破碎，从而形成知识的正向迁移和综合辐射。其三，教师对学科发展史及其趋势比较熟悉，能在教学中把学科知识与人类文化的关系、书本知识与现实生活的关系揭示出来，使教育对学生的人生产生深刻的影响。其四，教师对学科方法论、认识论能基本掌握，能帮助学生学会学习，使他们通过教育获取主动学习和自主发展的工具。这一切的要求“都服务于教师教学的成功，使教师具有丰富的、扎实的知识底蕴，能在科学体系中把握自己讲授的学科，能使知识在教学中不只是以符号形式存在，以推理、结论方式出现，而且能展示知识本身发展的无限性和生命力，能把知识活化，在教学中真正实现科学精神与人文精神、理论与实践、知识

① 叶澜．重建课堂教学价值观——“新基础教育”课堂教学改革的理论与实践探究之一［J］．教育研究，2002（5）：7.

② 雅斯贝尔斯．什么是教育［M］．邹进，译．北京：生活·读书·新知三联书店，1991：54.

与人生的统一”[①]，使教育真正成为师生共同追求真理的过程。

叶澜还分析了当下“学科综合化”的倾向，指出：简单照搬国外打破学科界限的教学改革，套用别国“全科教学”的做法是不妥的，也是危险的。有时一个轻率的创新、选择或决策，带来的后患是影响一代人甚至几代人的生命成长。其实，学科知识存在的价值是不容忽视的。它是人类千百年智慧创造的成果积淀，它使得我们不必像原始人一样，一切都要从头开始，并通过学科知识的内在力量，让下一代较快地走到人类发展的前列。而且事实上，每个学科本身就是综合的，任何综合也都是以学科的存在为前提的。因此，教育必须尊重学科知识，尊重学科内在的规定性和独具的人类生命能量。

2. 教师不是学科技能的机械训练者，而是学科育人价值的开发者

在我国的课堂教学中，重视基础、强调“双基”是历来的传统，即主张把基础知识和基本技能作为普通中小学学科教学的内容核心。1952年，教育部颁布的《中学暂行规程（草案）》中提出：中学的教育目标之一是使学生获得“现代科学的基础知识和技能”，这是首次明确提出“双基”的概念。随后，各科教学大纲、教科书纷纷推出，都突出强调要加强“双基”教学。至此，加强“双基”便成为我国中小学课程编制、教材编写和课堂教学的基本原则。1989—1991年，在第二届国际教育成就测评（IAEP）中，我国学生在13岁组中的数学成绩名列榜首；2009年，在第四次国际学生评估项目测试（PISA）中，我国上海学生在15岁组中的阅读、数学、科学成绩均为第一。于是，“双基”扎实不仅成为我国中小学生的比较优势，也成为我国基础教育成就的象征，被视为新中国成立以来我国中小学教学实践的基本特征和经验总结。而重视“双基”教学也成为教师提高课堂教学质量的

① 叶澜. 新世纪教师专业素养初探［J］. 教育研究与实验，1998(1)：45.

"法宝"，并逐渐成为许多中小学教师内心的情结。[①]

"双基"教学对我国当代的教育实践产生了深刻的影响。其中当然有着不可否认的成绩和优势，但是也存在着重要的缺陷，突出表现在把教育看成仅是单纯的认识活动，"只见书不见人"，"人围着书转"。为此，教师在确定教学目标时，常常关注的是本节课教学的知识"重点"与"难点"，以及需要掌握的"技能"与"技巧"；课堂教学中也会花大量的时间进行知识的灌输和技能的训练。结果，完整的学科知识变得愈来愈碎片，鲜活的课堂变得愈来愈沉闷，技能的训练变得愈来愈机械，学生的发展变得愈来愈狭隘。叶澜指出："学科的这一呈现方式其主要的后果是造成了学科育人价值的贫乏化。首先，它割断了两个联系：一是抽象的书本知识与人的生活世界的丰富、复杂联系；二是抽象的书本知识与人发现问题、解决问题、形成知识过程的丰富、复杂联系。学生和教师在教学中遭遇的知识是固化的真理，缺乏'人气'的知识，一堆'死'的符号型的结论。它们作为组成学科教学基本内容的'原始资料'，带来了育人资源的原始贫乏。"[②]

事实上，课堂教学不应仅仅是完成认识的任务，不应局限于认识方面的发展。课堂教学应全面体现培养目标，促进学生的全面发展。这就需要教师努力开发学科知识的育人价值。叶澜详细地阐述了学科知识与育人的关系，强调学科、书本知识在课堂教学中是"育人"的资源与手段，服务于"育人"这一根本目的。"教书"与"育人"不是两件事，是一件事的不同方面。在教学中，教师实际上通过"教书"实现"育人"，为教好书需要先明白育什么样的人。叶澜还以"新基础教育"为例，呈现了"新基础教育"按学科育人价值实现的需要重组教学内容的做法：一是把学科的书本知识按其内在的逻辑，组成由简单到复杂的结构链，进行"结构式教学"。李政涛

① 邝孔秀，宋乃庆.我国双基教学的传统文化基础刍议［J］.中国教育学刊，2012(4)：46-51.
② 叶澜.重建课堂教学价值观——"新基础教育"课堂教学改革的理论与实践探究之一［J］.教育研究，2002(5)：5.

称：在结构的意义上，基于“长程两段式教学”理念而来的“教结构与用结构”，是“新基础教育”标识性的教学理念。[①]二是将结构化后的以符号为主要载体的书本知识重新“激活”，实现与三方面的沟通：书本知识与人类生活世界沟通，与学生经验世界、成长需要沟通，与发现、发展知识的人和历史沟通。因此，“学科的独特育人价值要从学生的发展需要出发，来分析不同学科能起的独特作用”[②]。每个学科对学生的发展价值都是十分丰富而多样的，除了知识、技能领域外，还有情感、态度和价值观，这是指向学生在对己、对事、对他人、对群体的综合素质的发展。显然，这是渗透在各个学科的教学中，体现于课堂教学全过程的。具体来说，学科可以为学生认识、阐述、感受、体悟、改变这个自己生活在其中并与其不断互动着的、丰富多彩的世界和形成、实现自己的意愿，提供不同的路径和独特的视角、发现的方法和思维的策略、特有的运算符号和逻辑，提供一种唯有在这个学科的学习中才可能获得的经历和体验，提升独特的学科美的发现、欣赏和表达能力。唯有如此，学生的精神世界的发展才能从不同的学科教学中获得多方面的滋养，在发展对外部世界的感受、体验、认识、欣赏、改变、创造能力的同时，不断丰富和完善自己的生命世界，体验丰富的学习人生，满足生命的成长需要。

叶澜还分析了学科育人价值开发中需要明确的两个认识。第一，学科教学的育人价值不等于学科的德育价值，育人价值指向学生个体精神发展的全部。这就厘清了将“育人”等同于“德育”的模糊认识，凸显了各个学科独特的育人功能。第二，学科教学育人价值的开发，不限于学科内容的深度研发，还包括围绕着学科教学进行的实践过程。[③]这就将学科育人价值的开发

---

① 李政涛．深度开发与转化学科教学的“育人价值”［J］．课程·教材·教法，2019（3）：57-63+103.

② 叶澜．重建课堂教学价值观——“新基础教育”课堂教学改革的理论与实践探究之一［J］．教育研究，2002（5）：6.

③ 叶澜．融通“教”“育”，深度开发学科的育人价值［J］．今日教育，2016（3）：3.

从“内容”的载体扩展到“方法”和“工具”的载体，更加关注课堂教学过程，课堂教学本身就是生活，蕴含着丰富的育人价值。

李政涛在分析“新基础教育”关注学科教学的“育人价值”这一问题时说，将“育人”放置在“价值”前面，体现了“新基础教育”之于学校教育语境内“价值”内涵的理解：学校是教育的场所，教育的核心目标是“育人”。“新基础教育”提出“育人价值”主张的目的则是：推动课堂教学的“转型”“转向”与“改变”——从“教书”走向“育人”，从“知识传递”走向“生命价值的挖掘与提升”。其中，由“教书”为本转向通过教书来“育人”，实现由“知识”到“生命”的转换，融通“教”与“育”，是其中的关键一步。[①]而教师又是关键中的关键，教师是学科育人价值的重要开发者，唯此，才有“教书育人”目标的实现，也才有“教”与“育”的真正融通。

3. 教师不是学科能力的反复宣讲者，而是教育教学实践的个性化创造者

传统教学活动立足于“双基”教学，因此，课堂教学主要是教师向学生传递学科的基本知识和基本技能，学科考试则主要考学生对学科基本知识和基本技能的掌握程度，学校对教师的绩效考核又以各班学生的学科考试成绩为依据，这使得教师不得不将主要精力放在学科基本知识、基本能力的反复宣讲和机械训练上。学生发展的需要、诉求被漠视，教师自身的丰富性、个性化被忽视。结果是一方面学科的学习变得愈来愈窄化和无味，另一方面教师的教学变得愈来愈雷同和相似。

我们处在信息时代，教育的核心是培养人的创造性思维和创新能力，教育的灵魂则是具有创新精神的高素质教师。因为只有具备创新精神和创新能力的教师才能培养出创新的学生。这就要求教师转变观念，关注学生多方面

① 李政涛．深度开发与转化学科教学的“育人价值”[J]．课程·教材·教法，2019(3)：57-63+103.

的发展，并结合自己的实际和学科、学生的实际，进行教育教学实践的个性化创造，以促进师生更好的发展。

教师的个性化创造不是自然而然发生的，而是教师在长期的教育教学实践中积累的个人内在理论的升华。它反映了教师对日复一日的教学活动的理解与行动，体现了教师对提升自己经验层面教学水平的愿望与追求。就外部表现而言，它是教师在教育教学活动中表现出来的个人“教学风格”，这是教师具有鲜明个人标记的风貌和格调。它使教师的教育教学具有了更诱人的魅力，也使教师具备了教育家的雏形。

人们对“教学风格”一词有多种不同的解释。邵瑞珍认为，教学风格是“在达到相同的教学目的的前提下，教师根据各自的特长经常所采用的教学方式方法的特点”，是“教师的能力和性格的多样性”的反映。①张武升认为，教学风格“是指优秀教师或教育艺术家在长期的教学艺术实践中逐步形成，并通过完美的教学活动在教学观点、教学方式方法、教学技巧、教学作风等方面稳定地、综合体现出来的独特的教学个性特点与审美风貌”②。这些论述虽然对“教学风格”这一概念表达的方式不同，赋予的内涵不同，但有如下一些共同特征：其一，教学风格是在教育教学实践中形成的；其二，教学风格是教师对教学方式与方法的选择与决策；其三，教学风格是教学艺术和教学个性的体现，具有审美的意义。因此，教学风格是教师在教育教学活动中形成的比较稳定一贯又具有独特个性的行为方式，是教师教学艺术成熟的表现，是教师在教育教学实践中个性化创造的标志。③

教师的教学风格可做如下具体描述。其一，教师的教学风格是独特而富有个性的。在教师的教学活动中，教学风格首先便把从业者的“个性”推上了前台。每一位富有个性的探索者都可能在形成自己的教学特色的过程中发

① 邵瑞珍. 教育心理学［M］. 上海：上海教育出版社，1983：267.

② 张武升. 当代中国教学风格论［M］. 南昌：江西教育出版社，1993：86.

③ 王枬，等. 智慧型教师的诞生［M］. 北京：教育科学出版社，2006：180-181.

现独特的魅力，在实施自己的教育理念的旅途上感悟个人的理解、想象、情感的价值。它就如同烙在教师身上的印记一样，表明了教师独一无二的“我在”，它使人们得以在茫茫人海中识别出“这一个教师”或“那一个教师”，使教师自身不致消失在“雷同”或“复制”的迷惘中。也只有“这一个教师”才能培养出“这一个学生”。有气象万千，才有万紫千红；有五湖四海，才有百舸争流。可以说，教学风格就是教师本身，就是“这一个教师”的个性体现。其二，教师的教学风格是独创而不可模仿的。“创造某个东西就意味着非技艺地制造它，但仍然是有意识的、自觉的。”[①]教学风格不是工作手册，也没有操作规程，它无法通过外在的机械训练而使之熟练化和技能化，一旦它可以变成某种固定的程序，就已经失去了教学风格的本色。从这个意义上说，教学风格是不可教的。它是教师在教学自由的状态下，从模仿到独立探索到独特性出现再到教学风格形成的过程。伽达默尔在分析艺术创作中“天才”的概念时说：“天才完全就是这种富有生气的精神的一种显现方式。相对于教书匠的呆板的规则，天才显示了自由的创造活动，并因而显示了具有典范意义的独创性。”[②]其三，教师的教学风格是稳定而一贯的。稳定是一事物得以形成的基础。表现为一事物尽管在不同的场景下出现但仍然显示出前后连贯、自明自洽的共同特征，它使得一事物逐渐形成自己的特点，能为人所识别和把握。当然，稳定并不是说一成不变。教学风格本身就是一个动态的变化过程。教师必须在稳中求变，不断超越自我，获得新生。教学风格的相对稳定使教师在变幻莫测的环境面前保持一份恬然的心境、一贯的表现，使学生在教学活动惯常的“这一种做法”中辨别出“这一个教师”的教学风格。教学风格的动态变化则使教师在新的形势、新的要求面前

---

① 科林伍德．艺术原理［M］//蒋孔阳．二十世纪西方美学名著选：上．上海：复旦大学出版社，1987：105.

② 汉斯-格奥尔塔·伽达默尔．真理与方法：上卷［M］．洪汉鼎，译．上海：上海译文出版社，1999：68.

做出相应的调整，以使自己初步形成的教学风格日趋完善，也使学生能从教师的进步中感受到教师不断进取、勇于开拓的追求。其四，教师的教学风格既是科学的又是艺术的。在教学活动中，如果教师始终做到不仅能够按照学科知识与学科能力的内在固有逻辑进行教学，还能按照学生的已有基础和实际需要，以及教师自身的个性特点和具体情境开展教学，那么，教师就以自己对教学的理解和实践形成了相对稳定的一种教学作风和格调。教师的教学风格不仅使学生深受其益，而且教师本人也能从中获得自我肯定和自由创造的快乐。①

因此，教师应是教育教学实践个性化的创造者，教师在个性化创造中形成的个人教学风格不仅是教师个人独有的教学行为和教学方式，而且是教师以稳定一贯的外显行为来表达自己对教育教学活动的理解和体悟。它是教师的教育教学进入自由状态的标志，也是教师成为教育家的基础。

表2-3　教师与学科关系维度上的角色重构

	不是	是
教师与学科的关系	学科知识的简单传递者 学科技能的机械训练者 学科能力的反复宣讲者	学科知识的重要激活者 学科育人价值的开发者 教育教学实践个性化的创造者

叶澜从教师与学科关系的维度上对教师角色“是”与“不是”的重新定位，将教师从过去的学科知识的传递者、学科技能的训练者、学科能力的宣讲者的传统角色中解放出来，而置于承担着学科知识的激活、学科育人价值的开发、教育教学实践个性化的创造的新角色中。这体现了对教师主动、自觉发展的期待，也表达了对教师作为研究者的更高要求。

（四）教师与自我的关系

“自我”是一个十分复杂的概念。哲学家和心理学家们或者认为“自我”

① 王枬，等. 智慧型教师的诞生［M］. 北京：教育科学出版社，2006：181-182.

是个人的内在核心，或者认为“自我”是个人的自觉因素，或者认为“自我”是个人自我意识的凝聚即人对自身的观念系统。[①]如海德格尔（Martin Heidegger）把“自我”看成是我们身上说得出来而又一向说不清楚和说不完的一种东西。萨特（Jean-Paul Sartre）认为，自我不是实在的主体，而是意识投射于世界的一种自发可能性。[②]米德认为，“自我有这样一个特征，即它是它自身的一个对象，这个特征把它与其他对象和身体区别开来”。但是，自我并非与生俱来，而是在社会经验与活动的过程中产生的。“自我，作为可成为它的自身的对象的自我，本质上是一种社会结构，并且产生于社会经验。”[③]米德所说的关于自我的观点是建立在人具有反思和省察能力的基础上的，这种能力常常被认为是人类特点的精髓。反思或自我省察，是人类对自己来说既成为主体又成为客体的一种独特能力。

人认识自我要比认识其他事物困难得多。人的眼睛和耳朵等感觉器官是生来外向的，认识外物出于本能的自然，认识自我则需要刻意的努力。“生理的构造使人的感官天然对外，而心理的发展则能够使人具有很强的反思能力。只要通过一定的训练，人们都能够省察自身和内心。”[④]

科恩（И. С. Кон）以“认定性”这一术语对“自我”进行了三种形态的划分：一是生理心理的认定性，即身心过程和结构的统一性、继承性；二是社会认定性，即个体借以成为一定社会或群体成员的特性系统；三是个人认定性，即个人自我信念明确的个人生命活动、目标、动机、生活宗旨的统一性、继承性。[⑤]

中小学教师在整个知识分子群体中虽然数量庞大，但因其社会地位及在

---

①②⑤　科恩．自我论［M］．佟景韩，等译．北京：生活·读书·新知三联书店，1986：13；214；43.

③　乔治·H. 米德．心灵、自我与社会［M］．赵月瑟，译．上海：上海译文出版社，1992：120-125.

④　曹月．浅析米德自我概念的社会学路径［D］．开封：河南大学，2013：5-6.

传统观念中的弱势定位，故容易感到自己是被动的生存者或群体的依附者。在强调教师专业发展的背景下，一些教师也容易将自己的人生定位在狭隘的某一专业领域或某一学科的发展上。叶澜认为，在教师与自我的关系上，同样有三个层面的角色定位：教师不是听任外部环境摆布的被动生存者，不是只需专业发展的局域人，不是群体中的依附者；教师应该是自主选择职业的责任人，是不断自觉提升德行才智的发展者，是善在群体合作中发挥、发展个性的主动者。教师发展的核心是要学会反思。教师要在教育生活实践中，自觉、持续地从人的多方面发展的角度进行自我完善。

1. 教师不是听任外部环境摆布的被动生存者，而是自主选择职业的责任人

职业是随着社会分工的出现而出现的。“所谓职业，是伴随着收入，完成一项分工的连续性活动”，它必须具备三个要素：“（1）为了获取衣食资源的连续的人类活动（生活的维持）；（2）完成社会所期待的职务分工（任务的实现）；（3）自觉履行个人的天职作出奉献的生活（个性的发挥）。据此作出定义：‘所谓职业，是个性的发挥、任务的实现和维持生活的连续性的人类活动。’”[①] 由于我们所处的是一个“职业社会”，因此，职业与人们的生活乃至人生就有了不可分割的联系。

当教师以一种被动的不得已的心态进入这一职业时，职业就是外在于他的“异己的存在”，他与职业的关系是疏远的、漠然的，他在这一职业中只是在为别人工作，只是为了完成任务。他对职业没有期待，也不去思考自己与职业的关系。若任由这种状态持续，教师便将自己放在了“工具人”的位置上，教师只是完成知识传递的工具性存在，只是知识的“传声筒”“搬运工”，听人摆布，随波逐流，长此以往，教师将陷入职业倦怠、僵化、停

① 近藤大生，等．职业与教育——职业指导论［M］．宇欣，乔山，译．北京：春秋出版社，1989：12.

滞，最终也将失去自我。

叶澜提醒每一个已经选择当教师的人和可能选择当教师的人，都去思考这样的问题：既然选择了教师这一职业，那么，你是否看到教师职业能给人带来的内在尊严？如果你已经认识到了这一点，那么，你的职业劳动的质量，是否已达到了因创造而获得内在尊严与欢乐的水平？这些问题，必将唤起作为职业主体的教师，反思和重建自己的教师职业意识和职业行为，使自己成为自觉创造教师职业生命和职业内在尊严的主体。如果没有这种反思和重建，即使社会提出了对教师劳动创造性的新时代要求，也不会自动地、自然而然地成为教师群体和每位教师的内在需要和实践，教师依然会停留在工具意义、外在价值水平上去从事这项工作。所以，职业生活的质量，不仅与职业性质、社会发展水平相关，还与每个人的职业自我意识和价值追求相关。[①]只有当教师真正成为自我发展的主体，对自身的发展做出主动的思考、批判、选择目标、策划过程和准备付诸实施的时候，教师才具有了主动把握自己人生和命运的个体发展意识和能力，这是人不同于任何生命体的最重要的“自我产生和自我再生”的能力，也是作为个体的人实现生命价值、获取幸福人生的内在保证。[②]这时，教师才不再是任人摆布的工具，而成为教育活动的主人。这就要求教师充分发挥自己的主动性，从生命的意义上建立起与职业的内在联系，在自主选择中认识自我。“自我认识的生命功能不是单纯给个体提供关于自己的准确信息，而是要帮助形成积极有效的生活取向，包括对自己本体的可接受性、整体性和自尊的感觉。”[③]叶澜充满激情地说：“谁如果想成为一名出色的教育者，谁如果愿意把自己的生命献给这一伟大而崇高的事业，那么，谁就应该努力使自己成为富有历史感和时代感的

---

① 叶澜．论教师职业的内在尊严与欢乐［J］．思想·理论·教育，2000(5)：11.

② 叶澜．重建课堂教学价值观——“新基础教育”课堂教学改革的理论与实践探究之一［J］．教育研究，2002(5)：5.

③ 科恩．自我论［M］．佟景韩，等译．北京：生活·读书·新知三联书店，1986：380.

人，成为热爱人、理解人、善于研究人的人，成为深刻地了解社会与教育相关的一切，并对人类社会未来充满信心的人。只有这样的人，才能在为使人类与社会变得更美好的教育事业贡献自己智慧、力量和生命的同时，使自己也变得更美好。”[①]这才是教师的发展自觉，教师也通过自我觉知及清思，使自己成为职业的主人。

2. 教师不是只需专业发展的局域人，而是不断自觉提升德行才智的发展者

随着我国基础教育质量要求对任职教师学历和学养的不断提高，社会上对“教师作为专业人员”“教师职业具有专业性”的认识已经不再怀疑。这样一来，强调“教师专业化”、主张“教师专业发展”便带来了自认为是专业人员的教师对“专业发展”的格外关注和高度重视。这本来是好事。然而，叶澜却从对教师专业发展的重视和强调中发现了问题：教师对专业发展太看重了，而对自己作为一个全人的发展这个问题却有所忽视。这表现在：教师往往对自己“教什么”即所教学科的知识比较关注，也将大量的时间和精力放在学科知识的提高上；同时对“怎样教”尤其是教学方法、教学技术、教学手段的学习比较热衷，“翻转课堂”“有效教学”“电子书包”“智慧黑板”等吸引了众多教师的追捧。在谈到信息化在医学中的运用时，叶澜说道：受过专业教育的医务人员已经操作工化了，知识分子也成了机器的奴隶。信息化在医学中运用的本质，是让知识分子变成操作工。信息化是知识运用意义上的操作化，是工业化在知识领域的延伸。当它运用到与人有关的社会公共事业领域中，则同时把相关的人碎片化、物化了。[②]为此，叶澜提醒道：教育决不能这样信息化。在一个充斥技术资源和诱惑的时代，我们十

① 叶澜.教育概论［M］.北京：人民教育出版社，1991：338.

② 叶澜.治“白内障”有感［M］//叶澜.俯仰间会悟：叶澜随笔读思录.北京：中国人民大学出版社，2019：41.

分需要在技术工具面前保持清醒。要避免教师和学生受技术控制，成为技术的附庸。①

那么，面临着新时代的挑战，教师应该如何应对呢？中国社会长期以来一直有“学高为师，德高为范”或“学高为师，身正为范”的准则，这些准则本身即意味着对教师道德、学问的双重要求。教师从教，首先是以德立身、以德施教的。当然，对于教师来说，还有学术上的要求，教师是“闻道在先，术业有专攻”的，教师对所教的学科有精深的研究。此外，教师既要有道德和学术上的示范，还要有人格魅力，而真诚是人格魅力的基础。教师真诚地对待教育事业、对待学生，真诚地做人，就会给社会展现出教育的魅力和力量。

同时，教师要帮助学生发展，逐渐培养学生关注自身的发展，成为有发展自觉的人。叶澜曾用三个“底”表达了自己对基础教育使命的期许：一为“底线”，帮助学生懂得且遵循做人、做事必须有的底线；二为“底色”，给学生的生命打上明亮、温暖的底色；三为“底蕴”，让学生获得走进文化世界的工具，形成自己丰富的精神世界，有此底蕴，人将终身处于发展之中。②在这个意义上，教师应该是一个追求持续发展的人。他对这个世界永远有一种好奇，保持着发现的眼光，每逢遇到一个新的领域，他不是畏缩后退，而是积极地进入，去了解更多，包括他周围的世界也要经常去发现。唯此，教师才能以一个大写的“人”存在，并给予自己以及学生积极而深远的影响。

---

① 叶澜．课堂教学过程再认识：功夫重在论外［J］．课程·教材·教法，2013(5)：7.

② 叶澜．改善生态，认清特质，审视决策［M］//叶澜．俯仰间会悟：叶澜随笔读思录．北京：中国人民大学出版社，2019：129.

3. 教师不是群体中的依附者，而是善在群体合作中发挥、发展个性的主动者

随着教师专业化浪潮的推进，以美国为代表的西方国家发现教师专业发展中个人主义的倾向日益加剧，教师拘泥于自己所属的课堂和学科，封闭于自我的天地，很少或不愿与同事合作，把自己禁锢在“自我”的世界之中。这种现象严重阻碍了教师的专业发展。为此，英美等国纷纷寻求教师教育的变革。就组织形式而言，最明显的转变莫过于建立各种有益于教师成长、有助于教师发展的共同体。如托马斯（Thomas）所说，教师专业发展思想的一个重要转向就是将关注的重心从“个人化的努力”转向“学习者的共同体”。[①]

确实，今天的教师已不再是一个孤独的个体劳动者。教师的专业成长离不开专业组织，教师只有参与到教师群体之中，与教师群体合作、对话，通过相互学习、激励，分享彼此的教育教学经验，才能更好地实现自身的发展。现实中，我国几乎所有中小学都有年级组、学科组和教研组，有共同备课、相互听课的传统。各种团队形式也都是某种意义上的专业组织，这些组织在提高教育教学质量、提高教师科研能力、促进青年教师成长等方面做出了积极的贡献。然而，教师在群体合作中的存在方式却有着显著的差异，其中不乏消极旁观、被动依附的人员。

叶澜注意到了教师学习共同体的发展趋势，也看到了现实中教师的状况。与国外学者关注点不同的地方在于：一方面，叶澜强调教师要摆脱被动依附于群体、消极等待指令的状况，要从与群体的“依附”“顺从”的关系转向“独立”“自主”的存在，从降格为“物”转向做堂堂正正的“人”。另一方面，叶澜强调教师既要善于与团队合作，又要保持自己的个性；既要善于向他人学习，又要学会自我反思；既要善于从群体合作中汲取营养，又

① 周成海，衣庆泳. 专业共同体：教师发展的组织基础［J］. 教育科学，2007(2)：49.

要以自己的智慧为群体贡献力量。一句话，教师不应成为“共同体”的工具，而应成为“共同体”的目的。因此，教师专业共同体是以共同愿景为基础，以教育实践为载体，以共同学习合作研究为形式，从而实现教师团队和个体专业成长的专业组织。其特点是“个”与“群”的互动共生，“个性”与“群性”的兼容并包。

表2-4 教师与自我关系维度上的角色重构

	不是	是
教师与自我的关系	听任外部环境摆布的被动生存者 只需专业发展的局域人 群体中的依附者	自主选择职业的责任人 不断自觉提升德行才智的发展者 善在群体合作中发挥、发展个性的主动者

在阐述了教师角色重构尤其是观念重构的基础上，叶澜还提供了“新基础教育”的教师发展路径。“新基础教育”强调：对日常教育教学实践的持续研究，是教师发展的基本路径。所谓日常，其实就是教师每日都在经历、都在进行的教育生活。这是每位教师都拥有的研究资源，也是教师天然的教育实验室，日常在朴素中蕴含丰富，在平实中呈现隽永。只有坚持日常变革实践，师生才会有内在真实的成长，教师才能感受日常过程的发展伟力与魅力，师生才能“创造学校教育新生活”。①

① 叶澜.“新基础教育”内生力的深度解读［J］. 人民教育，2016（3-4）：41-42.

第三章　教师价值的重估

> 正是对教师培养具有创造精神和能力的人的要求和对教师工作中创造性的要求，让我们找到教师职业对于社会而言的外在价值与对于从业者教师而言的“内在生命价值”之间统一的基点，找到了教师可能从工作中获得“外在”与“内在”相统一的尊严与欢乐的源泉，那就是两个赫然的大字——创造！
>
> ——叶澜[①]

如果说教师角色关涉的问题为“教师是谁”，那么教师价值关涉的问题则是“教师为谁”。这包含两方面的价值判断：一是社会如何看待教师职业，期待教师做什么；二是教师自身如何看待这一职业，期待从职业中获得什么。这既与教师选择职业时的动机有关，也与教师对自身在职业中的角色定位有关，还与教师对自己所从事职业的期待以及自我生涯规划有关。

谈到“价值”这一概念，不同的学科有不同的界定。马克思主义经济学把价值看成是凝结在商品中的无差别的人类劳动，价值量的大小取决于生产这一商品所需的社会必要劳

① 叶澜. 论教师职业的内在尊严与欢乐［J］. 思想·理论·教育，2000（5）：10.

动时间的多少。伦理学中的“价值”即通常所说的“好”或者“善”，凡是好的事物或行为就是有价值的。哲学中的“价值”是对人而言的，是与利益相关的且总是某一种对象所具有的功用性，它是客体对主体需要的满足，是对主体的积极意义。因此，“价值可以界定为人的生活和它的客体之间的关系”[①]。由此看来，教师职业的价值是教师的生活与其职业的关系，这是主客体相互作用的结果。如果我们将教师职业价值分为外在价值与内在价值，那么，外在价值就是手段价值、工具价值，表现为教师在职业中仅是“工具性的存在”，是为了完成外加的任务或为了满足生计的需要而工作，内在价值则是目的价值、本体价值，表现为教师在职业中的存在是“目的性的存在”，是为了在职业中获得精神的充实和自我的发展而工作。

叶澜在深度介入我国基础教育改革实践的过程中，看到了社会上特别是教师自身对教师职业价值认识中存在的诸多问题，并意识到这些认识中的偏差不仅将影响到基础教育质量的提升，而且将严重阻碍教师的成长与发展。因此，叶澜在论著中多次论述了教师职业的价值，从外在价值与内在价值统一的角度对“教师为谁”的价值追问做出了新解。

一、传统教育对教师职业价值的认识

德国价值哲学代表人物李凯尔特（Heinrich Rickert）认为：“价值决不是现实，既不是物理的现实，也不是心理的现实。价值的实质在于它的有效性（Geltung），而不在于它的实际的事实性（Tatsächlichkeit）。但是，价值是与现实联系着的，而我们在此以前已知道其中的两种联系。首先，价值能够附着于对象之上，并由此使对象变为财富；其次，价值能够与主体的活动

① 牧口常三郎. 价值哲学［M］. 马俊峰，江畅，译. 北京：中国人民大学出版社，1989：60.

相联系，并由此使主体的活动变成评价。”[1]这成为我们思考和分析教师职业价值的基本着眼点。教师职业的价值即有效性也必然体现在教师与职业的联系上，教师通过自己的工作使教育活动增值，同时以自己的主体活动获得各方的评价，进而促进自我肯定。这里，关键的问题在于：如何看待教育活动的增值？具体体现在哪些方面？如何评价教师的活动？教师职业的价值体现在哪儿？

叶澜在《论教师职业的内在尊严与欢乐》一文中，通过对历史的反思和现实的透析，将中国社会长期以来对教师职业价值认识的偏差概括为只注重教师职业的工具价值和传递职能，却未能理解教育的内在价值和教师职业的本体价值。因此，叶澜从教育的定义、教育的使命入手，从张扬人的主体价值、注重人的精神生命成长的角度阐述了教师职业的内在价值。这是在国内首次清晰而明确地提出教师职业内在价值的问题。

（一）注重教师职业的工具价值

社会或教师个体对教师职业价值的认识即价值观，在价值认识的过程中对价值做出选择时所持的一种倾向即价值取向。价值观决定了人们或教师自己从何种视角来看待教师这一职业的价值，价值观不同，直接影响着社会对从教者的要求，也影响着教师对自己从业目标的追求。

1. 对教师职业“社会价值”的重视

对一种职业价值的认识与哲学观、人性论有着密切的关系。

从中国的历史来看，由于深受儒家思想的影响，对于教师职业总体上具有“尊师重教”和维护“师道尊严”的传统，强调教师是受天命而来的，作为施教者、长者，必为上，弟子只有对老师敬，才能学成人；强调教师所

---

① H. 李凯尔特. 文化科学和自然科学［M］. 涂纪亮，译. 杜任之，校. 北京：商务印书馆，1986：78.

授之道都是天之大道、人伦世事之道，要重道，必重教，重教必尊师。[①]但是，这只是表象。通过对中国教育史的梳理，叶澜发现，几千年来，中国社会对教师职业的价值认识主要停留在社会功能或工具价值上。所谓的尊师，主要只是看重这项职业所承担的社会功能，即代表统治者的意志去施教，培养统治者所需要的人才。简单地说，“尊师”只是为了“重道”和“卫道”。[②]

叶澜以中国社会发展的三个历史阶段为重点，分析了中国历史上不同时期不同思想对教师职业价值的认识。

在对古代封建社会的梳理中，叶澜特别比较了儒家思想与法家思想对于教师职业价值的认识。例如，儒家提倡“教化”，主张“修身、齐家、治国、平天下”，荀子认为教师的主要任务是“正礼”；法家则主张除进行法律教育外不要其他教育，除了官吏不要有其他教师，韩非干脆用“法”代替“道”、以“吏”代替“师”，提出了“以法为教”“以吏为师”的鲜明主张。[③]叶澜指出，虽然法家所说的“法”与“吏”大不同于儒家的“道”和“师”，但是儒法两家关于教育者在治国、重道、教化、强法中的工具价值的认识却是一致的，而且法家用直接等同的简单化方式，更清晰地体现了教育者对于统治者的社会工具价值。在此后两千多年的封建社会中，朝代虽有更替，但教师职业的工具价值并无大变，随着历史的延伸，还逐渐形成了一套保障教师职业工具价值实现的官学、官教相通的制度与机构。对教师的肯定是与教师所承担的维护社会的道统这一职责相关的，对教师的尊重是与教师所负载的“化民成俗”的使命相连的。教师只有在为统治者的目标达成

① 叶澜. 回归突破：“生命·实践”教育学论纲［M］. 上海：华东师范大学出版社，2015：283.

② 叶澜. 论教师职业的内在尊严与欢乐［J］. 思想·理论·教育，2000(5)：7.

③ 毛礼锐，瞿菊农，邵鹤亭. 中国古代教育史［M］. 北京：人民教育出版社，1979：126，137.

做出应有贡献时，方可获得真正的尊严。秦朝的“焚书坑儒”是“师”因“道”之变而被定罪丧命的悲惨一例，汉朝由董仲舒提出并得以推行的“兴太学，置明师，以养天下士”[1]的决策，则是“师”随“道”兴的光明一例；身处中唐的儒家道统的捍卫者韩愈，写下传世名篇《师说》，提出的“师者，所以传道、受业、解惑也”的教师职业定位，做出的“道之所存，师之所存”的判断，还是强调“师”对于“道”的依存关系，但韩愈却因此而受毁，这可看作是为“兴道”而强调“重师”，并因提倡“重师道”而“遭毁谤”的奋斗一例。可见，在中国古代历史上，人们对教师职业价值认识的基调是一致的，即强调“师”对于“道”的工具价值，教师成为统治者治理国家、巩固政权的工具。

在对近代中国社会的反思中，叶澜还比较了中国古代教育与近代教育对于教师职业价值的认识。“废科举，兴学校”拉开了中国近代教育的序幕。政治和教育制度的变化，使教育同时也使教师职业的价值发生了一系列变化。与古代相比，进步的思想家、革命家已经关注到民生、民主、国强、国富等有关民族与国家独立、富强的社会发展问题，而不是只强调与统治者利益密切相关的“道”与“法”的问题。如郑观应认为，中国要求富强，必先“改科举”“采西学”，而“学校者，造就人才之地，治天下之大本也”。[2]北大首任校长严复则视教育为维新运动的首要任务，提出：“是以今日要政，统于三端：一曰鼓民力，二曰开民智，三曰新民德。”[3]梁启超把“新民”的培养看作是能否进行政治改革的基础，教育应以造就国民为目的，而要“兴民权”，必先“开民智”，“开民智”必从教育入手，所以教育为变法富强之本，师范教育则为“群学之基”[4]。蔡元培的教育目标是养成共和国民健全之人格，而教师的状态、水平是能否培养出这样的新型国民的决定因素。教育的任务非常重大，其地位比政治家、宗教家为高，甚至一个小学教员的责

① 毛礼锐，瞿菊农，邵鹤亭. 中国古代教育史［M］. 北京：人民教育出版社，1979：200.

②③④ 陈景磐. 中国近代教育史［M］. 北京：人民教育出版社，1979：111；147；135-147.

任“比大总统还大些”[①]。可见，中国近代思想家对教育者的社会价值的强调由为君转向为民、为社会，这是教师职业社会价值的扩展和转向，是当时中国社会、教育变革带来的重要进步。但是，近代社会对教师职业价值的认识依然主要还是强调其对于社会的工具价值。只是这种价值由古代的传道变为近代进步人士提倡的传播科学文化知识、富国强民的技术；由服务于培养官僚和臣民，发展到培养推动社会发展进步、能参与民主政治的“新民”。至于教师职业对于从业者自身而言的内在价值问题，并未被尖锐地提出和进行过认真探讨。

在对新中国教育发展史的回顾中，叶澜探讨了不同时期对教师职业价值的认识。新中国成立后至“文革”前，社会主义建设正处于以农业为基础、向工业经济发展的阶段。由于生产力水平低下，技术进步缓慢，中国社会对人的培养并未提出超越近代工业社会经济发展水平的新要求，对教师劳动在智力上也没有提出新的要求。尽管教师被称为“人民教师”，获得了与其他劳动者同样的主人翁地位，但是人们看重的依然是教师职业的外在社会价值。教师职业的尊严与欢乐，主要取决于社会公众的外在承认和给予，取决于教师劳动过程的结果而不是劳动过程本身。“文革”十年，教师被贬为“臭老九”，不仅正常的工作权利被剥夺，而且人格受到侮辱。这表明，一旦教师职业外在的工具价值被否定，由外部给予的尊严与欢乐就会丧失殆尽。粉碎“四人帮”后，中国社会走上了经济发展的新时期，“尊师重教”的口号被重新提起，教师生活窘困的状况有所改变，但此时，对教师职业价值的认识并未有大的突破性的进展。20世纪80年代末，市场经济的浪潮在中国社会涌动，出现了“脑体倒挂”的局面，顺口溜“造导弹的不如卖茶叶蛋的，拿手术刀的不如拿剃头刀的”便反映了当时的社会现象，这给教师队伍带来极大的冲击。人们尊重教师，只是对教师“化民成俗”作用的肯定，

---

① 陈景磐. 中国近代教育史［M］. 北京：人民教育出版社，1979：243.

却未必是对教师职业内在价值的认可；社会维护师道，只是对教师传道职责的社会需要，却并未体现出对教师自身发展的观照。在社会分工的各个链条中，教师只是确保社会这一庞大机器顺利运转的一个零件，教师是“社会工具”，教师存在的价值就是培养出社会各行各业所需要的人，因而教师职业的尊严是用其工具价值换来的，教师个人则被隐匿、被淹没了。

不仅社会如此，也存在着教师把自己当成工具的现象。“作为教育者的教师，在忽视学生真实生命成长需要的同时，自身生命在职业生涯中的成长价值也被忽视，强调的仅是其工具价值。正是这种双重忽视，使学校教育丧失了‘生命性’，丧失了‘魂’，造成了教育本真意义的异化。”①

2. 对教师职业“社会道德”的要求

基于对教师作为“卫道士”的角色定位和对教师职业“社会价值”的肯定，中国儒家文化对教师提出了“社会道德”的要求。

中国古典哲学涉及价值这一主题的争论主要是“义利之争”或“理欲之争”。如儒家重义轻利，主张道德价值高于物质价值。孔子将“仁”视为最高的道德准则，强调“君子喻于义，小人喻于利”，于是，“杀身成仁”“舍生取义”成为儒家的价值取向。但是，儒家这种“道德型”的文化注重的是协调性道德而非进取性道德。所谓协调性道德是指调节人与人、人与社会之间关系的伦理规范和道德品性，可称为“社会道德”，如仁爱、和谐、公平、正义、奉献、牺牲等，即是协调性道德。所谓进取性道德是指用以调节个人自身关系的伦理规范与道德品质，可称为“个人道德”，如刚毅、敏捷、勇敢、明智、勤俭、节制等。②在儒家的思想体系中，个人道德缺乏自足性、独立性，往往从属于社会道德。即便儒家倡导自我修身的“为己

① 叶澜. 回归突破：“生命·实践”教育学论纲［M］. 上海：华东师范大学出版社，2015：214-215.

② 涂可国. 论儒学的社会本位与个人本位悖论及其影响［J］. 哲学研究，2005(1)：31.

之学”，其本义也不是为了尽个人对自身的责任，不是鼓励个人保存生命、发挥才智、追求权利、实现自我，不是“为（wèi）”己，而是强调要“为（wéi）”己、修己、克己，是依靠“己为”来达到助人利人的目的，因而修身只是实现“齐家、治国、平天下”这一社会性目的的手段，个人对自身的义务服从于个人对社会的义务，进取性道德依附于协调性道德。①到了宋明理学，“义”和“利”被截然对立起来，“天理存则人欲亡，人欲胜则天理灭”，而“存天理，灭人欲”成为宋明理学教育的价值追求。相应地，进取性道德消失殆尽。尽管宋明理学也强调个人修养，但并非进取性的个人道德，依然是以服从于社会的协调性道德来要求个人修养。

儒家思想有着明显的重社会轻个人的倾向。儒家所主张的利人、利家、利国、利天下的核心价值观呈现出浓厚的他人理性、家庭理性、国家理性和天下理性等特质。这一价值取向深刻地影响着中国社会，也影响着人们对教师的评价和要求。于是，要求教师奉献、忘我、牺牲，鼓励教师舍小家为大家，倡导教师重公轻私、居仁由义，便成为两千多年来社会对教师的道德规约。

然而，任何道德都是以利益为基础的。明代的李贽从人性论角度出发，宣称趋利避害是人之本性所在，主张教育应顺乎人的自然本性，道德教育的过程应是自然确认、自我肯定的过程，并以“为己之学”追求一种双向的超越：一是对世欲势力和伪道学的厌恶，一是追求心灵的自由与解脱。②这一思想显然是对儒家传统义利观的反动，也因此而被视为儒家思想的“异端”。但这也提醒人们，过分强调利他或“自我牺牲”，会严重削弱个人自我发展的动力。如扈中平所说：这是一种只有义务没有权利的道德，是一种不尊重个人正当利益的道德，因而是一种不公平的道德。道德的核心必须是公平。公平就是在机会均等的前提下“该是谁的就是谁的”，就是义务和权

① 涂可国．论儒学的社会本位与个人本位悖论及其影响［J］．哲学研究，2005(1)：32.

② 张继玺．李贽教育思想研究［D］．上海：华东师范大学，2002：20.

利的统一，就是付出和所得的统一，否则就无道德可言。[①]简单地以社会道德为出发点和评价标准，不仅会阻塞个人发展的空间，也会使人养成依附、被动、顺从、懈怠的个性。这显然与新时代对教师主动创新的要求是相背离的。

3. 对教师职业“社会本位”的强调

教育史上历来有“个人本位”与“社会本位”之争。

所谓个人本位，即主张教育目的应以个人为本位，强调根据个人自身完善和发展的需要来制定教育目的和建构教育活动。卢梭是个人本位论的典型代表。他以培养“自然人”作为教育目的，主张教育要尊重儿童的本性，顺乎儿童的自然天性，把儿童培养成“自然人”而不是培养成社会的“公民”。“自然人完全是为他自己而生活的；他是数的单位，是绝对的统一体，只同他自己和他的同胞才有关系，公民只不过是一个分数的单位，是依赖于分母的，它的价值在于他同总体，即同社会的关系。”[②]瑞典教育家爱伦·凯（Ellen Key）认为，儿童是独立自主的个体、真善美的原型，因而不能对儿童的个性进行压制和机械训练，教育过程应是使儿童自由发展的过程。美国教育家帕克（F. W. Parker）认为：“一切教育的真正目的，是人，即人的身体、思想和灵魂的和谐发展。”[③]马斯洛（A. H. Maslow）认为，教育的最终目标是“自我实现”的人。可以说，个人本位论在不同时期，不同的代表人物对教育目的的个人本位取向有不同的表述，但其本质是一致的，即认为个人的价值高于社会的价值。因为社会是由个人组成的，应当由个人来决定社会，而不是由社会来决定个人，教育目的应根据个人自身完善和发展的天然

---

① 扈中平. 对我国道德教育虚伪性的批判［EB/OL］.［2020-10-20］. https：//learning. sohu. com/20050214/n224293348. shtml.

② 卢梭. 爱弥儿［M］. 李平沤，译. 北京：商务印书馆，1996：9-10.

③ 赵祥麟. 外国教育家评传：第2卷［M］. 上海：上海教育出版社，1992：457.

需要而制定，从而促使人的本性得到最理想的发展；人生来就有健全的本能，儿童是独立自主的个体，是真善美的原型，教育的目的就在于使这些本能不受现实社会影响而得到自然发展。

所谓社会本位，即主张教育目的应以社会为本位，强调根据社会发展需要来制定教育目的和建构教育活动。这种理论的思想根源可上溯到古希腊的柏拉图（Plato）。在柏拉图的整个思想体系中，国家学说和社会政治学说占有极其重要的地位，他的教育思想实际上主要是作为国家学说的一个组成部分而存在的。在他看来，国家是放大了的个人，因而教育应按照国家的需要造就个人。法国哲学家涂尔干认为，教育目的在于塑造“社会我”而不是“个体我”。他指出：“教育在于使年轻一代系统地社会化。在我们每个人身上，可以说都存在着双重人格，这种双重人格尽管不可分离（除非抽象地加以分开），但确有区别。一种人格仅仅由整个与我们自身、我们个人生活中的事件有关的精神状态所组成，可以把这种人格称为个体我。另一种人格是这样的一种思想、情感和习惯的体系，即在我们身上表现的不是我们个人，而是我们作为其中一个组成部分的社群或不同的社群。宗教信仰、道德信仰与习俗、民族传统或职业传统以及各种集体信仰，就是这样的体系。这种体系的总和便是社会我。塑造社会我，这就是教育的目的。”[①] 德国教育家凯兴斯泰纳（G. Kerschensteiner）认为：“国家的教育制度只有一个目标，就是造就公民。”[②] 社会本位论的代表人物尽管在对教育目的价值取向上的表述有所不同，对教育服务社会的指向略有差异，但他们都强调：个人的发展依赖于社会，受制于社会，教育除了社会的目的以外，无其他目的；人的身心发展的各个方面都靠社会提供营养，教育过程就是把社会的价值观念强加给个人；教育的目的就是使个人社会化，使个人适应社会生活，成为对社会有用

① 涂尔干. 教育及其性质与作用［M］// 国外教育社会学基本文选. 张人杰，译. 上海：华东师范大学出版社，1989：9.

② 吴俊升. 教育哲学大纲［M］. 北京：商务印书馆，1943：149.

的公民。

应该看到，无论是个人本位论还是社会本位论，都是因为在对社会与教育、个人与社会关系中视角和判断不同，对教育价值的取向和选择不同而形成的。它们之间的对立有深刻的社会根源和理论根源。个人本位论的全盛时期是在18世纪末到19世纪初，当时正值资本主义与封建主义矛盾十分尖锐的时期，呼唤全新的思想观念和新型的人成为必然，而要形成这些全新的思想观念和培养新型的人，就需要新型的教育。实际上，这种培养新人的教育主张是在为个人本位论者所向往的社会鸣锣开道。而社会本位论盛行于19世纪下半叶，当时资本主义制度已经确立，资本主义社会日益繁荣，社会本位论肯定社会需要与社会价值，主张教育所培养的人应为社会服务，做合格公民，这也是时代的必然。问题在于他们都未真正理解个人和社会，都未真正理解个人发展与社会发展的关系。

以上所述看似是西方的个人本位与社会本位之争，但从中国社会对教师职业社会价值的重视及对教师职业社会道德的要求中，可以鲜明地看到对教师职业价值认识中社会本位立场的强调。即强调教师职业的社会价值至上，强调教师职业在维护社会稳定和教化中的作用，强调教师个人发展对社会的依赖性，强调教师无我无私存理灭欲的社会义务本位。这显然是忽视了教师作为具体的独立的“人”的存在，忽视了教师职业对于从业者而言的内在的本体价值。

（二）强调教师职业的传递职能

叶澜回顾了我国课堂教学方式的百年历史。她指出，在我国，课堂教学作为教学方式是随着新学校的诞生而逐渐形成的。20世纪上半叶，主要受从日文翻译引进的赫尔巴特学说控制；20世纪50年代后至“文革”前，则以苏联教育家凯洛夫的教学理论为指导；粉碎“四人帮”后学校恢复正常教学秩序时，主要采用的依然是凯洛夫的教学理论。20世纪80年代以来，随着教学改革的开展，课堂教学有了不少新的组织形式，开始注重学生的主动投入。但大多数的课以及在教师的教学观方面，在深层次上并没有发生实质性的变化。主要表现在以下三个方面。

1. 传递内容：传道为主，授业、解惑为辅

“师”与“道”一直是紧密相连的。教师因传道而被社会需要，教师的社会地位、生存状态，甚至个人的生命安危、富贵沉沦都与“道”联系在一起。“师”就是“道”的化身，“道”就是“师”的生命。①“师”是“道”所决定下的存在，而“师”的主要任务也是围绕着“道”的传授来设定，离开“道”这个内核，“师”的存在意义和价值功能也便荡然无存了。②

韩愈的《师说》是中国古代第一篇集中论述从师之道的名作。在这篇文章里，他对当时教师只“习其句读”而不传道卫道的现实予以批判，倡导“师道”，并从教师的作用、任务等方面进行了系统的阐述。在韩愈看来，教师的任务重在传道，古文、六经之类只不过是载道的工具，授业是为传道服务的，传道是通过授业完成的。他认为如果教师只是“习其句读”而不传道，那是“小学而大遗”，即因“小”而失“大”，忘掉了自己的根本任务。而“道”是择师的根本标准，只要闻道在先，术业有专长，就可以为人师；只要具备“道”并能完成传道、授业、解惑的任务就可以为师。故“生乎吾前，其闻道也，固先乎吾，吾从而师之；生乎吾后，其闻道也，亦先乎吾，吾从而师之。吾师道也，夫庸知其年之先后生于吾乎？是故无贵无贱，无长无少，道之所存，师之所存也”③。这里的重点是“道”，即儒家之道，有道者方能为师，而不在乎年龄的大小和地位的高低。为人师，必须忠于道，必

---

① 程方平. 新师说［M］. 长沙：湖南教育出版社，1999：6.

② 杜钢. 师道释论［J］. 教师发展研究，2019(2)：102-107.

③ 韩愈. 师说［M］//韩愈. 韩愈集. 陈霞村，胥巧生，解评. 太原：山西古籍出版社，2005：132.

须传道卫道；而传道又是通过授业来实现的。所以衡量教师的标准首先是“道”，其次是“业”。凡是具备了“道”与“业”的，就可以做教师。

韩愈的帅道观可视为历代师道观的集成。韩愈在《师说》和《原道》等文中指明，自魏晋以后，师道日益衰颓不振，儒道的正统地位受到了其他学派的强劲冲击，道统的承传面临着严重危机，故而强调，师者勉力传道的使命担当应变得更加自觉和迫切。显然，韩愈所力倡的师者应承传的道，是以儒家仁义道德等思想元素为内核的先王之教。凡是可以存续这一儒家先王之教的师者，即是与道同在的师者，师者的以道为依据的合法性地位也即得以保障，而师者便也获得了顺理成章的道统身份，成为在道统脉路上与历代儒家圣贤一脉相承的志同道合者。[①]

自韩愈之后，尽管由于时代不同，人们对教师所传之道、所授之业、所解之惑的具体内容赋予了不同的要求，使其具有鲜明的时代印记，如我国20世纪中叶强调“又红又专”，十年“文革”反对“白专道路”，20世纪末主张“德才兼备”，21世纪要求“立德树人”，等等，但在任何社会，教师的根本职责都离不开传道、授业、解惑这三个方面，教书育人、立德树人都是教师的职责所在。

2. 传递重点：认识性目标

叶澜分析了我国长期以来课堂教学存在的突出问题，即把教学活动的性质框定在“特殊认识活动”的范围，由此带来了课堂教学传递的重点便是“认识性目标”。这与人们对学校教育的定位以及对学生的认识是分不开的。

人是万物之灵，但人必须通过学习才能获得生命的发展，获得人的能力、人的行为和人的心理特性。在这个过程中，人可以通过许多途径来学习，获得人应具有的这些品质，而学校教育则是个体进行这种学习的有效途

① 杜钢. 师道释论［J］. 教师发展研究，2019（2）：102-107.

径。这是毫无疑问的。但人们对学习什么、如何学习，却有着不同的看法。我国许多教育学教材或著作一方面强调学校教育的特殊性，即学校是人类进行学习的专门场所，是社会为个体发展特设的学习环境；学校的设施和设备是为了满足个体学习的需要而设置的；在学校这个特别设置的情境里，教学是有目的、有计划、有组织的活动过程。另一方面强调学生学习的特殊性，即学生的学习与人类认识过程既有相同的地方，也有本身的特点：学生不是独立地，而是在教师指导下进行学习的；学生学习的内容不是随意、自发产生的，而是经过选择和教育学加工的人类已经创造出来的、最基本的文化知识；学生的学习是充分利用人类既得的科学技术和物质基础，遵循个体身心发展的规律，按照社会的意志和要求以科学方法进行的。上述观点，便构成了教学是一种“特殊认识活动”的理论基础。而强调教学是一种“特殊认识活动”的所谓特殊性具体表现在：一是间接性，主要是以掌握人类长期积累起来的科学文化知识为中介，间接地认识现实世界；二是引导性，需要在富有知识的教师引导下进行认识，而不能独立完成；三是简捷性，走的是一条认识的捷径，是一种科学文化知识的再生产。[①]如此一来，教学便是“学校实现教育目的的基本途径。其特点为通过系统知识、技能的传授与掌握，促进学生身心发展”[②]。而学生的发展也是以认知教材为基础，“在教学过程中学生的认识活动是在专职教师引导下通过专用的教材、专有的教学手段进行的”，“教学中的发展要以教材为主要中介”。[③]这样的认识不仅在理论上得到许多同行的认可，在实践中也影响深远。

在这样的教学理论指导下，教师的课堂教学便呈现出如下特征。第一，完成认识性任务成为课堂教学的中心或唯一目的。所谓认识，即人脑通过感知、记忆、思维、想象等形式反映客观事物特性及关系的心理过程。教学的

① 王道俊，王汉澜．教育学［M］．北京：人民教育出版社，1988：198.

② 顾明远．教育大辞典：第1卷［M］．上海：上海教育出版社，1990：178.

③ 南京师范大学教育系．教育学［M］．北京：人民教育出版社，1984：382.

任务既然以知识为中心，教学目标设定中最具体的当然也就是围绕着知识的认识性目标，浅者要求达到讲清知识，深者要求达到发展能力。其他的任务或抽象或附带，并无真正的地位。这样一来，人的知情意行、德智体美的丰富构成就窄化为仅仅是"知"的片面内容。第二，钻研教材和设计教学过程。这是教师备课的中心任务，因为知识主要是以教材的方式呈现出来的，学生掌握知识也主要是通过学习教材来实现的。因此，教师研究的重点主要放在学生能否掌握教材、难点在何处等，即以教材为中心来认识学生。教学过程的设计除了课程进行的程序外，重点也是按教材逻辑，分解设计出一系列问题或相关练习，以帮助学生更好地掌握教材。教育就变成了教"教材"。第三，上课是执行教案的过程。教师备课最直接的结果便是形成教案，教师的教和学生的学在课堂上最理想的进程是完成教案。教案如同"剧本"，教师期望的是学生按教案设想做出回答，教师的任务就是努力引导学生，直至得出预定答案。学生在课堂上实际扮演着配合教师完成教案的角色。于是，课堂成了演出"教案剧"的"舞台"，教师是"主角"，学习好的学生是主要的"配角"，大多数学生只是不起眼的"群众演员"，很多情况下只是"观众"与"听众"。①

3. 传递方式：教师讲授并起主导作用

苏联教育家凯洛夫主编的《教育学》对我国影响至深，尤其是其中关于教师中心、教科书中心和课堂教学中心的"三中心论"，教学过程由"组织教学、复习旧课、教授新课、巩固新课、布置作业"组成的"五环节说"，教学本质"特殊认识论"的基本哲学立场，教学中要贯彻学生自觉性和积极性、直观性、理论与实际相结合、系统性和连贯性、巩固性、可接受性等"六大原则"，以讲授法为核心的"九大教学方法"等，由于20世纪50

① 叶澜.让课堂焕发出生命活力——论中小学教学改革的深化[J].教育研究，1997(9)：4.

年代中苏友好期间强势的宣传和推广，广大教师几乎是尽人皆知。例如讲授法。这是历史上流传下来最主要的一种方法，也是教学论中谈到教学方法时的必讲内容。“讲授法是教师运用口头语言系统地向学生传授知识的一种方法……从教师教的角度来说是一种传授的方法，而从学生学的角度来说，则是一种接受性的学习方法。它的特点是学生所学习的内容都是由教师以系统的形式呈现给学生的。学生则要把教师所提供的材料经过整合，贮存到自己的头脑中去。”[①]这一方法对于教师的要求，主要是“讲授”，是用“口头语言”讲授，而且是“系统”地讲授。教师讲授的依据主要是教材的逻辑，采用的讲授形式则是“传授”，是“我讲你听”的模式，目标是让学生记住教师所讲的知识。这一方法对于学生的要求，主要是“接受”，是通过间接经验的学习而获得，是通过感知、记忆而掌握知识，是通过大量的练习而巩固知识。学生接受的依据是因为学生“无知”或“少知”，采取的学习方式是“接受”，是“你讲我听”的模式，目标是通过教学接受人类已有的知识。

正因为教学任务被直接规定为传递人类社会所积累的系统的文化知识和形成学习知识的技能、技巧，教学过程被简化为教师讲授、学生以记忆和练习为主的被动接受过程，所以课堂教学中教师与学生的关系便被设定为教师主导：教师决定着教什么、怎样教，教师主导着学生学什么、怎样学；教师决定着教学的内容、进度和方法，教师主导着学生学习的对象、手段、路径；教师决定着学生的知识结构、成长选择，教师主导着学生的学习效果、人生方向。而教师的讲授成为发挥主导作用的最重要的方式。

叶澜分析了这种以教师传递知识为主的思想和模式在我国基础教育界得以传播的原因及后果时说：它之所以在实践中能长期存活的一个重要原因是操作性强，以教师为中心，从教师的教出发，因而容易被教师接受；另一个原因是它视知识的传授和技能的训练为主要任务，并提供了较明确的可操作

---

① 南京师范大学教育系. 教育学［M］. 北京：人民教育出版社，1984：445.

程序，教师只要有教材和教学参考书，就能进入规范，依样操作，理论也因此而得以广泛传播，逐渐转化成实践形式，扎根于千百万教师的日常教学观念和行为之中。[①]具后果之一也正是强化了教师在课堂中的中心角色和简单的操作需要，封杀了教师在理论和创造意义上探索教学工作的需求。[②]

二、叶澜对传统教师职业价值取向的批判

叶澜在多年的理论研究与教育实践中，一直非常重视“价值观”的问题，并将价值取向视为人的发展方向的重要指针。在1989年发表的《试论当代中国教育价值取向之偏差》一文中，叶澜指出：“任何事物，其价值的性质与大小至少取决于三个方面。首先是事物本身的构成及其属性，它决定了价值的可能性空间；其次是人对这一事物的认识及对自己想从中获取什么的需求的认识，它决定了人对某一事物的价值取向，划出了人对某一事物价值的期望空间；其三是该事物之外的条件，它决定了价值实现的现实空间。在上述三个方面中，价值取向是人对客观事物及自己需求和利益的认识水平的反映，也是人的主观意志的体现。在实现事物价值的过程中，这是人唯一可以由自己做出选择的方面，是事物的价值由可能转化为现实状态的一个重要的中间环节。”[③]正是在这个意义上，叶澜特别关注价值取向对人的意义。而所谓“价值取向的偏差”，是指主体没有正确认识客观事物与条件，没有正确认识自己的真正利益，从而做出了不符合事物本身性质或自身根本利益与需求的价值取向，也因此才带来行为的偏差。这是认识与对象的偏差，是主观意志与客观规律的偏差，因而是必须而且有可能纠正的。

① 叶澜．让课堂焕发出生命活力——论中小学教学改革的深化［J］．教育研究，1997（9）：4-5.

② 叶澜．重建课堂教学过程观——“新基础教育”课程教学改革的理论与实践探究之二［J］．教育研究，2002（10）：25.

③ 叶澜．试论当代中国教育价值取向之偏差［J］．教育研究，1989（8）：28.

在多部著述中，叶澜对仅看重教师职业工具价值、社会价值的价值取向的偏差进行了批判，对将教师职业理解为“传递职能”的偏狭认识也进行了深入的剖析。在这些批判和剖析中，不仅涉及对我们熟悉的教育理论的重新建构，更涉及对我们思考教育、教学、教师等问题时的方法论和思维方法的反思，因而批判本身所具有的意义便从理论延伸到实践，从学术拓展到生命。

（一）对教师职业“工具取向”的批判

对教师职业价值的认识离不开对教育价值的认识。叶澜回顾并梳理了新中国成立以后的发展历程，从中发现了我国教育价值取向中重社会轻个人、重集体轻个体、重工具轻价值的现象，这也导致了在教师职业价值取向上的偏差。

1. 要改变重社会轻个人的取向

在对新中国成立以来众多重要文件的阅读和分析中，叶澜选取了几个重要的时间节点和文件，呈现出教育决策者们对教育价值取向的基本立场和依据。

1949年9月通过的《中国人民政治协商会议共同纲领》首次集中反映了新中国教育的价值取向，即确定了教育为政治、经济服务的地位，而教育价值取向确定的思维模式是从领袖论述、政治理论中去找方向，从社会政治、经济实际状况中找任务。不可否认，这样的认识和定位在新中国成立初期是必要的，但也必须看到，这一价值取向从具体内容到形成的思维方法上都存在着根本性的缺陷。叶澜分析道：首先，它把教育与政治、经济的关系看成是简单的主从关系，前者是后者的直接反映，因此，可以从政治、经济的性质直接演绎出教育的性质，可以从政治、经济的任务中直接演绎出教育的任务。在强调两者的联系时，忽视了教育与政治、经济的区别，忽视了从政治、经济任务向教育任务转化过程的中介。其次，它排除了由教育者自身决定的一个重要价值，那就是对个体个性发展的价值，没有分析社会需要与个体发展需求之间的差异，使当代中国教育在价值取向的起点上就出现了偏差。最后，在考虑教育为政治、经济服务的价值时，主要从当前的需要出发，没有顾及教育自身长效性的特征，没有考虑到教育所具有的相对独立性，因而在思维方法上表现出非此即彼的形而上学的特征。

1952年，党和政府提出了对学生实施德育、智育、体育、美育等全面发展的教育，使学生的身心得到全面发展的培养目标。但在现实中，一方面，俄语中"个人全面发展"被误译为"个性全面发展"，导致与心理学上所谈个性的混淆及对个人全面发展的淡化；另一方面，人们基于对社会主义是一片光明世界的认识以及社会主义社会对每一个公民的要求与个性发展的要求是完全一致的判断，误以为社会发展必然带来个人的发展，因而导致对个人全面发展的忽视。1957年反右，发展个性更是成为资产阶级思想和提倡个人主义的代名词，个人、个性几乎从社会中销声匿迹。之后，教育为无产阶级政治服务的价值取向越来越受到强调，"文革"十年更是把教育为阶级斗争服务作为教育唯一的社会功能与其他社会功能对立，个性发展的本体功能逐渐淡出人们的视野。

改革开放后，社会开始重视教育、重视人才，把教育放在实现"四个现代化"的战略地位上，提出了"教育必须为社会主义建设服务，社会主义建设必须依靠教育"的主张。但原有的教育价值取向的基本模式和基本思维方法没有被突破，教育决策者依然主要是从社会需要的角度来强调教育的重要性和基础作用，作为个体的人的生命价值依然没有得到重视；在形而上学思维方法的影响下，教育从为阶级斗争服务转向为经济建设服务，从阶级斗争的工具变成了经济建设的工具，教育经济化的倾向使得教育自身的特殊性再一次被淹没。也正是要求教育为政治、经济服务的观点，使人们看不到教育关乎人的生命成长这一根本价值，导致教育陷入了困境。[①]

遗憾的是，这一教育价值取向的模式被延续下去了，也成为人们看待并判断教师职业价值的基本模式。教师职业的价值被片面理解为仅仅是服务于社会政治、经济建设对培养各行各业人才的需要，教师的存在价值只是因为对社会有用、对他人有用，而有用的程度与教师做出的贡献特别是考试的分数相关。不仅社会，即使是教师自身，也羞于、耻于谈个人在职业中的需求，不敢也不会在职业中规划自我。教师的工具价值便愈发被强化，教师职业对于从业者的本体价值愈发被遮蔽。而这种片面，源于简单线性的、二元对立的、非此即彼的思维模式，即将教师职业的本体发展价值与教师职业的社会工具价值割裂开来，将教师个人与所处环境对立起来，将教师的个人成长与在职业中的奉献分离出去。这依然是社会本位的延伸。

2. 要改变重工具理性轻价值理性的取向

深究教师职业工具价值取向的原因，也与工业社会强调科学管理、追求效率的工具理性有关。这种工具理性是相对于价值理性而言的。所谓工具理性，是一种以工具崇拜和技术主义为生存目标的价值观，追求效率的最大化，强调手段的重要，其核心是功利主义。所谓价值理性，是一种以关怀人的存在状态以及追求生命意义为生存目标的价值观，关注意义和价值，其核心是人文主义。

马克斯·韦伯（Max Weber）提出，现代性的本质就是对理性主义的扩展，是以工具理性逐渐压倒价值理性，占据社会各领域的主导地位的过程。“一种个人主义的资本主义的根本特征之一就是：这种经济是以严格的核算为基础而理性化的，以富有远见和小心谨慎来追求它所欲达的经济成功。”[②]

---

① 叶澜. 试论当代中国教育价值取向之偏差［J］. 教育研究，1989(8)：28-32.

② 马克斯·韦伯. 新教伦理与资本主义精神［M］. 于晓，陈维纲，等译. 北京：生活·读书·新知三联书店，1987：55-56.

伴随着工业革命的到来，“效率优先”的思想深入人心。“抢时间、抢速度”成为社会的追求，“时间就是金钱”“效率就是生命”成为人们的共识。无论是注重时间计算和严格约束的福特（Henry Ford）的刚性管理，还是被誉为“科学管理之父”的泰勒（Frederick Winslow Taylor）所提出的管理思想，其核心都是基于“效率中心”的理念，即通过规范化、标准化、制度化的管理提高劳动生产率。这使得人类的存在在很大程度上变成了一种旨在追求高效、有效的无休止的努力。现代社会的基本内涵就是“效率生存”。谁能以较少的成本获得较大的收益，谁就能获得生存或更好地生存。标准化是实现效率的一个主要手段。当工业革命以规模经济实现了物质生活的高度飞跃后，必然要求在规模经济所需要的人力资源上实施相应的规模化、标准化的操作。社会生活日渐被“机械的”“标准的”时间结构化，而时间也日渐被“效率的”“规模的”价值追求功利化。这种功利化的追求日益渗透到教育中。

叶澜分析了这种功利化取向对教育的影响，指出：当代中国社会发展的动力基于功利，政府关注的焦点集中在经济实力和国际竞争中的胜出，这是社会整体价值取向趋于急功近利的根本原因，它渗透并体现在各个领域。以经济发展为中心的社会，教育整体上即使被关注，也主要是其服务社会和经济的工具价值，追求的是效益投入产出比、人力资源贡献。至于教育的内在价值，对于每一个个体的发展价值，远未被真正重视而当作判断教育足以存在的最根本依据。这也是“应试教育”长盛不衰的根本原因。[①]

显然，学校若要满足社会的效率化需求，就必须建立一种标准化的操作方式，学校成为规模化、机械化的人力资源开发场所。而“效率中心”和功利价值作为市场主体的需求基础，一旦与教育相连，与对教师工作的考核相连，便将无法被计算的复杂个人变成可以计算的数据，教育愈加变成工具理性的产物，即以分析、计算、操纵等手段获取最终的目标，学生考试的分

① 叶澜.素质教育推进现状及其原因辨析［J］.教育发展研究，2011(4)：3.

数、教师工作的绩效、教师发表的论文、教师主持的课题等等，都成为衡量教师价值的指标，而教师价值的直接体现便是职称、收入、地位、荣誉。这不仅可能导致教师个人的教育理想和价值信仰的崩塌，还可能由于工具理性的过分强调造成教师以手段压倒目的的价值取向。叶澜曾举了“新基础教育”研究初期遭遇的教师离职的例子说明，当市场经济大潮汹涌而来时，教师队伍面临一次从未遭遇过的冲击，跳槽、辞职、下海、转行等等，物质和金钱一度成为一些人追求的直接目的，于是，工具理性压倒、淹没了价值理性，手段异化为目的，成为如马克斯·韦伯所说的套在人们身上的铁的牢笼。

随着信息技术革命的浪潮席卷全球，信息技术在学校教育中的运用愈来愈普遍。而对信息技术与教育教学关系的追问便具有了浓厚的人文意味。海德格尔说：“我们追问技术，为的是弄清我们同技术的关系。”[①]叶澜意识到信息技术对于课堂教学的意义，也清醒地看到信息技术运用中存在的缺陷和弊端，指出：工具性之物质手段尽管需要，但并不是规定课堂教学能否存在的基本要素，在某种意义上，它只是人自身拥有的表达、交往工具与意愿的延伸，是交往内容之载体，是教学手段可供选择的物质工具。它从属于人的活动，虽能影响活动的方式、方法与效果，但并非决定活动能否存在与开展的要素。[②]当代信息技术再发达，都不应也不可能以代替教师为目的，尤其在基础教育阶段。因为教育是育人的活动，与人的成长有关，“仁”也是教育的属性，是教师必备的要求。靠机器、用技术教人与由“仁”、用生命教人大不同。这关系到对教育的人性理解。人的创造不能伤害人，这是技术伦理的底线。叶澜特别提醒大家：在一个充斥技术资源和诱惑的时代，十分需要在技术工具面前保持清醒。教师、学生受技术控制，成为技术附庸的

① 海德格尔．人，诗意地安居［M］．郜元宝，译．张汝伦，校．桂林：广西师范大学出版社，2000：108.

② 叶澜．课堂教学过程再认识：功夫重在论外［J］．课程·教材·教法，2013（5）：6.

可能并非不存在。[①]“在运用信息技术时，永远不要忘记你是信息技术的主人，任何东西都有利弊，任何工具都要适度，把利放到最大，把弊降到最小。只有这样，技术在教育中才能成为‘人的自由发展’的重要工具而不是相反。”[②]

（二）对教师职业“传递取向”的批判

教师职业的“传递取向”源于传统教学论对“教学是一种特殊的认识活动”的界定。在这样的界定中，教学变成了单向的传递，师生关系变成了教师主导，教学方式变成了灌输。而这背后，与教育价值取向的偏差有关。

1. 要改变只见物不见人的倾向

叶澜分析了传统教育对教学、对教师、对师生关系认识中的偏差。传统教育倾向于把师生关系看作是单向的传与受、管束与服从的关系。学生被当作羊群赶进教育的工厂，任凭教师教鞭的驱赶。教师心目中没有儿童，只有他的专制意志。[③]这样一来，“人”的因素就被弱化甚至排除了，教学变成了纯粹的知识授受的过程。叶澜为此发出了质疑：“学校是人集聚最多的地方，为什么人集聚最多的地方，只看到事情，只看到知识，只看到一层层的组织，却看不到人。人丢失了，充满人的地方却没有人的意识，这是可怕的！”[④]而“见物不见人”的这种认识又是建立在思维方式中简单的二元对立基础上的。传统教学观以“决定与被决定、主导与被导”的思维方式来认识教学中教与学的关系性质。这一思维方式本身就是违背辩证法的。所以，只要我们还在讨论着“教”与“学”谁决定谁，或者究竟谁是主导，那么，我

① 叶澜．课堂教学过程再认识：功夫重在论外［J］．课程·教材·教法，2013（5）：7.
② 叶澜．“生命·实践”教育的信条［N］．光明日报，2017-02-21（13）.
③ 叶澜．新编教育学教程［M］．上海：华东师范大学出版社，1991：276.
④ 叶澜．“新基础教育”内生力的深度解读［J］．人民教育，2016（3-4）：36.

们就在本质上没有跳出传统教学过程观的认识框架。在确认“教师主导”的前提下开展的课堂教学，学生最多只能有一个按教育要求、沿着事先确定的“行进路线”主动学习的资格与权利，不可能有教学作为复合过程意义上的主体地位和主动参与权，不可能完全摆脱“物”的地位。

在批判传统教学观“特殊认识活动”说的基础上，叶澜重新定义了“教学目标”“教学活动”和“师生关系”，目的是为了把学校中丢失的“人”找回来，使学校从“无人”转向“有人”。首先，教学目标从根本上说是要促进人的成长与发展。叶澜指出，并不否定教师的工作必然与知识相关，传递知识依然是教师要做的事，但不能将此视为教师工作的全部，更不能视为终极目标。在教育活动中，知识的价值是育人的养料，学习知识是为了人的成长。知识在此是手段、工具，人的发展与成长才是教育不可替代的、独特的目的。把教知识看作目的，是错把教育活动中不可缺少的“养料”“手段”以及被使用的“物”当成了目的，是教育中见“物”不见“人”的突出表现。[①]其次，“教学活动是教师的教和学生的学组成的双边活动”[②]，一方面，教师的教和学生的学是两个不可互相取代的活动；另一方面，这两个活动又是密不可分地交织在一起的统一活动过程，是教学活动的两个既有区别又有机统一的活动方面。因此，不能将“教”与“学”割裂开来、对立起来。最后，“教学活动是发生在师生间的一种特殊的交往活动”[③]。这一观点与叶澜对教育起源于交往的界定相关。叶澜在分析教育起源时提出：如果从形态的角度看，“教育起源于人类的交往活动，而不是生产劳动”[④]。因为在生产劳动中，人活动的直接对象是“物”，劳动是人与自然之间借助于人自己创造的工具而产生的一种特殊的关系方式，不是人与人之间的直接关系方式。教

① 叶澜. 把个体精神生命发展的主动权还给学生［M］// 叶澜. 方圆内论道：叶澜教育论文选. 北京：中国人民大学出版社，2019：131.

②③ 叶澜. 新编教育学教程［M］. 上海：华东师范大学出版社，1991：275.

④ 叶澜. 教育概论［M］. 北京：人民教育出版社，1991：40.

育的形态起源于人与人之间的交往，交往总是由双方组成的，交往包含着内容，交往也需要一定的媒体。所以，劳动是“人”与“物”的相互作用，教育是“人”与“人”的相互作用。这是两个不同的范畴。而“师生关系是一种交往关系”的认定便将教学确立为“人”与“人”的层面。正是在“交往”的意义上看待教育和教学，叶澜强调不能把教学简单地理解为仅仅是教师传授知识和学生接受知识的过程，也不能把它看成主要是学生内在潜力展开的过程，而应该看成是师生间知、情、意、行相互作用的过程。叶澜还特别提醒道：教育中的师生关系不能以“人”与“物”在实践中的主客体关系模式来认识，否则，就会陷入把一方当作“物”来操作的危险。[①]

基于对“人”这一教育活动重要构成要素和目标指向的本质属性的认识，叶澜强调：教育区别于其他社会活动的突出表现在于，教育不是“人”与“物”的关系，而是“人”与“人”的关系；教育不是培养工具人、技术人、知识人或运动人，而是要培养多方面整体发展的人。正是因为教育活动以“人”为中心、以“人”为目的，这便成为教育不同于其他社会活动的最本质的特征，也是教育最重要的价值所在。

2. 要改变只重认知忽视生命整体的倾向

强调教师“传递职能”的价值取向，必然导致三种结果：就教师的教学过程而言，将教学窄化为“认识性目标”，又集中在教材上，还集中在与考试相关的内容上，致使教学本应承担的发展知情意行的整体任务被肢解。就教师个人的自我认知而言，将教师的职责定位在传递知识上，会促使教师将主要精力放在对教材所涉知识的整理以及传递知识方法的改进上，却可能忽略教师作为完整的人的发展。就学校推进的改革而言，将教学理解为知识的传递，必然带来课堂教学改革只局限于“修修补补”“敲敲打打”的点缀式

① 叶澜. 重建课堂教学过程观——“新基础教育”课程教学改革的理论与实践探究之二［J］. 教育研究，2002（10）：28.

或点状的推进，缺乏整体的、全局的变革。

叶澜对这种注重局部忽视整体、注重部分忽视全局、只见树木不见森林的认识给予了不留情面的批判。她指出，把丰富复杂、变动不居的课堂教学过程简括为特殊的认识活动，把它从整体的生命活动中抽象、隔离出来，是传统课堂教学观的最根本缺陷。它既忽视了作为独立个体、处于不同状态的教师与学生在课堂教学过程中的多种需要与潜在能力，又忽视了作为活动共同体的师生群体在课堂教学活动中多边、多重、多种形式的交互作用和创造能力。这是忽视课堂教学过程中人的因素之突出表现。它使课堂教学变得机械、沉闷和程式化，缺乏生气与乐趣，缺乏对智慧的挑战和对好奇心的刺激，使师生的生命力在课堂中得不到充分发挥，进而使教学本身也成为导致学生厌学、教师厌教的因素，连传统课堂教学视为最主要的认识性目标也不可能得到完全和有效的实现。[①]而这种价值取向的偏差是思维局限性的反映，是受形而上学思想方法的影响，导致思维中静止、僵化、片面、分割，“攻其一点，不及其余”的看待问题的方式。“把课堂教学目标局限于发展学生认知能力，是当前教学论思维局限性的最突出表现。这一方面是近代以来理性主义哲学和主智主义教育主流思想的反映，同时也是习惯于把原本为整体的事物分割为部分、方面的思维方法的表现。具体地说，就是把生命的认知功能从生命整体中分割出来，突出其重要性，把完整的生命体当作认知体来看待。”[②]叶澜强调，教师与学生、教与学是课堂教学中不可分割的整体组成。当前，需要改变对教学认识上的简单化思维方法。师—生、教—学不是主次、中心和边缘的关系，而是协同依存、交互反馈的合作共生关系。[③]

由叶澜主持并持续了近30年的“新基础教育”研究，在一开初便强调以整体、综合、系统、关系的思维方法去看待和推进基础教育的改革。例

①② 叶澜．让课堂焕发出生命活力——论中小学教学改革的深化［J］．教育研究，1997（9）：4-5；5-6.

③ 叶澜．“生命·实践”教育的信条［N］．光明日报，2017-02-21（13）.

如，明确了新教学价值观的重建，在认识上从一般整体共通的层次上开始，即重新认识教学在育人中的价值，以及为培养怎样的人服务的问题，使课堂教学的价值观从单一地传递教科书上呈现的现成知识，转为培养能在当代社会中实现主动、健康发展的一代新人。又如，把发展视为一种开放的生成性的动态过程，不是外铄的，也不是内发的，人的发展只有在人的各种关系与活动的交互作用中才能实现。因此，不能只从孤立个体的角度来设定对发展的要求，而应以关系与活动为框架思考，教师的发展同样离不开这种关系与活动的框架。再如，推进学校的整体转型性变革。叶澜在谈到当下学校变革遇到的困境时指出：为什么我们学校办学的自主权得不到落实？很重要的一个原因就是我们把要素的变革放在最前位，而对整体变革缺乏思考。①“新基础教育”着眼的正是学校的整体转型性变革。这是“一种系统更新式的变革。它不满足对系统的修补，也不是只需消除和改变原来系统中不合适的或需要改变的方面，而是必须包含着重建的任务。重建形成的新形态在整体上不同于原先的形态，并且是一种整体发展性的变化，它是以发展为价值取向，整体转型为目标的变革”②。它也是通过学校的日常生活实践进行的内在变革，是一种研究性的变革，目标是实现师生在校生存状态的变化，实现新型教师和学生的养成。

总体上，关于教师职业价值取向的偏差（无论是强调教师职业的社会工具价值还是强调教师职业的传递知识职能），都是受制于思维方法的局限，即强调一点，不及其余。要扭转这种偏差，必须先从思维方法的改变着手，从方法论的角度，建立起联系的、系统的、变化的、整体的复杂思维。

---

① 叶澜. 教育改革要注意“度”的问题［M］//叶澜. 变革中生成：叶澜教育报告集. 北京：中国人民大学出版社，2019：110.

② 叶澜.“新基础教育”论——关于当代中国学校变革的探究与认识［M］. 北京：教育科学出版社，2006：124.

三、叶澜对“教师为谁”的新解

在尼采（Friedrich Wilhelm Nietzsche）看来，价值是一个与生命有关的概念。“一切价值都是人自己建立的，人必须自己来为自己的生活探索一种意义。”[①]因此，价值的状况就是生命的状况。所谓“重估一切价值”，就是重估我们生命的条件，从而更好地认识自己，并“成为你自己”。尼采所说的“重估一切价值”蕴含的是一种对人的本体价值的关注，也是一种着眼于意义的人性发展的追求。

叶澜从学校基础性活动的课堂教学出发，针对前述教师职业价值取向存在的偏差，重新诠释了教师职业的价值，回答了“教师为谁”这一充满着价值意味的问题。

（一）对教师职业本体价值的思考

马克斯·韦伯以歌德的一句话表达了对人的价值和意义的关注：“人怎样才能认识自己？绝不是靠观察，而是通过行动。努力实现你的职责，你便会知道自己有什么。而什么是你的职责？便是你每天的任务。”[②]

叶澜对教师职业本体价值的论述散见于一系列文章和著作中，其中既有对“人”这一集合概念的分析，也有对师生交往关系的分析，更有直接针对教师职业本体价值的分析。许多观点是在国内首次提出，许多理念亦被广大中小学教师所熟知和认同，许多名句甚至以醒目的大字镌刻在墙上成为学校的价值观。而叶澜思考教师职业价值问题的方法论意识和系统、整体的思维更给人以有益的启示。

---

① 周国平. 尼采：在世纪的转折点上［M］. 上海：上海人民出版社，1986：203.

② 马克斯·韦伯. 新教伦理与资本主义精神［M］. 于晓，陈维纲，等译. 北京：生活·读书·新知三联书店，1987：196，注释［64］.

1. 人的本体价值：作为主体的发展

叶澜对教师职业本体价值的思考是以对人的本体价值的研究为基础的。早在20世纪80年代，叶澜就开始了对人的研究。这是在成长和发展意义上思考人的本体价值，也是在教育促进人的成长和发展意义上思考教育的本体价值。

在1986年发表的《论影响人发展的诸因素及其与发展主体的动态关系》一文中，叶澜认为，传统教育学中关于遗传、环境、教育在人发展中的作用的“三因素论”忽视了发展主体的能动性，把复杂的问题简单化了，因而有必要用辩证的、系统的分析方法对它做结构性的改造。为此，叶澜提出要从生命的基点上区分人与其他生命体，继而构建了反映“人学水平”、影响人发展的“二层次三因素说”，把影响人发展的诸因素分为可能性因素与现实性因素。前者包括发展主体先天与后天的条件和环境条件，后者则指发展主体的活动，并得出“人的发展是不断从潜在可能向现实发展的转化过程”的结论。[①]这就将“发展”与人的属性内在地联系起来。

在1989年发表的《试论当代中国教育价值取向之偏差》一文中，叶澜批判了当代中国在教育价值取向上只看重教育服务于政治、经济的作用，而缺乏对教育应培养人的独立思考能力、独立人格和对现实社会的批判分析能力任务的认识，以及对于把人作为最高目的是社会主义教育的基本特征这一点未予以确认的问题。[②]在当时，如此鲜明地提出“人是最高目的”，并视为社会主义教育的基本特征，这在长期强调教育为政治、经济服务的时代，是颇需要理论勇气的。

在1991年出版的《教育概论》中，叶澜开启了对“个体的人”的关注。这是相对于“群体的人”而言的。她详细分析了人的发展不同层次影响因素

① 叶澜．论影响人发展的诸因素及其与发展主体的动态关系［J］．中国社会科学，1986（3）：88.

② 叶澜．试论当代中国教育价值取向之偏差［J］．教育研究，1989（8）：32.

的具体作用及变化趋势。在对“可能性因素”的阐述中，尤其突出了“当人的发展水平达到具有较清晰的自我意识和达到自我控制的水平时，人能有目的地、自觉地影响自己的发展”[①]。正是在这个意义上，人具有了在一定条件下主宰自己命运的可能，因此，人不仅是先天因素与环境相互作用的产物，也是自我选择的产物，这凸显了人的自我意识在主宰自己命运上的重要作用。在论述“现实性因素”时，叶澜又强调个体发展从潜在的多种可能状态向现实发展的转化，要通过发展个体的不同性质、不同水平的生命活动来实现，并根据主体对活动的自主程度，将活动分为“被动应答”“自觉适应”和“主动创造”三个等级；指出第三等级的活动对个体的发展具有特别重要的意义，“在这种情况下，主体的态度不仅是自觉的，而且是积极主动的，为了实现自己提出的目标与任务，他主动寻求解决问题的方法，设计自己的行动步骤，研究手段、方法的合目的性，关注行为的结果，并根据结果调整进一步的行动。在活动过程中，主体处于积极的追求中，体验着成功的欣喜与失败的焦灼，感受到自己的智慧与力量”[②]。这些分析，凸显了个人在发展中的自我觉知和自我选择，尤其对个人“主动创造”的描述，更使人的主体性得以彰显。

在1996年发表的《基础教育与学生自我教育能力发展》一文中，叶澜提出，由自我意识向自我教育意识转化须迈出的关键性一步，是主体有改变自己现状的需求和信心。而构成人的自我教育能力的三大要素是：正确认识自己的能力，即形成正确的自我意识的能力；正确宣传改变自我的行动目标或发展目标的能力；策划实现目标的实践和在实践中不断调整自己行为和目标关系的能力。[③]这又在人的自我意识基础上进一步提出了自我教育能力，也因此与教育的使命和责任更紧密地联系起来。

在2002年发表的《重建课堂教学价值观——“新基础教育”课程教学

①② 叶澜.教育概论［M］.北京：人民教育出版社，1991：217；233.

③ 叶澜.基础教育与学生自我教育能力发展（上）［J］.上海教育科研，1996(7)：5.

改革的理论与实践探究之一》一文中，叶澜借用了法国当代著名思想家埃德加·莫兰（Edgar Morin）所提出的生物的主体和自组织理论来说明。莫兰认为，生物的最小行动都以“我运算”为前提，通过这个运算，个体自我中心地根据它自己来处理所有的对象和材料。主体就是这样一个进行运算的存在，因而主体不只是一个哲学概念、一个精神领域里的问题，而且是具有物质实体性的本体论概念，也是科学可证明的结论；主体不是人所特具的特征，而是生物所共有的特征。但是，人类不同于其他生物的非凡之处、人的主体之独特集中表现为人具有意识和运算—认识能力，其内含的本质力量是人具有自觉、自主的选择、策划和创造的能力。这种运算—认识活动，不仅指向人的物质生存的环境与对象，还指向人的精神生存的环境和对象；不仅指向个体的外部世界，还指向个体的内部世界。当指向内部世界的认识和运算，直接关注个体自身的发展问题时，即个体对自身的发展做出主动的思考、批判、选择目标、策划过程和准备付诸实施的时候，人就具有了主动把握自己人生和命运的个体发展意识和能力，这是人所具有的最重要的可能，是人不同于任何生命体的最重要的“自我产生和自我再生”的能力，也是作为个体的人实现生命价值、获取幸福人生的内在保证。[①]这些论述，将人的发展、人的自我选择视为人的自我产生和自我再生的能力，并与人的生命价值的实现，与个体幸福人生的获取联系起来，更是直指人的本体价值。

在2015年出版的《回归突破：“生命·实践”教育学论纲》一书中，叶澜系统地分析了“生命”的概念内涵、一般特征，阐述了个体生命成长路线的特性、个体生命成长方式的特征，特别是从人的生命之自然意义、社会意义和精神意义上阐述了人的独特存在方式及与实践的关系，指出：人具有超越自然和现存的给定世界之限制的能力，具有创造新的为人和人为的世界，

① 叶澜．重建课堂教学价值观——“新基础教育”课程教学改革的理论与实践探究之一［J］．教育研究，2002（5）：4-5.

形成新的自我的能力，这是人的精神生命力量和特征的充分展现。[①]这便从人作为万物之灵长的独特存在上肯定了人的这种自我创造能力，而这又恰恰是人的本质力量的体现，是人之为人的标志。

从上述对叶澜关于人的本体价值分析的简单回顾中可以看出，叶澜重视人的本体价值、关注人的发展的立场是一以贯之、始终不变的，有所改变的是对于人“发展什么”“如何发展”的认识在不断深化。

2. 教育的本体价值：促进人的生命发展

正是基于对人的本体价值的认识，以及对人作为主体发展的重视，叶澜始终强调教育在促进人的发展中的本体价值，呼吁教育工作者要把对人的生命关怀放在首位，并从教育促进人发展的价值取向上，提出不同人生阶段的教育任务，如幼儿期的启蒙、童年期的奠基、少年期的起飞、青年期的定向等。在此基础上重建了人生阶段与教育之间关系的理论。

在1990年发表的《教育两大功能关系之探究》一文中，叶澜明确提出：对教育的研究不能停留在教育与社会的关系上，必须深入到教育与人的成长发展的规律性联系上。在教育活动中，人的育成是最终的产品，也是教育工作的直接目的。在2019年出版的三卷本《叶澜教育思想文选》中，叶澜将这句话改为：人的育成是最终目的。“产品”改为“目的”，看似细微的改动，却更凸显了叶澜对人的本体价值的重视，以及持续的自我更新。[②]

在1994年发表的《时代精神与新教育理想的建构——关于我国基础教育改革的跨世纪思考》一文中，叶澜意识到，一个呼唤人的主体精神的时代已经真实地到来了。这个时代需要能在多样、变幻的社会风浪中把握自己命运、保持自己追求的人，需要靠这样的新人来创造未来。因此呼吁要把增进

① 叶澜．回归突破：“生命·实践”教育学论纲［M］．上海：华东师范大学出版社，2015：233.

② 叶澜．教育两大功能关系之探究［J］．教育研究，1990（1）：17；叶澜．方圆内论道：叶澜教育论文选［M］．北京：中国人民大学出版社，2019：153.

人的生命的主体意识看作是时代对教育功能的重要规定，要承担起培养新人的任务。①从中可以看出叶澜对时代发展主题的敏感，以及作为教育学者的使命担当，更有围绕着这些“新人”要求所做的深入论证和“新基础教育”的研究与实践。

在1998年发表的《更新教育观念，创建面向21世纪的新基础教育》一文中，叶澜以“未来性”“生命性”“社会性”作为“新基础教育”的价值定向，其中提出基础教育的“生命性”，是为了改变中小学教育中存在的重学科知识传授和技能训练价值、轻学生个体生命多方面发展价值的弊病，强调在中小学教育价值观中增强生命性，就是要使每一个教师都强烈地意识到我们的工作直接面对生命，关系到人类最宝贵的财富——生命的成长。在一定的意义上可以说，教育是一项直面生命和提高生命价值的事业。②这是较早提出以“生命”作为价值观的论述，对生命的关注不仅成为“新基础教育”的价值定向，也成为“生命·实践”教育学的重要基因。

在2002年发表的《重建课堂教学价值观——“新基础教育”课程教学改革的理论与实践探究之一》一文中，叶澜提出，在改革开放的时代，人们面临更多的机遇和可能，但也有更多的风险与危机。因此，人在复杂背景下自我选择的意识与能力，对于人生的意义与价值，显得更为重要和必要。应把形成学生主动、健康发展的意识与能力作为核心价值，在教育的一切活动中都要体现这一价值。“新基础教育”便将培养个体主动发展的能力定为基础教育开发人的生命潜能的最本质的任务。这是对教育价值观的更新与重建，对于教育教学来说具有基础性的意义。

在2007年发表的《清思　反思　再思——关于“素质教育是什么”的再认识》一文中，叶澜就1997年国家教委《关于目前积极推进中小学实施

① 叶澜.时代精神与新教育理想的建构——关于我国基础教育改革的跨世纪思考［J］.教育研究，1994(10)：4，6.

② 叶澜.更新教育观念，创建面向21世纪的新基础教育［J］.中国教育学刊，1998(2)：7.

素质教育的若干意见》中“素质教育是以提高全民族素质为宗旨的教育”的表述进行了分析，认为从宗旨的意义上理解素质教育，是我国教育改革已转向重视教育内在规定性的表现。因为“素质”是属于人的。这里所言“素质”之主体是由人组成的民族和每一个学生。以提高民族和学生的基本素质为宗旨，正是体现了教育作为以影响人的发展为直接目标的社会活动之内在规定性，是提倡“以人为本”的社会发展观在教育领域中的具体表现。社会以人为本，教育以提高人的素质为根本宗旨，这是人类社会进步的追求。正是在这个意义上，表明了素质教育的进步性、合理性和因向教育内在规定性回归而具有的科学性。[①]叶澜对国家制定的大政方针有着近乎本能的关注，而注重研读国家特别是有关教育的政策文本也成为她的日常习惯。对“素质教育”宗旨意义上的解读，使得这一原属政策层面但在教育学理论界认识不一的概念获得了教育本体价值的肯定。

在2012年“新基础教育”三年扎根研究总结交流会上所做的《执着坚持之强，创造发展之功》的报告中，叶澜阐述了“生命·实践”教育学派的教育价值观：“我们用自己的教育研究实践说明了什么是‘生命·实践’教育学派。它不仅将人的生命、人的发展看作是最重要的教育价值，不仅将‘生命·实践’教育学书写在纸上，而且还书写在当代中国学校教育改革的大地中。”[②]这便再次清晰地表达了其鲜明的教育价值取向，而且呈现了“生命·实践”教育学在中国大地上“理论—实践”的双向建构方式。

在2015年出版的《回归突破：“生命·实践”教育学论纲》一书中，叶澜通过对“教育”这一概念的重新界定，明确地表达了对教育本体价值的看法，指出：教育是直接点化人之生命的社会实践活动。教育的直接对象是

---

① 叶澜．清思　反思　再思——关于“素质教育是什么”的再认识［J］．人民教育，2007（2）：19.

② 叶澜．执着坚持之强，创造发展之功——“新基础教育”三年扎根研究总结交流会发言稿［J］．基础教育，2012（4）：9.

人，其直接目的是影响人的身心发展，使其发生受教育前未有的变化。这种目的须通过承担教育任务的、一般称为“教育者”的人，做出设计并组织、开展活动来实现。这样的活动被统称为“教育”。教育与人的生命的关联使得教育实践具有了直接性、内在性与整体性的特点：教育是以影响人的身心发展为直接目的的活动，教育还是通过人与人的直接交往沟通来实现的；教育活动是对人的生命内在变化、成长的影响，教育本质是师与生生命之间的内在沟通；教育是教育者作为具体的整体个人，以自己的身心去理解和把握教育内容，并作用于学生具体的、整体个人及由学生组成的群整体的活动。[①]这些论述，揭示了教育这一社会实践活动属人的、为人的本质。

在2017年发表“生命·实践”教育的信条时，叶澜对“教育”的界定充满着人文的意蕴：“教育是直面人的生命、通过人的生命、为了人的生命质量的提高而进行的社会实践活动，是以人为本的社会中最体现生命关怀的一种事业。”[②]这是对“教育”这一概念的全新解读，是基于人的生命成长和发展的立场看待教育价值的全新界定，而以教育信条的方式呈现，则将教育促进人的生命成长这一教育的本体价值高扬起来了。

综上所述，叶澜关于教育的本体价值在于促进人的发展的思想，与其关于人的本体价值在于作为主体的人的发展的思想是前后一致、自洽周延的，正是在这一逻辑连接上，彰显了教育在人的发展中的独特作用，揭示了“人只有通过教育才能成为人”的真理。

3. 教师职业的本体价值：创造人的精神生命

叶澜对教师职业本体价值的思考是在与大量中小学教师的交往中开始的，也是在具体的课堂教学的观察中体悟到的。

---

① 叶澜. 回归突破：“生命·实践”教育学论纲［M］. 上海：华东师范大学出版社，2015：236-237.

② 叶澜.“生命·实践”教育的信条［N］. 光明日报，2017-02-21(13).

课堂教学是学校教育的核心内容，也是学校教育内在的、最基本的构成。这是叶澜对课堂教学的基本定位。教师职业生涯中绝大多数的时间是在课堂教学中度过的。根据粗略而保守的统计，小学以每天6节课、每周5天、每学年40周计，中学以每天8节课、每周5天、每学年40周计，一个人从进入小学到高中毕业的12年里，要上16 800节课。而承担这些课程教学的都是各个学科的教师。再从教师视角进行粗略的统计，若按22岁进入教师职业至60岁退休，每周上10节课、每学年40周计，一名教师要在38年的职业生涯中承担15 200节课。这就意味着课堂教学是师生生命共在的历程，课堂教学如何度过，关乎着师生的生命过得是否有意义、是否有价值。

正是基于对课堂教学重要性的认识，叶澜将自己的主要精力投入到课堂教学的改革中。从1994年“新基础教育”探索性研究开始，着重研究课堂教学中师生活动的全部丰富性，研究如何开发课堂教学的生命潜力。在持续了近30年、听了数千节中小学老师的课后，在进行了大量的教育学、心理学、课程论、教学论及相关文献的可称“河量”[①]的阅读后，叶澜发表了一系列文章，论述教师职业对于从业者所具有的生命意义。

在1997年发表的《让课堂焕发出生命活力——论中小学教学改革的深化》一文中，叶澜将教育中的“生命”所指从学生扩展到教师，提出课堂教学不仅对学生具有重要意义，而且对于教师而言意义重大，“课堂教学是其职业生活的最基本的构成部分，它的质量，直接影响教师对职业的感受、态度和专业水平的发展、生命价值的体现”。具体而言，课堂教学的生命活力有三重含义：其一，课堂教学应被看作是师生人生中一段重要的生命经历，是他们生命的有意义的构成部分。其二，课堂教学的目标应全面体现培养目标，促进学生生命多方面的发展，而不是局限于认识方面的发展。其三，课堂教学蕴含着巨大的生命活力，只有师生的生命活力在课堂教学中得到有效

① “河量”的说法是叶澜的自谦，也是对“海量”一词的幽默。源自叶澜. 课堂教学过程再认识：功夫重在论外［J］. 课程·教材·教法，2013（5）：3.

发挥，才能真正有助于新人的培养和教师的成长，课堂上才有真正的生活。叶澜曾满怀感情地说，如果一个教师一辈子从事学校教学工作，就意味着他（她）生命中大量的时间和精力，是在课堂中和为了课堂教学而付出的。每一堂课都是教师生命活动的一部分。因此，十分重要的是使每个教师都要意识到这一点：课堂教学对他们而言，不只是为学生成长所做的付出，不只是别人交付任务的完成，它同时也是自己生命价值和自身发展的体现。“这就是我们在认同课堂教学的社会价值、促使学生发展价值的同时，再指出它对教师同样具有生命价值，形成和提出课堂教学对教师和学生都具有个体生命意义这一观点的重要原因。”[①]这是国内教育学界首次谈及课堂教学对于从业者的教师所具有的生命意义。过去虽然也有过“教学相长”的古训，也有过对教师学习与培训的要求，但大都是在促使教师更好地完成“育人”任务的意义上提出的，依然是立足于“工具”的角度。叶澜这篇文章甫一发表，便引起巨大的反响，不仅唤醒了广大教师对自身生命成长的关注，而且推动着教师更好地认识自己，并将“努力成为更好的自己”作为价值追求。

在1999年发表的《把个体精神生命发展的主动权还给学生》一文中，叶澜说道：“只有认识到教师职业的本质是创造人的精神生命，才可能把‘创造’还于教师职业。……这一性质的确认并转化为教师的自我认同之后，教师的工作就不再只是关注过去、面向人类已有的知识领域，而是要面向学生生命发展的未来，与学生一起在教育活动中创造学生的精神生命。……也只有在这样的时候，教师才不会仅仅是成为规定要求的执行者，而且成为教育活动的自主创造者；教师的职业才会有内在的尊严，给学生也带来尊严；教师的劳动才有可能促使独立、主动地面对生活世界和生命历程的人之形成，而不是塑造被动适应的人。”[②]在这里，叶澜明确地将“创造人的精神生

① 叶澜. 让课堂焕发出生命活力——论中小学教学改革的深化［J］. 教育研究，1997(9)：5-6.

② 叶澜. 把个体精神生命发展的主动权还给学生［M］//叶澜. 方圆内论道：叶澜教育论文选. 北京：中国人民大学出版社，2019：131-132.

命”视为教师职业的本质，教师首先是通过自己的职业活动去创造学生的精神生命，同时也在职业活动中创造着自己的精神生命，教师在创造性的活动中体验自我的成长，感受教师职业的内在价值。

在2000年发表的《论教师职业的内在尊严与欢乐》一文中，叶澜提出：职业生活，是人成年以后生命活动的重要组成部分，其质量如何，在很大程度上决定了人的生命质量，同时也造就了个体的生命质量。而能给人以尊严的职业，是与人的生命的本质和高级需要的满足直接相关的职业，独立地创造，正是人的生命存在的本质方式。人要想成为有尊严的人，就应该选择富有创造性的职业，并以创造性的劳动去实现自己的生命价值，在创造性的劳动中，享受因过程本身而带来的自身生命力焕发的欢乐。①这篇文章将教师在职业中“独立地创造”与教师生命的质量联系起来，与教师职业的内在尊严联系起来，重新诠释了教师职业的价值内涵，彰显了教师职业的本体价值。

2004年在《我与“新基础教育”——思想笔记式的十年研究回望》一文中，叶澜特别阐述了自己对教师职业价值的认识，指出：“教师是太阳底下最光辉的职业”的颂词，并不只是因这一职业神圣、重要和应该受到尊重而生，更是因为这是一个直面人世间最宝贵和丰富的生命，是要用人自己的生命之火去点燃，并化作更多人的生命成长的职业，是一个充盈着生命之光和热的职业。然而，在现实生活中，是人对地位、金钱、功利、享受等浮华之物的过度热望，使他们看不到这一平凡事业内蕴的生命光华；是人对教育仅限于现成知识传递的价值定位，使他们悟不出育人过程所内含的创造需求；是社会教育机器日益的庞大与复杂、层级化，是技术功能神话的过分渲染和过度期望，使教育中事—事相关的性质得到了强化，人—人互动的核心关系却被疏离淡化，使教育这一为了人的事业，恰恰忽视了人的存在与价值。②

① 叶澜．论教师职业的内在尊严与欢乐［J］．思想·理论·教育，2000(5)：10-11.

② 叶澜．我与“新基础教育”——思想笔记式的十年研究回望［M］//丁钢．中国教育：研究与评论：第7辑．北京：教育科学出版社，2004：40.

这里，叶澜不仅从本原的意义上重新界定了教育这一“人—人”系统的目标所在，而且深刻分析了教育中缺失人、忽视人的根源，进而强调教师要重新回到人的立场，使自己也使更多人的生命得到成长。

正是基于对课堂教学生命性的价值认定，叶澜主持的“新基础教育”关注师生的学校生存状态，充溢着对师生生命成长的关怀；关注教育的内在本真价值，张扬教师职业的内在尊严。就叶澜而言，这不仅是她一贯秉持的“生命·实践”立场的逻辑使然，更是“人学”立场的价值使然。

（二）对教师职业创造本质的发现

叶澜将“创造”视为教师职业的本质特征，是教师职业内在尊严与欢乐的源泉，也是教师价值自我确证的重要方式。

1. 教师劳动的特点在于“生成”

“生成”这一提法是叶澜在20世纪90年代谈及课堂教学的生命活力时使用的。针对传统课堂上教师传递知识、完成教案，忽视人之因素，使课堂教学变得机械、沉闷、呆板，缺乏生气与乐趣，进而导致学生厌学、教师厌教的现象，叶澜主张要从生命的高度，用“动态生成”的观点看待课堂教学。只有当师生共同参与的教学过程本身具有不断生成新因素的能力时，课堂教学才会具有自身的、由师生共同创造出来的活力。之后，在谈到“新基础教育”的理念时，叶澜再次把教育活动的“动态生成性”作为“三观十性”的重要构成，指出：由于参与教育活动的双方都是具有能动性的人，由于影响和参与教育活动还有诸多复杂因素，因此，教育过程的发展有多种可能性存在，教育过程的推进就是在多种可能性中做出选择，使新的状态不断生成，并影响下一步发展的过程。教师对教育过程的高超把握就是对这种动态生成的把握，其教育能力可以说已上升到教育智慧的高度。[①]自此，“生成”便成为人们看待教育、看待教学、看待教师职业的热词。

确实，教师职业的创造与教师职业的“生成”特点密切相关。以培养人为己任的学校教育，有着不同于其他行业和机构的特殊性，这便决定了教师的劳动无论是从手段上、对象上去分析，还是从形态上、结果上去考察，都有着与其他行业劳动不同的“生成”的特点。所谓生成，即生长、建构和形成。叶澜在《让课堂教学焕发出生命活力——论中小学教学改革的深化》一文中说道：教师只要思想上真正顾及了学生多方面成长，顾及了生命活动的多面性和师生共同活动中多种组合和发展方式的可能性，就能发现课堂教学具有生成性的特征。因为课堂上可能发生的一切，不是都能在备课时预测的。教学过程的真实推进及最终结果，更多的是由课的具体行进状态，以及教师当时处理状态的方式决定的。从这个意义上可以说，一个教师尽管教同一门课，面对同一批学生，但他（她）在每节课上所面对的具体情况和经历的过程并不相同，每一次都是唯一的、不可重复的、丰富而具体的综合。[②]因此，“生成”构成了教师从事的教育活动区别于其他活动的突出特点。具体表现在以下几个方面。

第一，教育示范手段的生成。教师是带着自己的全部身心和已有经验、状态走进教室的，是以自己的全部人格和智慧去工作的，在教育活动中，教师的品质、才华、个性乃至语言风格以及行为习惯都会“生成”为教师的教育手段。教师在引导学生认识周围世界的同时，他自身也在学生的精神世界中占有重要的位置，成为学生的认识对象，发挥着影响和示范的作用。这种影响绝不仅仅限于教师上课的45分钟或某一学期，而是体现在教育活动的整个周期甚至更长的时间里；波及面也决不限于课堂上或校园中，而是对整

---

① 叶澜.更新教育观念，创建面向21世纪的新基础教育［J］.中国教育学刊，1998（2）：10.

② 叶澜.让课堂焕发出生命活力——论中小学教学改革的深化［J］.教育研究，1997（9）：7.

个社会的风气、习俗以及文化和文明都有某种渗透和影响。

第二，教育对象能动的生成。教师的教育对象不是无生命的自然物质材料，而是具有思想、感情、个性和主动性、独立性的活生生的人。他们在有选择地接受着教师的影响的同时，也以自己的知识、见解、才能和性格反作用于教师。可以说，任何教育活动，都不是教师的单向作用。除了有教师的能动因素之外，还有学生的能动因素的介入。这样一来，教育活动便不是教师凭主观意志和个人能力所能操纵的，而是在师生交互作用下生成的。

第三，教育情境复杂的生成。影响学生成长的因素是多端的，除了学校和教师在对学生发生着影响外，家庭、同辈人群体、大众传播媒介、社区、习俗等诸因素也在发生着直接或间接、显性或潜在、强烈或微弱的影响力。课堂教学情境也是千变万化的，并不会按照教师预先准备好的教案一成不变地展开，而常常会有难以预料的偶发事件出现。同时，社会和学校对教师的要求又是多方面和多层次的，不仅有道德、法律方面的规范，也有专业发展的督促；不仅有课堂教学的任务，还有教育活动的评价；等等。因此，教师面对着的是复杂的情境、多重的要求。教师如何应对，也在生成着教育情境的复杂。

第四，教育过程长期的生成。培养人需要一个较长的周期，从个体的局部发展来看，某一种思想意识和政治信念的树立，某一种道德习惯和期待行为的养成，某一种知识观点和理论体系的掌握，某一种专门技术和特殊能力的训练，都要经历一个生成的过程。从个人的整体发展来看，一个专门人才的培养，少则十五六年，多则二十几年，同样是一个漫长的生成过程。这更需要教师做出坚持不懈的努力。①

第五，教育成果集合的生成。学校的教育和教学活动主要是通过一个个教师的个体劳动来完成的，在一定时间和空间内往往只是一位教师面对着教

---

① 王枬. 教师劳动特点新探［J］. 教育科学，1991(1)：5-9.

育对象单独进行各项活动。然而，教师的教育成果又决非单个人的劳动所能取得。它取决于学校全部工作的综合效应，有赖于教师集体的共同努力。因此，教师培养的学生是集体劳动生成的结晶，也是教育活动生成的阶段性成果。这一生成还将持续发生。

教师劳动的上述种种特点表明，教师作为综合性的脑力劳动者，从事着人世间最复杂、最崇高，也最富于创造性的劳动。

2. 教师职业的魅力在于“创造”

“魅力”通常指人或事物所具有的吸引力。“创造”通常指无中生有、制造出前所未有事物的活动。一般认为，创造是人类自主活动的突出标志，也是人类“有目的、有意识”生命活动的重要象征。而将教师职业的“魅力”与教师在职业活动中的“创造”联系起来，并确立其间的因果关系，则是叶澜教师观的鲜明立场。

叶澜明确地指出：教育是一种独有的创造性工作，教师的魅力在哪里？就在于创造。当然，教师的创造跟工程师、建筑师、作家的创造都不一样。它的创造是一种为了人的生命发展而做的创造。[①]也正因为如此，教师的创造就具有了更为深远的意义，不仅影响着一代又一代人的身心素质，而且通过所培养的人去影响社会，因此，具有创造性的教师将为社会发展提供创造的永不枯竭的源泉。

将“创造”作为教师职业的魅力所在，的确是认识教师职业内在价值的全新视角。衡量一个职业是否有魅力，可以从多个维度进行，而教师职业的魅力正是源于其中体现了人类自由创造的本质力量。就专业要求而言，教师职业是一种专业性较强的职业，它需要经过专门化的训练和长时间的学习，一个合格教师在上岗之前大约要接受3—4年的特殊培训，他既要掌握“教

① 叶澜．散论“教师”[M]//叶澜．俯仰间会悟：叶澜随笔读思录．北京：中国人民大学出版社，2019：124.

什么”的专门知识，又要具备“怎样教”的教育能力，更要明确“为什么教”“为什么这样教”的道理，因而教师是专业人员；就工作方式而言，教师的工作无现成的模式可以套用，也没有一成不变的方法可沿袭，教师在瞬息万变的教育情境中必须进行创造性的工作；就道德示范而言，教师职业是以身施教的职业，为人师表、以身作则的师表形象不仅源于社会的需要，也是教师职业自律的要求；就师生关系而言，教师在职业活动中与学生既不是“主从关系”，也不是“主客关系”，而是表现为师生复合主体的特点。正是由于教师职业这些自由创造的特征，使它与许多一般的职业区别开来而具有了诱人的魅力。

叶澜在分析教师职业“创造”的意义时，主要从以下几个方面进行了阐述。

其一，促进学生的主动发展。叶澜在《把个体精神生命发展的主动权还给学生》一文中，分析了传统课堂教学存在的突出问题：教师是每日课堂生活的主宰者，学生是教师意志的服从者，教师清楚每节课要教什么、为何教和如何教，学生却不知道要学什么、为何学和如何学；在日常班级生活中，教师同样是主宰者，教师似乎永远代表着正确，会错的总是学生。总之，在学校里，课堂和班级都牢牢掌握在教师手中，学生的成长被教师控制，教师可以决定学生如何发展，甚至恨不得代替他们去活、去成长。这就把学生生命发展中最宝贵的精神活力和创造力销蚀了，把学生形成积极、主动、自主的自我的可能性扼杀了。如若十几年的学校教育养成了这种对待生命的消极态度，那么，走上社会后依然会期待着有决定权的人来决定自己的行动。一旦自己拥有了决定权，还会同样以主宰者的身份去控制他所能管辖的人。这不仅会制造个人精神生命发展的悲剧，还会成为社会发展的障碍。[①]这种局面必须改变。这就要求教师的心目中不仅要有人，而且要有整体的人，要处

① 叶澜．把个体精神生命发展的主动权还给学生［M］//叶澜．方圆内论道：叶澜教育论文选．北京：中国人民大学出版社，2019：128-131.

处从发展、成长的角度去关注人，从创造学生精神生命的角度去做好自己的教育教学工作。也只有教师自主地进行创造性的劳动，才有可能促使独立、主动地面对生活世界和生命历程的人之形成，才能真正培养出具有创新意识和创造能力的一代新人。学生主动发展的最高水平是能动、自觉地规划自身的发展，成为自己发展的主人，而承认学生的主动性，促进学生的主动发展，就成为教师的重要任务，也是教师创造性劳动的体现。

其二，促进教师自我的成长。叶澜在分析传统课堂教学中教师主宰着学生发展的现象时说道：表面上是主宰者的教师，其实也是被规定者。他们被领导规定，被课程规定，被大纲规定，被教科书和教学参考资料规定。他们也是各种指令的执行者、各种程序的操作者。也正是这种“被动应答”的方式在销蚀学生创造力的同时也销蚀了教师的创造力。要改变这种状况，就得重新认识教师职业的性质。教师要从“知识传递”转变为“创造人的精神生命”，从被规定者转变为主动发展者，从为着某个外在的目的而工作转向为着内在的自我提升而工作，从追求培养人的结果转向促使培养人的过程与结果均有利于学生的成长。唯此，教师的生命才会呈现出自主的色彩，才会出现创造的奇迹，才会展现出丰富的精神生命。这也正是新时代对教师的要求。教师不仅要创造学生的精神生命，也要创造自己的精神生命，而且作为教育者，教师首先得自己具有丰富的精神生命，才可能带给学生丰富的精神生命。当教师具有了自由自觉、主动发展的意识并在教育教学中创造性地工作时，“他的精神足够充实，在沙漠中不会沮丧，反而感觉到孤独的乐趣。他的精神足够热烈，在冰窟中不会冻僵，反而感觉到凛冽的快意”[①]。这很像由日神阿波罗精神倡导的审美化人生观与酒神狄奥尼索斯精神倡导的悲剧化人生观所共同构成的尼采的人生哲学：追求自由而不为所欲为，直面悲苦而游戏人生，如查拉图斯特拉那样，既要做忍辱负重的骆驼，也要做当破即破

① 周国平. 尼采：在世纪的转折点上［M］. 上海：上海人民出版社，1986：53.

的狮子，还要做投入生命的顽童，发现自我，冲破世俗，悠游苦海，笑傲人生。这时，教师才将活生生的生命与活生生的世界融为一体，才得以进入一种自我更新式成长的境界，教师职业才成为一种自由自觉的存在。

其三，促进师生的和谐发展。人的和谐发展是自古以来人类追求的一个理想目标。“把一个人在体力、智力、情绪、伦理各方面的因素综合起来，使他成为一个完善的人”①一直是各个时代人道主义思潮的一个根本主题。无论是夸美纽斯“教育在发展健全的个人”的思想，还是洛克（John Locke）“教育的目的在完成健全精神与健全身体”的看法，或是裴斯泰洛齐“教育在使人的各项能力得到自然的、进步的与均衡的发展”的观点，或是马克思、恩格斯“以教育与生产劳动相结合造就全面发展的个人”的主张，都蕴含着他们的教育理想。而这是通过教师创造性的劳动实现的。“创造”的特质决定了在教育教学中，教师不能忽略学生的权利与要求，而应主动去了解学生、激励学生、唤醒学生，并以此来加强师生的沟通，融洽师生的感情，促进师生的交流。而“和谐”既包括人的身心和谐，也包括德智体美劳教育的和谐；既指人格和谐，也指人际和谐；既指自我和谐，也指社会和谐。教师以和谐发展为指向，将创造的理念和实践弥漫于教育教学的各个环节，便为师生的共同成长和进步搭建起了有益的平台。

教师职业因为创造而具有了独特的魅力，这将不仅改变教育教学活动本身，更重要的是将改变培养人的方式，从而改变师生的日常存在方式，进而改变学校生活，这是影响更为深远的意义之所在。

3. 教师创造的重点在于“转化”

美国批判教育学的代表人物亨利·A. 吉鲁（Henry A. Giroux）把教师定义为“转化性知识分子”（transformative intellectuals）。在吉鲁的描述中，

① 联合国教科文组织国际教育委员会. 学会生存——教育世界的今天和明天［M］. 华东师范大学比较教育研究所，译. 北京：教育科学出版社，1996：195.

“教师作为知识分子必须重新思考其工作条件的本质，如果可能的话，必须使之发生转化”[①]。就是说，一方面教师不能任由技术理性或工具理性的支配，把自己放置在一个“执行者”的位置上，这不仅会造成教师工作的贬值，也会导致教师技能的退化。教师应该把自己的工作看成是智识劳动（intellectual labor）的一种形式，把教学工作“转化”为具有批判性与创造性的工作。另一方面教师不应只关心学生的知识学习和职业训练，而必须教育学生成为有思想的、积极的公民。

叶澜同样强调了教师创造中的“转化”特性。在谈到教师职业的创造性时，叶澜用富有诗意的语言阐述了“生命·实践”教育的信条六：教师是从事点化人之生命的教育活动的责任人。没有教师的创造性劳动，就不可能有新的教育世界。教师只有将创造融入自己的教育生命实践，才能体验这一职业内在的尊严与欢乐。[②]叶澜特别强调，这里的“点”是点拨、开启，不是直接将答案告知学生，而是在学生感到困惑时予以适时的点拨和提醒，这就需要教师的智慧；这里的“化”是转化、化育，不是教师自己掌握多少知识的问题，而是如何将人类的精神财富转化成学生个人成长的精神财富，这个转化的艺术，就是教育的魅力，这需要教师对多种知识实现多层次、创造性开发、转换与复合才能完成，这正是教师职业创造性的突出表现。

叶澜以教师最经常开展的学科教学活动为例，呈现了教师“转化”的内容和过程，说明了教师“为何转化”“转化什么”以及“如何转化”的问题。[③]

首先，教师要研究学科知识的育人价值和学生的现有状态，这是转化的前提。教师所教的知识是前人创造出来的，它以系统化、相对稳定的符号形

① 亨利·A. 吉鲁. 教师作为知识分子——迈向批判教育学［M］. 朱红文，译. 北京：教育科学出版社，2008：6.

② 叶澜.“生命·实践”教育的信条［N］. 光明日报，2017-02-21（13）.

③ 叶澜. 散论“教师”［M］//叶澜. 俯仰间会悟：叶澜随笔读思录. 北京：中国人民大学出版社，2019：122-123.

态并经教科书加工后呈现。但教师的教学不是照本宣科，不可能只是把现成的知识像物件一样传递到每个学生手中。“不能把学生当作是为学习这些知识而存在的，教师是为教这些知识而存在的。教学为学生的多方面主动发展服务是最基本的立足点。因此，学科的独特育人价值要从学生的发展需要出发，来分析不同学科能起的独特作用。”[①]这就要求教师在教学前，先要研究开发不同的学科知识对儿童、青少年心灵丰富成长的发展价值和社会价值，还要研究自己所教学生的发展状态，了解他们的潜在发展需要与可能，以及他们在学习这些知识之前已经具备的经验、重要的相关前在知识。唯此，教师才可能确定对学生具有发展意义且可实现的教育目标。这些工作没有现成的知识提供，也没有人能代替，只有熟悉学生、熟悉教学的教师才能做得到，也只能通过教师自己的创造性研究才能完成。

其次，教师要将符号化的知识转换成学生可接受的学习资源，这是转化的重点。教材上的知识是一种符号化的体系，是静态的、外在于学生的。为了使学生能更好地理解知识的价值，培养学生吸收知识、进行自我建构的能力（这也是形成学生终身学习和创造兴趣的基础），必须通过教师的加工转化。这就需要教师将符号化的书本知识，按照“最近发展区”的要求，转换成各种鲜活的、对学生既可能接受又具有挑战性的学习资源，把学科的书本知识按其内在的逻辑组成由简单到复杂的结构链，将结构化后的以符号为主要载体的书本知识重新“激活”，形成具有内在生命态的知识。这同样需要教师创造性的劳动。教师在教学之前，必须先使自己的智能水平超越于物化了的教科书中所蕴含的内在的智力水平；必须把凝聚在教科书以及其他承载物之上的智慧、情感、技能、方法等等转变为主体自身的智慧、情感、技能、方法，然后才可能谈得上实施教育。代际传承的本质是把知识、技能、精神转化成个人的能力和精神内存。这些东西又会综合成新的创造力。唯有

① 叶澜．重建课堂教学价值观——“新基础教育”课程教学改革的理论与实践探究之一［J］．教育研究，2002（5）：6.

经过教师如此这般的一番努力，作为人类文明的财富和认识世界成果的知识，才能转化成滋养、浸润学生心灵，激发生命活力的“琼浆玉液”，才能真正实现人类文明的薪火相传。

之后，教师还要对教学活动做出整体设计并随时根据变化而调整，这是转化的关键。对于教师的教学工作来说，完成上述第一步、第二步的任务，还只走了不到一半的路程。教师还需要在上课前对教学活动如何展开做出师生互动式的通盘设计，特别要为学生的主动参与留出时间与空间，为教学过程的动态生成创设条件；在上课时，还要直面由成长发展中的个体组成的学生群体，在不同的、时时变化着的复杂教育情境中进行教学，不断处理、重组教学过程中因学生积极参与而不断生成的新资源，做出及时的调整、重组与新的策划……如此复杂的过程，不但需要教师具备丰富的教育学、心理学、管理学知识，需要教育实践中积累的个人经验，更需要教师具有先进的理念与智慧，有对自己的教育实践进行研究与反思的意识，有在研究和反思基础上不断进行重建与更新的努力和决心。唯有如此，才能使课堂教学的创造过程成为学生的生命成长过程，成为教师职业生命的创生过程，同时成为与人类自身发展直接相关的教育学知识的积累、创生过程。

叶澜对教师职业价值的认识不仅体现在理论和观念层面，更体现在“新基础教育”实践中。她以自己独特的方式推动着基础教育的转型性变革，也推动着教师生存方式的改变。她相信，只要通过观念的重建和实践的重创，向着使职业内在尊严得以体现和被更多的人体验的方向这一符合时代发展和个人发展需要的方向转化，在当今的中国，教师完全可能成为富有时代精神和创造活动的人，而教师创造性的工作也将成为推动其成长的不息动力，为教师的生命增添发现、成功的欢乐，使自己的生命和才智也在为事业奉献的过程中不断获得更新和发展。①

① 叶澜. 论教师职业的内在尊严与欢乐［J］. 思想·理论·教育，2000（5）：11.

第四章　教师发展的重释

作为教师，首先要自己活得像个人，才能对别人产生成人意义上的影响，一种真正成为人的影响。

——叶澜[①]

是“教师发展”，还是“教师专业发展”？看似只是个别文字的变化，却是一个现实的问题。其背后不仅反映出人们关于教师发展理念上的差异，也必将在教师发展路径和方向上带来重要的影响。

叶澜态度鲜明地说：“我不赞成简单地提‘教师专业发展’，而是提‘教师发展’。教师作为一个专业人员，现在人们不太怀疑。目前的问题是，教师对专业发展太看重了，自己作为一个全人的发展这个问题却有所忽视了。教师往往日行而不觉：自己在学生面前是以全部的人格、一言一行呈现他是谁，学生依此判断你是谁。在这种情况下，学生对你的敬意、瞧不起、反抗、喜欢，都不是仅仅因为你的专业，而是你的全部人格。当然，没有专业是不行的，

① 叶澜. 散论“教师”［M］//叶澜. 俯仰间会悟：叶澜随笔读思录. 北京：中国人民大学出版社，2019：124-125.

没有专业你讲台都站不住。但是仅仅有专业，肯定也是不够的。重要的是教师的整体发展。”[①]显然，叶澜对“教师发展”有着自己的理解和认识，她更关注的是教师作为“完整的人”的发展。也是在这样的理念指导下，她一直在“新基础教育”的实践及“生命·实践”教育学的创建中努力推动着教师发展，并将提升教师的“发展自觉”作为“教师为谁”的内在动力。

一、国际教师专业发展的浪潮

教师专业发展是20世纪中叶伴随着教师职业的日益规范化、专门化而出现的一种世界潮流。如世界教育年鉴1963年的主题是“教育与教师培养”（Education and Training of Teachers），1980年的主题是“教师专业发展”（Professional Development of Teachers），主题侧重点的变化反映出教师专业发展历程的变化。

（一）教师专业发展的理念

“教师专业化”是一个在西方教育界探索许久的问题。早在20世纪初期，美国教育家杜威就曾提议教育学院，应像培养建筑师、工程师、医生和律师一样来培养教师。[②]杜威认为，教师职业应该成为一种专业。虽然这仅是一种应然的构想，却推动了学者们对教师专业化的进一步探索。

白益民分析了“教师专业化”和“教师专业发展”这两个概念，指出：就广义而言，这两个概念是相通的，均用以指加强教师专业性的过程；当将它们对照使用时，主要可以从个体、群体与内在、外在两个维度上加以区分。教师专业化主要是强调教师群体的、外在的专业性提升，而教师专业发

① 叶澜．散论“教师”［M］//叶澜．俯仰间会悟：叶澜随笔读思录．北京：中国人民大学出版社，2019：124.

② 陈永明．现代教师论［M］．上海：上海教育出版社，1999：170.

展则是教师个体的、内在的专业性的提高。[①]

1. 由“教师专业化”到“教师专业发展”的转变

1966年，联合国教科文组织和世界劳工组织发表了《关于教师地位的建议》，指出：“教育工作应被视为专门职业（profession）。这种职业是一种要求教员具备经过严格而持续不断的研究才能获得并维持专业知识及专门技能的公共业务；它要求对所辖学生的教育和福利具有个人的及共同的责任感。”[②]这是世界上首次以官方文件的形式对教师专业化做出的明确说明，它肯定了教师工作的专业化性质，提出了对教师职业的专业化要求。[③]“教师专业化”已经成为国际社会教师教育改革最主要的话语体系之一，培养达到专业化水准的教师成为国际教师教育改革的目标。

为了提升教师专业化程度，人们最初采用的是群体专业化策略，即着力于提升教师的整体素质以提高教师教学工作的专业化水平。[④]各国教师专业化运动有两个重点：在专业发展制度的层面上，关注如何构建双重学科（即教师专业既需具备学科的知识和技能，也需具备教育学的知识和技能）的专业发展制度，如何把已有的理论转化为实践；在专业组织的层面上，关注如何建立一个同质的、具有权威性的专业组织，如何争取更大的专业自治权。这两者构成了教师专业化的两个目标：一是不断改善专业发展制度，促进教师专业能力发展的“专业发展”目标；二是不断整合专业组织，争取更大的专业权力的“组织发展”目标。[⑤]这两个层面是相辅相成的。但是，在教师专业化的两个目标中，人们发现，由于一味追求公共教育中教师地位的专业

---

①④ 叶澜，等. 教师角色与教师发展新探［M］. 北京：教育科学出版社，2001：208.

② 筑波大学教育学研究会. 现代教育学基础［M］. 钟启泉，译. 上海：上海教育出版社，1986：443.

③ 单中惠. 教师专业发展的国际比较［M］. 北京：教育科学出版社，2010：2.

⑤ 教育部师范教育司. 教师专业化的理论与实践［M］. 北京：人民教育出版社，2003：46.

化，却忽视了教师在课堂教学中的教学实践专业化。显然，这种追求教师专业地位和权利及集体向上流动的专业化目标和策略并没有取得令人满意的结果，相反，从20世纪50年代到80年代，争取教师地位与权利的罢工运动却成为一些人诋毁教学专业的把柄，以致“教师专业化”成为提高教师地位的代名词。[①]于是，谋求教师群体专业化的策略逐渐转移到谋求教师个体专业化的策略。

早期，教师个体专业化主要表现为教师被动的专业化，即教师只是被动地执行专业标准的要求。“从教师自身来看，教学工作往往被作为而且仅作为谋生的手段，在整个职业生涯中也只把个人职业阶梯的上升作为工作主要的动力。”[②]教师本人在专业化的过程中并没有什么地位和作用。这种被动的教师个体专业化并不能给教师提供真正意义上的专业指导，也无法实现教师真正的专业成长。

无论是最初的教师群体专业化策略，还是之后的教师被动的个体专业化策略，都忽视了教师在整个教育教学中的地位和作用。随着人们对教师地位和作用的重新认识，教师在个体专业化中的被动地位也产生了变化，追求教师个体的、内在的、主动的专业发展成为教师教育改革的新路向。1980年以“教师专业发展”为主题的世界教育年鉴的出版，正是教师被动的个体专业化转向教师积极的个体专业化，即教师专业发展的一个重要标志。[③]这意味着教师发展正从被动的“专业化”转向主动的“专业发展”。此后，“教师专业发展”成为各国学者研究的热点，研究成果大量涌现。以“教师专业发展”为主题的国际会议也多次召开，教师专业发展日趋成为国际社会关注的焦点。

---

① 教育部师范教育司．教师专业化的理论与实践［M］．北京：人民教育出版社，2003：47.
②③ 叶澜，等．教师角色与教师发展新探［M］．北京：教育科学出版社，2001：213；217.

2. 各国促进教师专业发展的举措

20世纪80年代后，世界性的经济竞争和科技竞争进一步加剧，各国都将教育摆到了社会发展的战略地位。意识到过去对教师专业发展和教学技能的忽视，各国纷纷将教师专业化的目标重心转到教师专业发展上。

美国社会于1980年因为一篇《危急！教师不会教》(*Help！ Teacher can't Teach*)的文章引起公众对教育质量的担忧，拉开了以提高教师素质、促进教师专业发展为核心的教育改革的序幕。1983年，美国国家教育优异委员会发表了《国家处在危机中：教育改革势在必行》的报告；1986年，美国卡内基工作小组发表了《教师作为一种专门职业——国家为培养21世纪的教师做准备》的报告，霍姆斯小组发表了《明日之教师》的报告，两份报告都提出将教师专业发展作为教师教育的改革方向，努力提高教师的专业化水平；1990年，霍姆斯小组又发表了题为《明日之学校》的报告，系统地讨论了教师专业发展学校的路径；1995年，霍姆斯小组又在《明日之教育学院》的报告中提出，教育学院应关注教师教育的三类发展，即知识发展、专业发展、政策发展；1996年和1997年，美国教学和未来委员会（NCTAF）相继发表了《什么最重要：为美国未来而教》《做什么最重要：投资于优质教学》两份重要报告，提出了有关教师专业发展的六大目标和五项建议。

英国在第二次世界大战后即着手进行师范教育的改造和重建工作。1944年，英国政府发表了被称为“教师宪章”的《教师和青年工作者报告》(又称“麦克奈尔报告”)，提出了全面改革英国师范教育的40多条建议；1963年发表了“罗宾士报告”，提出要将中小学教师的教育纳入大学教育的范畴，1968年，第一批教育学学士学位产生，之后，这一学位遍及所有附设教育学位的大学；[1]1983年发表了题为《教育质量》的教育白皮书；1988年颁布了《教育改革法》；1989年颁布了《教师证书制和教师试用期制度》；

① 杨丽娟.英国教师专业化发展研究［D］.沈阳：沈阳师范大学，2010：10.

1992年，英国教育与科学部颁布了《教师职前训练改革》；[①]1998年，英国颁布了新的教师教育专业性认可标准。此外，英国政府还建立了激励机制，“没有进修就没有升薪”已逐渐成为现实。这些文件的立足点都是促进教师专业发展，以提高中小学教育的质量。

德国早在1960年教师联合会发表的《不来梅计划》中就主张取消不同学校教师分开培养的体制，将教师培养机构统一起来。1990年德国统一后，实施教师教育综合大学化、教师教育学术化、职前培养与在职进修一体化。1990年制定了《关于相互承认教师职务考试与任职资格的决议规定》，1992年颁布了《教师继续教育法》，严格规定了中小学教师的任职资格和在职教育时间。[②]

法国于1972年便发布了《关于初等教育教师终身教育的基本方针宣言》，强调“教师培训”是一个整体概念，包括职前培养和继续培训活动。1989年颁布了一项被认为是“全体国民对教育的运行进行深刻反省”的根本大法《教育方向指导法》，对整个法国教育体系做了指导性规定，明确提出要建立教师教育大学院（IUFM）。[③]这是以教师培养的大学化和教师教育专业化为理念而建立起的新模式，目的是改革法国教师的培养制度，以支持教师专业发展。

日本战后初期即成立了教育刷新委员会（该委员会在1952年改名为“中央教育审议会”），从两个方面对师范教育进行了改革：一是废除战前为适应国家主义需要建立起的封闭型的师范教育体制，代之以开放型的教师教育；二是为了提高日本教师专业水平，停办了中师，各级教师均由四年制大学培养，并在1949年分别颁布了《教师许可证法》和《教育公务员特例

① 杨天平，申屠江平．教师专业发展概论——做人民满意的教师［M］．重庆：重庆大学出版社，2012：14.

② 李金玉．德国教师教育发展历程研究［D］．兰州：西北师范大学，2014：29，35.

③ 薛凌芸．法国近现代教师教育发展研究［D］．武汉：华中师范大学，2006：30，24.

法》。1978年、1980年、1981年，日本先后新建了兵库、上越和鸣门三所教育大学，着重开展提高教师素质和能力的在职教育。[1]1987年，文部省提出《关于提高教师能力的措施》的咨询报告。之后适时地出台了教师休假研修制度，指出中小学教师在服务六七年后，可以获得至少半年或一年的带薪学习时间。在日本，除各教育大学承担着中小学教师的培训工作外，一些大学的研究生院也开始探索设立临床教育学讲座，从理论与实践结合的角度探索教师专业发展的途径。

从国际组织来看，也在推动着教师专业发展。1996年9月，联合国教科文组织在日内瓦召开了以“加强变化世界中的教师作用”为主题的第45届国际教育大会，会议强调，要保证教师参与教育变革以及与社会各界保持合作关系。这次会议被看成是具有里程碑意义的国际教师教育发展大会，肯定了教师自身的地位和作用。

可以说，教师专业发展的浪潮高涨，遍及全球。

（二）教师专业发展的内涵

从历史发展的角度出发，“专业”是社会分工与职业发展到一定历史阶段的产物，是从众多职业中分化出来的一种特殊职业类型。[2]教师职业作为一门专业被承认并得到社会各界的重视，也是教师职业特殊性或专业性的体现。

1. “专业”的界定

就词源学而言，“专业”（profession）一词最早是从拉丁语演化而来，本意是公开地表达自己的观点或信仰。与之相对的是“行业”（trade），包含着中世纪手工行会所保留的对其行业的专门知识和技能控制只能传授给本

① 王彦力．日本教师专业发展历程及启示［J］．清华大学教育研究，2004（2）：65.
② 余文森，连榕，等．教师专业发展［M］．福州：福建教育出版社，2007：8.

门派的人的神秘色彩。[①]有关“专业”的概念，中西方学者还未形成统一的认识，但大都被视为知识含量高的特殊职业。其中较有代表性的观点有以下几种。

社会学家卡尔–桑德斯（Carr-Saunders）于1928年为“专业”下了定义：专业是以专门的职业学习和训练为基础的职业，旨在为他人提供熟练的服务或建议，以获取一定的服务费或工资。

布兰代斯（Brandeis）1933年曾经对“专业”这一概念做出了被频繁引用的著名描述：专业是一种正式的职业，为了从事这一职业，必要的上岗前的训练是以智能为特质，卷入知识和某些扩充的学问，它们不同于纯粹的技能；专业主要供人从事于为他人服务而不是从业者单纯的谋生工具，因此，从业者获得经济回报不是衡量他（她）职业成功的主要标准。

柯根（M. L. Cogan）于1953年对“专业”做出了一个简洁的定义：专业是指一种在对某一部分学问或科学的理论体系深入理解基础上开展业务活动的职业。[②]

怀特海将专业视为一种特殊的行业，认为：“专业是一种行业，其活动有理论的根据，有科学的研究，可以验证，并且能从理论分析与科学验证中积累知识来促进这个行业的活动。”[③]

日本学者石村善助认为，所谓专业，是指“通过特殊的教育或训练掌握了已经证实的认识（科学的或高深的知识），具有一定的基础理论的特殊技能，从而按照来自特定的大多数公民自发表达出的具体要求，从事具体的服务工作，借以为全社会利益效力的职业”[④]。

上述定义的共同之处是强调了专业的两个特性：一是知识性，即需要经

① 教育部师范教育司. 教师专业化的理论与实践［M］. 北京：人民教育出版社，2003：32.

② 董秀华.“专业”探源［J］. 第一资源，2008（3）：57-58.

③ 陈永明. 现代教师论［M］. 上海：上海教育出版社，1999：171.

④ 筑波大学教育学会. 现代教育学基础［M］. 钟启泉，译. 上海：上海教育出版社，1986：441.

过专门的学习和训练，掌握专门的知识和技能；二是公共性，即主要是为他人提供专业的服务，而不是仅为自身的生计。也就是说，专业区别于其他职业的主要特性在于特定的服务定位，即通过学者式地应用它们非同寻常的深奥知识和复杂技能服务于公众的需要。①

美国教育协会于1948年提出了专业的八条标准，分别是：含有基本的心智活动；拥有一套专门化的知识体系；需要长时间的专门训练；需要持续的在职成长；提供终身从事的职业生涯和永久的成员资格；建立自身的专业标准；置服务于个人利益之上；拥有强大的、严密的专业团体。②

利伯曼（M. Lieberman）于1956年提出，社会公认的专业有八个特征：范围明确，垄断地从事社会不可或缺的工作；运用高度的理智；需要长期的专业教育；从业者享有广泛的自主性；在专业自主范围内直接负有做出判断和采取行动的责任；不以营利为目的，而以服务为动机；形成了综合性的自治组织；拥有应用方式具体化的专业伦理规范。③

曾荣光于1984年提出了专业的七条核心特质和十条衍生特质。专业的核心特质是：一套有学术地位的理论系统；一套与理论系统相适应的专业技术；理论与技术的效能获得证实与认可；专业知识具有不可或缺的社会功能；专业人员服务具有忘我主义；专业人员具备客观的服务态度；专业人员的服务公正不偏。专业的衍生特质是：受过长期的专业训练；专业知识是大学的一门学科；专业形成了垄断的专业知识系统；有管理控制职业群体的自主权；有制裁成员权力的专业组织；专业人员对当事人有极高的权威；对与其合作的群体有支配权；专业人员对职业投入感强；有一套制度化的道德守

① 魏建培. 教师学基础［M］. 北京：清华大学出版社，2011：29.

② 教育部师范教育司. 教师专业化的理论与实践［M］. 北京：人民教育出版社，2003：33-34.

③ 筑波大学教育学会. 现代教育学基础［M］. 钟启泉，译. 上海：上海教育出版社，1986：442.

则；获得社会及当事人的信任。[①]

综合国内外专家学者的观点可知，一种职业要被认可为专业，一般来说应该具备以下条件：具有完备的专业理论知识和成熟的专业技能；具有专业服务精神，承担一定的社会功能；具有完善的专业制度和规范；具有系统的专业培训体系；具有合理的专业自主权和权威的专业组织。

2. “教师专业发展”的界定

“教师专业发展”是当代教师教育研究领域一个国际流行的概念，没有哪一个概念能像“教师专业发展”这样全方位地触及学术、实践和政策领域。[②]也就是说，“教师专业发展”不仅是一个学术上人们关注的问题，也是一个直指教育实践并将改变众多教师职业生涯的问题，还是一个需要政府、学校提供相关政策及社会营造出相应支持氛围的问题。

“教师专业发展”也是一个有着丰富内涵和多元指向的概念。不同学者从不同角度出发，对“教师专业发展”有不同的界定。

美国教育家霍伊尔（E. Hoyle）认为：“教师专业发展是指在职业生涯的每一阶段，教师掌握专业实践所必备的知识与技能的过程。”[③]这里，强调的是在职业生涯的不同阶段教师专业知识与技能的不断进步。

佩里（P. Perry）认为：“首先，就其中性意义来说，教师专业发展意味着教师个人在专业生活中的成长，包括信心的增强，技能的提高，对所任教学科知识的不断更新、拓宽和深化，对自己在课堂上为何这样做的原因意识的强化。其次，就其最积极的意义来说，教师专业发展包含着更多的内容，它意味着教师已经成长为一个超出技能范围而有艺术化的表现，成为一个把

① 教育部师范教育司. 教师专业化的理论与实践［M］. 北京：人民教育出版社，2003：34-35.

② 朱旭东. 论教师专业发展的理论模型建构［J］. 教育研究，2014（6）：81.

③ 胡惠闵. 从实践角度解读教师专业发展［J］. 上海教育科研，2004（8）：14.

工作提升为专业的人，把专业知识转化为权威的人。”①这里，强调的是教师在专业生活中教育情意、教育理念、专业知识、专业技能的不断提升。尤其值得注意的是，从积极的层面突出了对教师在教育和教学中所达到的艺术化状态以及专业权威的描述。

富兰和哈格里夫斯（M. Fullan & A. Hargreaves）指出：“在使用‘教师专业发展’一词时，既指通过在职教师教育或教师培训而获得的特定方面的发展，也指教师在目标意识、教学技能和同事合作能力等方面的进步。”②这里，强调的不仅是教师个体自身教育理念、专业知识和教学技能的提高，还关注到了教师与同事合作能力等方面的进步，显示出在当下教师专业发展中团队所具有的不可或缺的作用。

威迪恩（M. Wideen）认为，教师专业发展有五层含义：“①协助教师改进教学技巧的训练；②学校改革整体活动，营造良好气氛，以促进个人最大成长、提高学习效果为目标；③它不仅仅是提高教学效果，还是增进教师对其工作和活动了解的一种成人教育；④它是一种手段，即利用最新的教学成效的研究，改进学校教育；⑤专业发展是协助教师在受尊敬、受支持和积极的气氛中，以促进个人的专业成长为目的的。”③这里，强调的是教师专业发展的目标、内涵、性质以及要求，呈现出一种动态分析的视角和外部积极推动、协助和促进教师专业发展的立场。

也有学者从“教师专业发展”不同的构词出发诠释其含义，主要表现为两方面：一为“教师专业”的发展，强调教师职业作为一门专业的发展过程；一为教师的“专业发展”，强调教师由非专业人员成为专业人员的过程。

白益民把教师专业发展理解为“教师的专业成长或教师内在专业结构不

①③ 杨天平，申屠江平. 教师专业发展概论——做人民满意的教师［M］. 重庆：重庆大学出版社，2012：18.

② 饶从满，杨秀玉. 教师专业发展［M］. 长春：东北师范大学出版社，2005：39-40.

断更新、演进和丰富的过程”[①]。

朱旭东认为，教育教学“专业”是指教会学生学习、育人和服务三个维度的内涵。只有明确了教师专业的内涵，才能讨论教师专业发展。这就意味着，教会学生学习、育人、服务的专业内涵维度是发展的。也就是说，教师专业发展是教师成长的过程。[②]

陈向明认为：“从时间的维度看，教师‘专业发展’的提法是有其历史性任务的。由于教师这个职业一直不被认为是一门‘专业’，或者充其量只是一门‘准专业’，不如其他职业（如医生、律师、工程师）那么‘专业’。……鉴于此，教师和教师教育者们都非常重视‘教师专业发展’这个表达，希望通过各种途径来‘发展’教师职业的‘专业性’。”[③]

综上所述，人们对教师专业发展的理解越来越宽泛。从关注教师专业发展的结果，即获得履行教学功能的知识、能力和品性，转变为强调教师专业发展的过程，即教师的终身学习，再转向注重教师专业发展的目的，即发挥教师的自主意识并鼓励教师参与社会变革。[④]从本质上说，教师专业发展是教师个体通过不断学习和探究来促进自身专业成熟度逐步提高的过程。因此，教师专业发展的内涵包括“内容”与“程度”两个方面：从“内容”来看，教师专业发展意味着教师作为专业人员所应具有的专业结构，即教育理念、教育情意、专业知识和专业能力的不断进步；从“程度”来看，教师专业发展预示着教师由不成熟到相对成熟、由“半专业”或“准专业”到“专业”的自主发展过程。

---

① 叶澜，等.教师角色与教师发展新探［M］.北京：教育科学出版社，2001：226.

② 朱旭东.论教师专业发展的理论模型建构［J］.教育研究，2014（6）：82-83.

③ 陈向明.从教师“专业发展”到教师“专业学习”［J］.教师发展研究，2013（8）：5.

④ 朱旭东，周钧.教师专业发展研究述评［J］.中国教育学刊，2007（1）：68.

（三）教师专业发展的阶段

国内外许多学者根据教师的专业发展规律，从不同视角进行了教师专业发展周期或过程的研究，提出了异彩纷呈的教师发展阶段论。这些研究以及国际教师教育的趋势成为教师专业发展的积极引导。

1．国外有关教师专业发展阶段论

20世纪60年代末，美国学者富勒（F. Fuller）以其编制的“教师关注问卷”引起众多学者对教师发展阶段的关注。富勒以教师关注事物在其成长过程中的变化为研究对象，在问卷调查的基础上提出教师专业成长四阶段模式。第一阶段，任教前关注。这是师资养成时期，师范生仍然是学生，对教师角色只是想象，没有教学经验，只关注自己。第二阶段，早期求生存时期。师范生初次接触教学工作，主要关注的是自我胜任能力和自己作为教师的生存问题，关注对课堂的控制、是否被学生喜欢和他人对自己教学的评价。第三阶段，关注教学情境。教师关心的是在教学情境下，如何完成教学任务，如何掌握相应的教学技能。第四阶段，关注学生。教师开始将学生视为关注的核心，关注学生的学习、社会和情感需要以及如何通过教学更好地影响他们的成绩和表现。[①]

伯顿（P. Burden）是较早将生命周期理论与教师职业生涯结合起来探讨教师专业发展阶段的学者。他将教师职业生涯分为三个阶段：生存阶段，主要指教学第一年，新教师没有教学经验，依靠有限的知识进行教学；调整阶段，教师具有了一定的教学经验，开始理解学生的复杂性并努力满足学生的需求；成熟阶段，教师对教学已经驾轻就熟，更加重视与学生的关系。

费斯勒（R. Fessler）动态地提出了教师生涯循环论。他把教师职业周期分为八个阶段：职前阶段，这是教师角色的准备期；入职阶段，这是教师

① 叶澜，等. 教师角色与教师发展新探［M］. 北京：教育科学出版社，2001：256-257.

任教最初几年适应日常教学工作的时期；形成能力阶段，这是教师努力提高教学能力的时期；热心和成长阶段，这是教师不断创新、改进自己的教学工作的时期；职业受挫阶段，这是教师在职业中遭受挫折的时期；稳定和停滞阶段，这是教师求稳拒变的时期；职业泄劲阶段，这是教师职业生涯的低潮期；职业退出阶段，这是教师退出教学岗位后的时期。[①]

休伯曼（M. Huberman）依据每位教师在不同阶段所要解决的不同主题，把教师职业周期分为七个时期：入职期，这是“求生和发展期”，而“求生”的主题与现实的冲击相联系；稳定期，这是教师初步掌握教学要求，形成自己教学风格的时期；实验和歧变期，这是教师不断改革探索，尝试超越自我的时期；重新估价期，这是教师面临着危机和自我怀疑的时期；平静和关系疏远期，这是教师志向水平开始下降，对专业投入逐渐减少的时期；保守和抱怨期，这是教师趋于保守，抱怨增多的时期；退休期，这是教师退出教职，淡出职业的时期。[②]

司特菲（B. E. Steffy）基于人文发展的视角，将教师生涯发展分为五个阶段：预备生涯阶段，这一阶段的初任教师有理想有活力，愿意接纳新观念，有强烈的成就动机；专家生涯阶段，这一阶段的教师有较高的教育教学能力，有较强的专业水平；退缩生涯阶段，这一阶段的教师出现了教学的倦怠感和无力感，表现出消极的倾向；更新生涯阶段，这一阶段的教师努力克服不良情绪，通过各种措施改变自己；退出生涯阶段，这一阶段的教师逐渐退出教职，安度晚年。[③]

利思伍德（K. A. Leithwood）将自我发展、道德发展和概念发展等方面的发展过程加以综合，提出教师综合发展的四个阶段：第一阶段的教师坚持原则，相信权威，课堂呈现出教师主导的倾向；第二阶段的教师主要表现为

①② 叶澜，等.教师角色与教师发展新探［M］.北京：教育科学出版社，2001：244-246；249-250.

③ 肖丽萍.国内外教师专业发展研究述评［M］.中国教育学刊，2002(5)：59.

墨守成规，易于接受他人的预期，课堂呈现出传统课堂的特征；第三阶段的教师有了较强的自我意识，已将规则内化，注重良好的人际关系；第四阶段的教师较有主见，能够从多角度分析遇到的课堂情境，处理问题机智灵活，更加注重意义学习。①

莱西（C. Lacy）在对实习教师的研究中，把教师专业化过程划分为四个阶段。第一阶段为“蜜月”阶段。实习教师从学生的繁重学习中挣脱出来，初次体验到做教师的乐趣。第二阶段为“寻找教学资料和教学方法”阶段。在真实的课堂情境中，实习教师通过查找各种有趣的相关材料和方法来应付课堂中出现的问题。第三阶段为“危机”阶段。实习教师在课堂中遇到的问题越来越多，课堂压力越来越大，仅靠查阅资料已无法应对各种课堂问题，逐渐陷入“危机”状态。第四阶段为“设法应付过去或失败”阶段。教师对不得不做出的妥协和改变不再感到内疚，能够坦然地以教师的姿态站在课堂上。②

上述理论从不同侧面向我们展示了教师专业发展的过程。但因教师本身是一个统一、完整的人，如果仅从某一方面分析教师专业发展，很难反映出教师作为人的全貌。

2. 国内有关教师专业发展阶段论

我国对教师专业发展阶段的研究始于20世纪80年代，学者们从心理学、教育学、伦理学等角度构建的教师素质结构及教师专业化的理论框架，为我国教师专业发展阶段的研究奠定了理论基础。但相比西方国家对教师专业发展阶段的研究，国内此类研究还是较少。有代表性的观点主要有以下几个。

我国台湾学者王秋绒把教师专业化过程划分为三个阶段、九个时期来分别考察：第一阶段是师范学生，要经历探索适应期、稳定成长期、成熟发展

---

①② 叶澜，等.教师角色与教师发展新探［M］.北京：教育科学出版社，2001：252；254.

期；第二阶段是实习教师，要经历蜜月期、危机期、动荡期；第三阶段是合格教师，要经历新生期、平淡期、厌倦期。

白益民以“教师自我专业发展意识”为指标，对教师专业发展阶段做出明确界定。他认为教师专业发展过程可划分为五个阶段：第一阶段为“非关注”阶段，主要指进入正式教育之前的阶段；第二阶段为“虚拟关注”阶段，主要指职前的师范教育阶段；第三阶段为“生存关注”阶段，主要指初任教师面临生活和专业两方面的压力，需要实现由师范生到教师角色的转换；第四阶段为“任务关注”阶段，主要指教师持续稳定发展时期，教师由关注自我的生存转换到关注教学任务上来；第五阶段为“自我更新关注”阶段，主要指教师有了明确的自我专业发展意识，并追求主动自觉能动的发展。①

钟祖荣、张莉娜的研究将教师专业发展划分为五个阶段：适应期（工作的第1年）、熟练期（工作的第3—5年）、探索期（第10年左右）、成熟期（第15年左右）、专家期（第20年左右）。每个阶段遇到的困难不同，有不同的特点和需要，应该发展的关键素质也就不同。②

尽管国内外不同学者对教师专业发展阶段提出了各自的见解，但总体上是同中有异、异中有同，都反映了教师的成长历程。

从国内外有关教师专业发展阶段的研究中可以看出，教师专业发展阶段经历了由点（教师的关注点）到面（教师发展全程）的拓展，教师专业发展阶段的研究本身也经历了一个由方法单一到方法多样且渐近科学的过程。这些理论给我们带来了许多有益而深刻的启迪。但是，教师不仅仅是“教师”，而首先是一个人，一个“完整的人”，教师发展也不仅仅是“专业发展”，还应有更基础更丰富更广泛的“作为人的发展”。正是在这个意义上，

① 叶澜，等. 教师角色与教师发展新探［M］. 北京：教育科学出版社，2001：278-299.

② 钟祖荣，张莉娜. 教师专业发展阶段的调查研究及其对职后教师教育的启示［J］. 教师教育研究，2012（6）：25.

叶澜对时下热烈而盛行的“教师专业发展”理念进行了批判，并鲜明地提出了自己的主张。

二、叶澜对“教师专业发展”理念的审视

叶澜分析了国际上流行的“教师专业化”和“教师专业发展”的提法，指出“教师专业化”最早是美国学者提出来的，简单而言，有两个不同的目的：一是为了提高教师职业的社会地位，保障教师职业受到社会的尊重，因为只有作为专业人员才能提升社会地位；二是为了提高教师素养，促进教师个体的专业发展，因为只有把教师作为一种专业人员才会涉及专业素养的提升。这无疑是必要的，也是有意义的。但是，仅仅强调教师的专业发展是不全面的，仅仅从外部提升教师的社会地位也是不够的。在2001年由教育科学出版社出版的叶澜、白益民、王枬、陶志琼著的《教师角色与教师发展新探》一书中，叶澜明确地将书名定为“教师发展”而不是“教师专业发展”，在设计全书的框架时，也明确将全书分为“导论　新世纪教师角色形象的再思考”“第一编　教师德性论”“第二编　教师审美论”“第三编　教师发展论”“结语　在学校改革研究性实践中造就新型教师”五个部分。显然，叶澜一直关注的是“教师发展”，并期待教师作为内在自我发展的主体，以生命自觉实现作为“人”的完整而全面的发展。

（一）对教师职业“专业”属性的分析

“教师职业是否具有专业性”在今天看来似乎已不再成为问题，也很少有人再将其视为问题而纠结，但在20世纪后半叶却是一个困阻教师发展的显著问题，教师缺乏专业感、专业意识和专业能力是很长一段时间内教师质量低下的普遍表现，也是教育质量不高的重要原因。叶澜分析了教师职业“专业”的属性以及我国教师职业专业发展的进程，并对“教师专业发展”

的提法及理念进行了清醒的审视。

1．关于教师职业“专业”进程的把脉

针对教师职业能否被称为专业，判断教师职业是否有专业性的标准是什么，曾是教育研究人员认真、广泛、深入研究的基本问题。叶澜认为，一种职业能否被称为专业，并不仅仅以学历为前提或以对业务提出一定的要求为标准，而是由与职业性质相关的综合性要求决定的，是被社会和业界公认的。通常，被公认的“专业”至少有三个方面的规定。首先，作为专业的职业实践必须有专业理论知识作为依据，有专门的技能作为保证。因此，从事专业工作的人员在任职前必须接受过规定的专业教育。同时，作为专业的职业还必须有与其他专业相区别的专业要求，方能具有独立专业的资格。这也是专业的“不可替代性”。其次，作为专业的职业，承担着重要的社会责任。它要求从业人员具有把社会利益、服务对象的利益放在首位的从业精神。也就是说，对从业人员有着较高的职业道德要求。最后，作为专业的职业，在本行业内具有专业性的自主权。如对从业人员的聘用、解职、与专业业务相关的权力（如医生的处方权）不受专业外因素的控制。其表现形式有：专业工作者必须有专业资格证书，入职、聘用、解职有严格具体规定，专业内部有不同的职称以标志专业水平的差异，职称的晋升需经过专家评审，等等。此外，一种职业能否被称为专业，并非由职业内部自封即可，而是由其自身的性质决定的，与已经达到的发展水平密切相关。同时，只有被社会需要和认同，并确立了一整套制度后，才会真正获得专业地位。若某种职业从性质上看具有专业的意义，但实际的专业化程度却不够，往往会被称为“准专业”，尚需经历一个专业化的过程。[①]

那么，教师职业是否符合这些“专业”的标准呢？教师职业可否被称为

① 叶澜．新世纪教师专业素养初探［J］．教育研究与实验，1998（1）：41.

“专业”呢？

叶澜客观而理性地分析了国内外教师专业发展的现状，指出：从国际上看，一方面，联合国教科文组织早在1966年便已做出了“教育应该是专门职业”的强调；另一方面，美国卡内基基金会1986年发表的《国家为培养21世纪的教师做准备》报告中详细列出了具体的教育专业标准，这表明，教师职业的专业化是世界教育发展的共同趋势。从国内来看，教师职业的专业化还处在初级阶段，表现在：其一，教师入职的学历标准偏低。按照我国1994年颁布的《中华人民共和国教师法》的规定，中师毕业教小学、师专毕业教初中、师院毕业教高中，这些学历要求与发达国家相比太低，但即使如此，还有相当数量的教师未达标。进入21世纪，教师队伍学历层次虽然有了较大幅度的提高，但依然与专业的要求有较大差距。其二，教师资格证的实施与完善尚需时间。我国1995年开始实行教师资格证书制度，这无疑是教师职业走向专业化的重要步骤，但该制度还处在探索与调整中，如何吸引更多优秀的人才进入教师队伍，还需加大力度并予以制度保障。其三，教师职业的社会地位与其肩负的社会责任相比还很不相称。改革开放以来，党和政府为提高教师的地位做了大量工作，持续推动各地落实义务教育教师工资收入水平不低于当地公务员平均收入水平的要求，但从教师的实际感受以及职业声望来看，教师的薪酬并不多，教师职业的社会地位也不高，与赋予教师职业的社会重任相比反差较大。其四，社会对教师职业专业性的认可度不够。在公众和社会舆论方面，对教师职业强调的要求主要是道德方面，对业务方面突出的也是传授知识的要求。中小学生所学内容的浅显性，使许多人并不看重教师作为专业人员的理论水平与特殊能力。再加上在多种消极因素的影响下，部分教师的敬业精神与师德表现有所滑坡，教师的形象在人们心目中原有的道德光亮也随之有所减弱。其五，教师教育中职业专业性的功能未能得到充分发挥。师范院校依然按照传统的教师观去设计教师培养方案，在职教师培训则偏重于学科知识的学习和方法技能的操作性训练，其后果是：一方面某些用人部门并不重视教师聘用过程中和就职后专业基本要求的达到和提高；另一方面，教师本人对职业缺乏专业感，缺乏以专业人员标准要求自己的方向感，有关教育行为的规范更多来自传统和上级，导致教师自身发展受阻。①

显然，与发达国家相比，我国教师职业的专业性尚有较大的差距。要建设一支能胜任21世纪中国基础教育重任的新型教师队伍，必须加快教师职业专业化的进程。为此，早在1996年叶澜便提出："教师职业有其特殊性和专门性，在改革师资培养模式时必须维护教师这一职业的尊严。一个合格的教师，既要有专业的修业要求，也要有职业的训练要求，这不是行政行为，而是一种职业行为，要有专门机构来承担。"②教师职业的"专业性"特质，不仅在外部影响着教师职业的社会地位、职业声望乃至职业尊严，也在内部决定着教师个体的成长状态、发展水平乃至自我评价。

2. 关于教师职业与其他职业的比较

按照"专业"的规定，即使是那些能够被称为"专业"的职业，其专业性也是有差距的。早在1955年赖斯（A. J. Reiss）就从专业发展的历史角度对专业的类型进行了划分，并根据技术实践和知识基础，将教师放在工业社会五种不同类型专业中的"半专业"里。1992年，沃特金斯（J. W. Watkins）和他的同事根据各专业形成的不同历史时期，把16世纪以来英国的专业划分为五种类型，展示了英国各个职业的专业发展水平和程度。

表4-1　沃特金斯对英国专业类型的划分③

序号	专业类型	举例
1	前工业专业（1500年）	神学、医学、法学

① 叶澜.新世纪教师专业素养初探［J］.教育研究与实验，1998(1)：41-43.

② 叶澜.改革师资培养模式要坚持职业特点［J］.上海教育科研，1996(2)：29.

③ 董秀华."专业"探源［J］.第一资源，2008(3)：60-61.表格为笔者所列。

续表

序号	专业类型	举例
2	工业化专业（1800年）（从农业社会到工业化革命）	工程师、化学家、会计师
3	福利政府专业（1900—1948年）	教师、社会工作者
4	企业性专业（20世纪80年代）	商务和管理专业人员
5	知识工人（20世纪90年代）	信息、通信和媒体专业人员

叶澜清醒地看到了教师职业的现实状况，也意识到了教师职业作为一种专业与其他成熟专业的距离。在多个场合多篇文章多次讲话中，叶澜将教师职业与其他职业进行了比较，不仅正视了教师职业的专业程度与一些成熟专业的差距，而且在比较中厘清了教师职业的独特使命，更凸显了教师职业的“专门”特质。

叶澜在将教师职业与医生、律师、建筑师、工程师等职业进行比较时说，在一定意义上，这些职业都具有鲜明的专业属性，都需要具备专业理论知识和专门技能，都承担着一定的社会责任，也都在本行业内具有一定程度的专业自主权。不同的地方在于专业发展的程度有差异，医生、律师、建筑师、工程师等职业的专业性更强，成熟度更高。换言之，尽管国际上“教师专业化”的浪潮高涨，但教师专业发展远未达到人们期望的水平和程度，教师职业的“不可替代性”并未真正实现。这与社会对教师职业的独特性认识不足有关，也与人们甚至教师自己对教师职业认识不清有关。为此，叶澜特别比较了教师职业与上述专门职业的异同。

在比较教师职业与医生职业时叶澜说：“教师和医生，尽管面对的都是人，但仍不同。医生主要关注人的身体，医生在工作时，研究的是病与治病；教师关注的却是儿童、青少年的精神世界以及整个生命的发展。这之间的差异是清晰的，不难区别。”[①]确实，医生职业与教师职业都与人有关，都

① 叶澜．散论“教师”［M］//叶澜．俯仰间会悟：叶澜随笔读思录．北京：中国人民大学出版社，2019：121.

是面对人关注人的，但两者的区别在于：医生面对的是病人，教师面对的却是健康人，而且基础教育阶段的教师面对的主要是未成年人；医生的主要职责是“救死扶伤”“治病救人”，教师的主要职责是“教书育人”“立德树人”；医生职业关乎人的肉体或身躯的健康，教师职业关乎人的心灵或精神的健康。

在比较教师职业与建筑师、工程师职业时叶澜说：建筑师、工程师的工作与教师的工作都富有创造性，这是相同之处。然而，这是两类不同性质的创造，一类是与物质生产相关，一类是与人的发展相关；建筑师、工程师的创造，其结果是形成物化的产品，教师工作的创造，其结果是为了人和直面人的生命的发展；建筑师、工程师的创造，在过程中呈现的是设计的蓝图，教师工作的创造，在过程中呈现的是教育的智慧。

因此，教师的工作，与医生和律师、建筑师、工程师是不一样的。“今天教师的使命就是使学生能够适应这个变化的时代，活出生命的意义和价值，实现他自己的人生价值，以及对这个社会尽一个公民的责任。”①这正是“教书育人”的意义所在。教师必须认清自己的工作性质：不是一个简单的传递者，教师在与学生一起创造他和他们的每一天的学校生活，也在创造着学生的未来生活。教师从事的是丰富人生的很重要的工作。在人类社会的创造事业中，不能没有教师这个职业的创造性劳动。

（二）对“教师专业发展”理念的反思

中国古代哲人和西方古典教育思想家，都充分肯定人拥有的各种潜能，教育的目的就是把人的潜能充分发挥出来，使各种能力达到极致。但无论是孔子“君子不器”的思想，还是西方人文主义的教育理念，都反对把人专业化，强调人不能仅仅成为一个除了专业知识与技能外几无所知的专家，而应

① 叶澜. 教师的魅力在于创造［J］. 上海教育，2013（16-6A）：33.

该是全面发展的人。[①]

例如孔子"君子不器"的思想，便表达了对价值理性的肯定以及对工具理性的鄙视。"君子"一词早在《易经》中就已出现。《周易》曰："天行健，君子以自强不息"，"地势坤，君子以厚德载物"。但是系统论述"君子"并将其作为读书人道德品质的应自孔子始，并被儒家学派不断完善，成为中国传统文化中对人的道德要求。孔子把培养"士"和"君子"作为教育目的，并对"君子"的内涵做过较为全面的阐释。《论语·季氏》中说："君子有九思：视思明，听思聪，色思温，貌思恭，言思忠，事思敬，疑思问，忿思难，见得思义。"《论语·尧曰》中说，君子有五美："君子惠而不费，劳而不怨，欲而不贪，泰而不骄，威而不猛。"《论语·子罕》中说，君子有三道："知者不惑，仁者不忧，勇者不惧。"《论语·卫灵公》中说，君子有四规："君子义以为质，礼以行之，孙以出之，信以成之。君子哉！"[②]而在《论语·为政》中说："君子不器。"孔子强调君子不要被具体的器用所限，不应成为"器"物，而应追求君子之仁道，成为真正意义上的人。可见，"君子不器"就是要"成己""成人"。在当下功利化盛行的社会，一方面，人的价值以及做人的意义在一定程度上出现了"器"化的严重倾向，教育的目的、方法和手段越来越外在化、器用化、功利化，甚至人自身也变成了追求外在功利之"器"。另一方面，专业化倾向愈发严重，人们更多地关注自己领域的发展，没有时间甚至是不愿涉猎其他专业的知识，被自己的专业所框定，束缚在自己的狭小天地里。[③]叶澜肯定了孔子对修己成君子的强调，也赞同儒家对贪图利禄享受的批判，指出：成君子，入仕途，始终是教育与政治之间不可割断的人力链条，也是历代"读书人"向往的人生目

① 张汝伦．教育的首要目的在于"成人"[EB/OL].[2015-04-21].https://mp. weixin. qq. com/s/-b_O9uLStDsfSArYisp0ZQ.

② 王枬，王昊宁．浅析"生命·实践"教育学的中国元素[J].教育学报，2011(10):6.

③ 王超群．孔子"君子不器"思想的教化意义研究[D].济南：山东师范大学，2017:1.

标。由于外在功能上的获利禄、做人上人的特权具有强大的诱惑性，这使教育、教师和“读书人”本身，都可能出现内外功能的倒错和教育活动内部的异化。“中国文化传统中的成人、入世，在教育中以内外双重价值取向的方式表达，且通过考试、选士等方式有制度保证。两大价值之间的本、用关系有内在的统一性，也存在相互倒置、移位，从而带来教育异化的可能，忘了人，只关注追逐功名之事。”①正是因为存在着这样的倾向，叶澜对“教师专业发展”的提法表现出了特别的敏感和反思。

再如卢梭“培养人”的思想，也表达了对把人视为工具的警惕。叶澜详细分析了卢梭的教育观点，认同“我们的教育是同我们的生命一起开始的”这一主张。卢梭在分析人所从事的职业与“人”的生活的关系时说：“别人要我的学生做军人，做教士，或者做律师，我没有什么意见。在从事他父母的职业以前，大自然就已经叫他认识人生了。生活，这就是我要教他的技能。从我的门下出去，我承认，他既不是文官，也不是武人，也不是僧侣；他首先是人：一个人应该怎样做人，他就知道怎样做人，他在紧急关头，而且不论对谁，都能尽到做人的本分。”②教育要顺应人的自然生长的需要，教育的目的就是要使人在感知觉、理性思维、社交能力、道德情操等各方面得到全面发展，成为一个健全的人，既具有知识，又具有高尚品格和强健体魄。叶澜对此给予了高度评价，指出：“教育首先使人成为人，而不只是成为一个社会职业的承担者。这样的观念，直到今日之中国，还需要大声疾呼！”③

又如杜威在论及“教育与职业”时，同样表达了对“专门化”的否定。杜威认为，范围受限制的专门化是不可能的。没有人只是一个艺术家，此外一无所能。要是他接近这个地步，他就是一个没有很好发展的人，就是一个怪物。艺术家作为一个人的职业，只是他许多职业活动中特别专门的一个方

①③ 叶澜．回归突破：“生命·实践”教育学论纲［M］．上海：华东师范大学出版社，2015：266；190-194.

② 卢梭．爱弥儿——论教育：上卷［M］．李平沤，译．北京：商务印书馆，1978：13.

面。对于一个艺术家是这样，对于任何其他专门职业也是这样。“按一般习惯原理，无疑有一种倾向，即所有特异的职业都会变得过分强调它的专门化的一面，过于排斥一切，而全神贯注于它的一个方面。这就是说，注重技能或技术方法，而牺牲所包含的意义。因此，教育的任务不是要助长这种倾向，而是要预防这种倾向，使科学研究工作者不仅是科学家，教师不仅是教书匠，教师不仅是穿着牧师服装的人。”①这里，杜威明确反对狭隘的“专门化”，反对只注重技术技能而忽视意义价值的倾向，要求教育要预防这种“专门化”倾向，防止教师片面发展。叶澜说：“杜威的这番话是针对职业与教育的关系而言的，却道出了职业与人生的关系，对于承担教师这个职业的人而言则特别有意义。”②

叶澜在“新基础教育”研究中通常不把当代教师的研究通称为“教师专业发展”，而主张提“教师发展”。她细致地论述了“教师专业发展”与“教师发展”概念的差异：当我们谈论教师专业发展时，关注的重心在专业与职业的区别，强调专业人员要有专业理论、技术与专业资格做保证，具有行使专业自主权的能力与相应的职业道德等；当我们论及“教师发展”时，关注的是作为具体而丰富的人（而非工具）的整体发展问题。专业发展是人的整体发展的重要且与其他方面的发展相关的构成，但不是全部。两种不同的提法涉及人所从事的专业（职业）和人的全部生命与生活的关系。③而教师的教育影响，无论是有意识还是无意识的，都是通过人的整体，包括人格、情感在内而产生的，对于中小学教师来说尤其如此。

显然，教师发展不能局限于专业发展。教师作为一个真实、具体的人，其生命价值的实现与自己所从事的职业有着密切的关系。因此，教师发展应体现出作为“人”的发展与作为“师”的发展的统一，体现为教师在职业生

---

① 约翰·杜威.民主主义与教育［M］.王承绪，译.北京：人民教育出版社，1990：324.

②③ 叶澜.“新基础教育”论——关于当代中国学校变革的探究与认识［M］.北京：教育科学出版社，2006：358.

活中“成己”与“成人”的统一，体现为教师提升个体生命质量与提升教育质量的统一。

三、叶澜对“教师发展”的阐释

对教师职业专业性的认可只是思考“教师发展”的缘起，对“教师专业发展”理念的批判则是思考“教师发展”的起点。面对新时代对教师提出的更高要求和更高标准，叶澜提出，必须思考教师“为谁发展”、教师“发展什么”以及教师“如何发展”等问题，这是思考“教师发展”的认识性前提，也是教师应对当今时代主题和特殊要求的积极态度。唯此，教师才能真正实现“主动”“自觉”的发展。

（一）为谁发展——提升生命质量

“为谁发展”既涉及从教动机，也涉及发展动力。

长期以来，人们在看待教师职业时，常常是看重教师职业的外在价值，因而在谈到教师发展时，强调的是“专业发展”，这一主张本身便具有了鲜明的“工具取向”的立场，即从更好地服务社会这一角度出发，主张教师为了适应时代变化、为了胜任“教书育人”的使命，而去促进“专业发展”。显然，这种单纯强调教师职业“工具价值”的认识是片面的，仅仅只是对从教者“外在动机”的激发也是有限的，一味主张教师“专业发展”的要求也是有局限且难以持续的。

把人视为“内在的目的”，而不是视为达到某种“外在目标”的工具和手段，这是有尊严的幸福生活达成的必要条件。人成为“内在的目的”意味着，人是与物有着根本区别的特殊存在。人们可以把物作为实现“外在目标”的工具和手段，但由于人区别于物的特殊存在方式，他永远不应被视为如同物一般的工具和手段，而是具有至高无上的内在价值和尊严。[①]

叶澜在多篇文章里谈到教师发展的内在动力问题。

在1986年发表的《论影响人发展的诸因素及其与发展主体的动态关系》一文中，叶澜从"自我意识"的角度谈到人作为"主体"的发展。当人的发展水平达到不仅能认识客观世界，而且具有清晰的自我意识和自我控制的水平时，人能有目的地影响自己的发展。在这种情况下，人把自身的发展当作认识的对象和自觉实践的对象，从真正的意义上成为自己发展的主体。人对自己发展的控制表现在两方面：一方面是人在认识个人与社会关系的前提下，不断地为自己的发展创造条件；另一方面是人勾勒着自己未来的前景，并根据自己的追求决定自己的行为，一步一步地为实现自己理想的人格、能力而奋斗。此时，不仅人的过去参与、影响今后的发展，而且人对未来的自觉追求也影响今后的发展。这种自觉追求，是人的主观能动性在影响人的发展方面的高度体现。[②]于是，活动不仅成为满足人需求的手段，而且会创造出新的需求。人的需求水平的不断提高正是推动人发展的重要内部动力。[③]对于教师来说，有了清晰的自我意识和主动发展的内在需求，并把自己作为发展的主体，便有了发展的动力源泉。

在1993年发表的《时代与教师的职业修养》一文中，叶澜提出，当代社会需要新型的教师，这种新型教师应具有参与时代的意识和能力，具有促进发展的意识和能力，具有自觉研究的意识和能力。现代教师若能具有参与、发展和研究这三大意识与能力，那么就不但能直面时代的挑战，胜任社会对教育的重托，而且会使自己的人生也变得比以往任何一代教师都更有生气、更有意义、更有光彩，教师将以与所谓"教书匠"全然不同的、全新的

① 贺来. 有尊严的幸福生活如何可能［J］. 哲学研究，2011(7)：16.

②③ 叶澜. 论影响人发展的诸因素及其与发展主体的动态关系［J］. 中国社会科学，1986(3)：91；96.

职业形象出现在当今世界。[①]叶澜在这里明确地表达了自己对“教师发展为谁”的看法，教师发展不仅是为了应对时代的挑战和社会的重托，也是为了自己——为了使自己的人生更有生气、更有意义、更有光彩。这三个递进的修饰词呈现出教师“由内而外”的样貌：更有生气，即教师因从教“内在动力”的激发而表现出的生命活力；更有意义，即教师对这一职业“成己成人”双重价值的认识而表现出的不懈追寻；更有光彩，即教师因为有了不仅为社会也为自我，不仅成就他人也成就自身的认识和追求而表现出的积极形象。

在2006年发表的《当代中国教育变革的主体及其相互关系》一文中，叶澜分析了教育变革与教师发展的关系，指出教师能否成为个人发展意义上的利益主体，以教师本身对变革的认识、态度与积极实践为条件。为此，应创造可能条件下的最大驱动力，不断提高利益主体创造和获取利益的主动性、合理性与协调性，提升利益驱动指数。同时，需要培养和提高教育变革主体的积极性、智慧与能力。[②]叶澜注意到了教师的合理利益诉求，并将此视为发展的内在驱动力。这就使得教师发展的推动因素从单纯的外部转向了内部，并具有了合理的利益关照。

在2008年发表的《学校文化的关键：唤醒教师内在的创造激情》一文中，叶澜进一步提出：功利、物质的刺激可以焕发教师一时的积极性，但不是永久的，这只是第一层面的唤醒。关键是要在第二层面上，即唤醒教师内在的激情。其实，教师有较高的追求，他们关注人生价值的实现。学校管理要注重人文与制度管理双管齐下。成功管理者要创造一个能产生自尊、自重等内在报酬的工作环境——一个容许和鼓励每一个教师都能从工作中争取内在报酬的环境，少依赖奖金、福利等外在报酬，因为外在报酬只能消除不满意，内在报酬才能使人满意。让教师找到合适的价值定位，要有人文的东

① 叶澜．时代与教师的职业修养［J］．中国教育学刊，1993(2)：50-51.
② 叶澜．当代中国教育变革的主体及其相互关系［J］．教育研究，2006(8)：4-8.

西去唤醒人，唤醒教师自觉地追求。[①]这里，叶澜将“内在的创造激情”看作是能令教师产生自尊、自重的内在报酬，并将对教师合理利益的关照指向了精神层面。

在2011年发表的《新基础教育研究和新型教师的培养》一文中，叶澜还从生命价值的角度提出，时在今日，一个真正的属于促进人的发展的教育改革，它就应该让参与改革的教师感觉到个人的生命价值。这种价值不仅仅是外在条件的改善和物质的鼓励。一个真正的人，当他的生活达到一定水平时，他的最大满足就是提升自己的生命质量，只有生命的每一天，是唯一属于自己的，是可以让我们去创造的、丰富的、体验的。叶澜还对传统的教师形象给予了批评，认为传统的教师不够潇洒，老黄牛式的较多，灰脸的、蓬头的较多，不够光鲜。新时代的教师应该是大度的、有智慧的、追求有品味的精神生活和物质生活的人。[②]从这个意义上说，教师发展就是为了过有意义的生活，也是为了使自己的生命更丰富、更有价值、更有质量。

上述简单列出了不同年代叶澜对教师发展内在动力的思考，可以看出，叶澜是循着“作为自我发展的主体—使自己的人生更有光彩—关注合理的利益诉求—唤醒教师内在的激情—提升自己的生命质量”这一主线展开的，不仅体现出了对教师发展的人性关怀，也体现出了对教师发展的价值关怀。

吴康宁也用表格的方式表达了对教师作为自身专业发展的主人的理解和期待。

表4-2　教师：自身专业发展的主人[③]

	动力	计划	过程	特色
理想	自觉的发展 （主动发展）	自主的发展 （合适发展）	自省的发展 （反思发展）	自由的发展 （独特发展）

① 叶澜．学校文化的关键：唤醒教师内在的创造激情［J］．教书育人，2008（3）：15.
② 叶澜．新基础教育研究和新型教师的培养［J］．教书育人，2011（6）：8-9.
③ 吴康宁．重新发现教师［M］．南京：南京师范大学出版社，2017：62.

续表

	动力	计划	过程	特色
方针	教师成为动力	教师成为领导	教师成为智者	教师成为自己
条件	激励　热爱	信任　自信	交流　理智	宽容　求异

在一定意义上可以说，教师发展的程度与其内在动力的激发程度密切相关。当教师有着明确的人生追求，有对教师职业的深刻理解，有对自身发展与职业发展的深切期许时，他就会自主、自省、自觉、自由地发展，成为自我发展的主体。

（二）发展什么——作为人的整体发展

教师有了发展的内在动力和愿望后，马上面临的就是“发展什么”的问题。叶澜强调，由于教师是以自己的全部人格而不仅仅是专业呈现在学生面前的，因此，教师更应该关注和重视的是自己的“整体发展”，这是包括品德、行为、才华、智慧等在内的多方面素质的发展，是教师作为一个完整的人的健康、健全、健美的发展。唯此，教师才能以一个大写的“人”存在，并给予自己以及学生积极而深远的影响。

人区别于动物的最重要标志在于人是“自由自觉”的生命存在。这种生命存在方式的本质特征，可以用“全面”和“丰富”来概括。马克思曾在《1844年经济学哲学手稿》里专门阐述了人与动物的这种区别，指出人的生命的“全面”与“丰富”包含两方面的含义。首先，人的生命不是单一的、片面的存在，而是一个全面和丰富的立体性存在，人是“具有丰富的、全面而深刻的感觉的”，是“有人的生命表现的完整性的”，人“不仅通过思维，而且以全部感觉在对象世界中肯定自己”，因此，人的本质是作为一种主体能力自为地存在着，并客观地展开着人的“丰富性，主体的、人的感性的丰富性”。[①]其次，人是一种面向整个世界的世界性的存在。一方面，“个体是社会存在物。因此，他的生命表现，即使不采取共同的、同他人一起完成的生命表现这种直接形式，也是社会生活的表现和确证”。另一方面，“人只有凭借现实的、感性的对象才能表现自己的生命”。[②]离开实践活动中与他人、与自然所形成的这种能动的一体的互为的关系，也就谈不上“人”的存在，人的生命也将降低为动物的存在。正因为这种“全面”与“丰富”是人区别于动物的根本特征，是人具有完整人性的标志，表明“人以一种全面的方式，就是说，作为一个完整的人，占有自己的全面的本质”[③]，所以也就意味着人超越了动物的片面性和狭隘性，获得了做人的尊严和人之为人的幸福。[④]

叶澜认为，人的发展是多方面的，有身体的、智慧的、情感的、意志的、行为的等等。人与动物的区别首先在于人有意识和自我意识。只有人才意识到自己的需要，并通过自己的活动来满足需要。人不仅把周围世界当作自己认识的对象，而且把自身也作为认识的对象。人不仅能控制、改造客观世界，而且能控制、改造自己。人的发展的这种自主性是人与动物在发展方面的本质区别之一。人的发展的自主性还表现在人通过自己的活动来实现自己的发展。离开了主体的活动就谈不上任何发展。[⑤]因此，教师需要培养自我发展的自主性，强化关于发展的自我意识。

叶澜还将教师关于发展的自我意识更加具体化。她认为，一个求发展的人，要知己之性，且直面己性。自我诚实，是求发展的第一步。一个连自己都弄不明白的人，是很难实现自我发展的。他的选择只会滞留于现在、消耗

①②③ 马克思. 1844年经济学哲学手稿［M］// 马克思恩格斯文集：第1卷. 北京：人民出版社，2009：192，194，191；188，210；189.

④ 贺来. 有尊严的幸福生活如何可能［J］. 哲学研究，2011（7）：20-21.

⑤ 叶澜. 论影响人发展的诸因素及其与发展主体的动态关系［J］. 中国社会科学，1986（3）：85-87.

自我，而不是创造现在、生成自我。[1]具体来说，首先，教师必须对自身的发展有认识，其中包括他对教育的理解，以及对教育责任的承担。由于中小学教师面对的主要是青少年，面对的是活蹦乱跳的成长中的生命，更需要教师有一种责任担当。其次，教师自己要活得像个人，才能对别人产生成人意义上的影响，一种真正成为人的影响。自己活得像个人，就是真实、努力、有信仰，且在为这个信仰践行。[2]这本身就在给学生乃至给整个社会做出“为人师表”的示范。最后，教师要进行创造性的工作。创造是人的本质所在，也是教师职业的魅力所在。当教师“把人的培养而不是知识的传递，看作是教育的终极目标，那么，他的工作就会不断地向他的智慧、人格、能力发出挑战，成为推动他学习、思考、探索、创造的不息动力，给他的生命增添发现、成功和欢乐”[3]，教师的生命和才智就在创造性的工作中得到不断的成长和发展，教师的职业价值和生命价值也在创造性工作中得以彰显。

（三）如何发展——在关系与活动的交互中实现

面对教师应该如何发展这一问题，叶澜指出：发展作为一种开放的生成性的动态过程，不是外铄的，也不是内发的，人的发展只有在人的各种关系与活动的交互作用中才能实现。因此，不能只从孤立个体的角度来设定对发展的要求，而应以“关系”与“活动”为框架思考发展的问题。一般而言，作为个体最基本的关系与活动有两大类：一类指向外界（外向式的），即个体与周围世界的关系和实践性活动；一类指向内部（内向式的），即个体与自我的关系和反思。这两类关系与活动中，个体能采取的基本方式也只有两

① 叶澜．一百个理由［M］//叶澜．俯仰间会悟：叶澜随笔读思录．北京：中国人民大学出版社，2019：21-22.

② 叶澜．散论“教师”［M］//叶澜．俯仰间会悟：叶澜随笔读思录．北京：中国人民大学出版社，2019：124-125.

③ 叶澜．学校文化的关键：唤醒教师内在的创造激情［J］．教书育人，2008(3)：15.

种：或主动，或被动。自然，人不可能时时事事处处主动，但从自身发展的角度来看，个体的主动性是十分重要的关键性因素。这种主动包括上述两个向度的关系与活动，对个体的发展，它们不仅是不可或缺的，而且密切相关，交互作用。个体的主动性的发生，总是在对外界和自我及其关系、对将发生的行为价值等有了认识并产生意愿后做出的选择与行动。[①]显然，教师发展的前提是个体具有发展的主动性，而且需要在“关系”与“活动”这两个维度中实现自主自觉的发展。

叶澜还从师生关系的角度分析了教师如何发展的问题。她说：“我们坚信，没有教师的生命质量的提升，就很难有高的教育质量；没有教师精神的解放，就很难有学生精神的解放；没有教师的主动发展，就很难有学生的主动发展；没有教师的教育创造，就很难有学生的创造精神。总之，教育是一个使教育者和受教育者都变得更完善的职业，而且，只有当教育者自觉地完善自己时，才能更有利于学生的完善与发展。”[②]由于教师和学生是教育活动的最主要的构成要素，教师发展与学生发展便具有了须臾不可分离的关系。叶澜把教师发展作为促进学生发展的前提，作为教育活动得以开展的重要条件。确实，教育的全部丰富性和复杂性，在于它是以生存中、成长中的人之多方面的发展与完善为宗旨的。它是以“人际交往”为原型发展出来的人类特定的社会活动。所以，教育不能缺失真实人生中的真实人际交往，包括师生和同龄人的交往；教育不能缺失真实的活动，包括丰富多彩的学校生活，以及真实世界所开展的有益于身心主动健康发展的各种活动。[③]正是从教育对象的成长中，教师意识到自己存在的危机：不先教己，何以教人？不去努

① 叶澜．重建课堂教学价值观——“新基础教育”课程教学改革的理论与实践探究之一［J］．教育研究，2002（5）：4.

② 叶澜，等．教师角色与教师发展新探［M］．北京：教育科学出版社，2001：3.

③ 叶澜．静默的汹涌——难忘中国2020之春［J］．基础教育，2020（2）：8.

力，如何进步？这种“自危”的意识是自我发展的基础。[①]

叶澜还从“育己”的角度回答了教师如何发展的问题，指出：教师的职业不应该是消耗性的，而应该是发展性的。教师这一职业不但要“益人”，也要“益己”；不但要促进“学生的发展”，也要促进“教师的发展”；不但要为学生健康的身心、丰富的精神世界和美好的社会生活服务，也应该为教师自己的幸福服务，成为一种幸福的生活方式。对教师而言，“育己”应先于“育人”。一个人一贫如洗，对别人就不可能慷慨解囊；教师要给学生一杯水，自己必须有一桶水甚至是长流水；教师只有先受教育，才能在一定程度上教育别人。只有教师自己“有”，才能实现教育中的“教”。教师“有”的过程就是“育己”的过程，就是积累的过程，就是感悟的过程，就是自我发展的过程。以往人们比较关注教师如何“育人”，却对教师如何“育己”有所忽视。其实，教师的“育己”不是单指，或者说主要不是指那种脱离了职业实践的自我修养，而是指教师在职业实践中对完美职业角色形象的探究和实践、思考与行动。这不仅是为了重新认识教师职业，重建教师职业的角色形象，也是为了重建教师职业的生命内涵。[②]

在深入分析教师为谁发展、发展什么、如何发展等问题后，叶澜还特别谈到教师的个人发展与专业发展的结合，主张提升教师发展的自觉，目的是使每个教师意识到：自己能成为自身职业生涯的主人。只要努力实现自我更新，就能胜任当代教师的职责，在成就学生的同时，提升自己的生命质量，活出特有的职业尊严和欢乐。[③]这里，“发展自觉”的提出更凸显了对教师自主发展的要求和期待。

---

① 王枬．美丽教师——教师职业美的研究［M］．桂林：广西师范大学出版社，2002：238.

② 叶澜，等．教师角色与教师发展新探［M］．北京：教育科学出版社，2001：3.

③ 叶澜．散论“教师”［M］//叶澜．俯仰间会悟：叶澜随笔读思录．北京：中国人民大学出版社，2019：125.

四、叶澜对“新基础教育”教师发展的探究

叶澜关于教师发展的思想并不是凭空提出来的，也不是仅仅停留在理论上，而是在“新基础教育”研究中逐渐成形，转而指导实践，在实践中又形成新的想法，再丰富和充实教师发展的理论，进而再指导实践。这也是“新基础教育”研究实践以及“生命·实践”教育学的生成之路。叶澜用“魂体相融”来表达理论与实践的关系。正是这种相融的生命力，带来了“新基础教育”常研常新、生生不息的内生力，带来了每个真诚参与者生存状态的深刻变化。“新基础教育”研究真实地走出了教育改革中理论与实践深度结合、融通转化的当代中国学校转型性变革之路。[①]“新基础教育”的教师发展研究也走出了这样一条理论与实践结合融通转化之路。

（一）对教师发展的理论思考

叶澜1941年出生于教师家庭。她的父亲早年考入集美学校师范部，因从事革命活动被校方开除，后来到了上海，在刘海粟任校长的上海美专读书，毕业后在小学和中学当老师。叶澜从小就在父亲所在的学校读书，这可能是她对教师特别有感情，并与师范结缘，以至后来学教育、从事教育、研究教育的来自家庭的影响。

叶澜从小就为自己是教师的女儿而骄傲，读高中时立志成为一名教师。在高中毕业的化装晚会上，她把自己化装成苏联电影《乡村女教师》中的女主角瓦尔娃拉。1962年从华东师范大学教育系毕业后，叶澜留系任教，并到附小工作两年，这是“专业理想受到初次重创的两年”，理论虽好却不能直接“指导”实践，经验有悖于理论却行之有效。此后，理论与实践的关系问题始终萦绕在她的心头，这可能是她的人生与教育学、与基础教育、与教

① 叶澜. 转化融通在合作研究中生成——四论教育理论与教育实践的关系［J］. 教育研究，2021（1）：31-58.

师紧紧联系在一起的个人经历的影响。①

1994年9月，“新基础教育”探索性研究正式启动。其中关于教师发展的思想是建立在叶澜对教师的持续关注和思考基础上的。尽管这些思想散见在不同的著述中，但已为教师发展思想的形成提供了扎实充分的理论准备。而“新基础教育”教师观的集中论述主要体现在以下文献中。

表4-3 “新基础教育”教师观的相关著述

序号	年代	书名或篇名	主要观点
1	1994	时代精神与新教育理想的构建——关于我国基础教育改革的跨世纪思考	时代呼唤主体精神的新人，理想新人体现了时代精神与新教育对象观的综合
2	1998	更新教育观念，创建面向21世纪的新基础教育	价值观、学生观、教育活动观等“三观十性”的教育观念更新
3	1998	新世纪教师专业素养初探	未来教师应具有与时代精神相通的教育理念、复合的知识结构、适应社会要求的能力和教育智慧
4	1999	“新基础教育”探索性研究报告集	未来教师“新形象”的探讨
5	2000	在学校改革实践中造就新型教师——《面向21世纪新基础教育探索性研究》提供的启示与经验	学校改革与教师日常工作越贴近越有利于促进教师转变，理论研究与试验研究相结合有利于新型教师的形成
6	2001	“面向21世纪新基础教育”探索性研究理论纲要	以“三Z”（整体、综合、终身）构建面向21世纪新基础教育的模式
7	2001	教师角色与教师发展新探	从教师德性、教师审美、教师发展诠释教师职业，提出第四观——教师观
8	2002	实现转型：新世纪初中国学校变革的走向	现代型学校的特质：价值提升、重心下移、结构开放、过程互动、动力内化
9	2002	重建课堂教学价值观——“新基础教育”课堂教学改革的理论与实践探究之一	从单一地传递教科书上呈现的现成知识，转为培养能在当代社会中主动、健康发展的一代新人

① 参见：许美德. 思想肖像：中国知名教育家的故事［M］. 周勇，译. 北京：教育科学出版社，2008：238-250.

续表

序号	年代	书名或篇名	主要观点
10	2002	重建课堂教学过程观——“新基础教育”课堂教学改革的理论与实践探究之二	教学过程中师生的内在关系是教学过程创造主体之间的交往关系，这种关系在教学过程的动态生成中得以展开和实现
11	2003	改革课堂教学与课堂教学评价改革——“新基础教育”课堂教学改革的理论与实践探索之三	采取评价改革贯穿于教学改革研究与实践全过程的策略，改变了评价者在改革之外、评价过程外在于改革过程的传统
12	2004	“新基础教育”发展性研究报告集	形成并提出教师发展观，在学校“研究性变革实践”中实现教师的发展
13	2005	教师发展研究的理论思考与实践探究	明确“自我更新型”教师发展的基本路线，将“研究性变革实践”作为实现教师发展的基本途径
14	2006	“新基础教育”研究引发的若干思考	既“成事”又“成人”，在“成事”中“成人”，为“成人”而“成事”，用“成人”促“成事”
15	2007	学校转型性变革中的评价改革——基于“新基础教育”成型性研究中期评估的探究	强调对作为学校变革主体的“人”的评价，促进教师实现自身教学观念、行为的改变和反思能力的发展
16	2008	学校文化的关键：唤醒教师内在的创造激情	学校要让教师找到合适的价值定位，用人文的东西去唤醒人，唤醒教师自觉追求
17	2009	大学专业人员在协作开展学校研究中的作用	大学专业人员在“主动深度介入”式合作研究中具有独特的作用
18	2011	新基础教育研究和新型教师的培养	教师发展的基本立场；影响新型教师形成的因素和可变性研究
19	2012	教师要做“师”不做“匠”	把“创新”一词还给教育本身，还给教师的劳动，让教师在教育中享受创造的欢乐
20	2012	执着坚持之强，创造发展之功——“新基础教育”三年扎根研究总结交流会发言稿	“新基础教育”要为发展校长与教师的心灵、精神、智慧创造条件，让他们有变革实践的历练

续表

序号	年代	书名或篇名	主要观点
21	2015	基础教育改革深化之路怎么走？	过一种充满研究的教育生活
22	2016	“新基础教育”内生力的深度解读	在“关系”和“是”与“不是”维度读懂教师，提升教师转型发展的自觉
23	2018	探教育之所“是”，创学校全面育人新生活——新时期“新基础教育”研究再出发	全方位开发学科的育人价值，充分开发学校综合活动的育人价值；依“教育所是”而行，达“自然而然”之境

综合叶澜在“新基础教育”系列文章或报告中关于教师发展的论述，可将“新基础教育”的教师观概括为如下四个方面。

1. 观念先行：“新基础教育”研究的“四观”

1994年，《时代精神与新教育理想的构建——关于我国基础教育改革的跨世纪思考》一文发表。叶澜敏锐地意识到，一个重视未来、强调发展、立足变革的时代已经到来，一个呼唤人的主体精神的时代已经真实地到来。这个时代需要能在多样、变幻的社会风浪中把握自己命运、保持自己追求的人，需要靠这样的新人创造未来。而培养新人的任务就历史地落到跨世纪的教育工作者身上。这就要求改革教育对象观和与其相关的教育观。叶澜提出，从教育对象观的角度看，最重要的是确认生命的整体性和人的发展能动性。这意味着对人的生命的存在和发展的认识将走出形而上学的模式，走出把人简化为物、把人的发展等同于其他生命体发展的思维方式。对象观的改革必然带来教育观的重要改变。应该以对整个人的健全教育、顾及生命整体的各个层次和方面作为教育目标，以对人的生命发展的能动特点的尊重和开发作为最重要的支点，以增进人的生命的主体意识作为时代对教育功能的重要规定和教育成效的基本保证，这样才会有真正人的教育，充满着生命活力的人的教育。[①]这里，教育对象观以及教育观的转变显然是指向教师的，是对教师提出的要求，这也成为“新基础教育”研究的理论起点。

1998年，叶澜在《更新教育观念，创建面向21世纪的新基础教育》一文中，阐述了基础教育需要更新的三大观念，并在此基础上提出了“新基础教育”的“三观十性”，即：价值观上注重“未来性”“生命性”和“社会性”，学生观上突出“主动性”“潜在性”和“差异性”，教育活动观上强调教育活动的“双边共时性”“灵活结构性”“动态生成性”及“综合渗透性”。[②]在同年发表的《新世纪教师专业素养初探》一文中，叶澜将这“三观十性”作为对未来教师在教育理念上的基本要求。“新基础教育”的这些教育理念在日后的实践中深深地影响着广大教师，并成为推动“新基础教育”的思想力量。

2001年，叶澜与白益民、王枬、陶志琼三位博士合著的《教师角色与教师发展新探》一书出版。这是一本集中讨论教师发展的著作，从道德、专业发展和美学的角度对教师这个古老的职业做了时代的诠释。这意味着“新基础教育”的教育观整体（已含价值观、学生观、教育活动观）增加了第四观——教师观。其特征是把学生和教师发展的教育学研究，从抽象人、抽象学生、抽象教师，转向具体时代、场域、情境和实践中的“具体个人”。自此，“新基础教育”研究对“具体性”的追求逐渐成为自觉践行的研究风格。[③]“发展性”也成为教师观的基本定位和对教师的基本要求。而“新基础教育”观念系统也由原来的“三观十性”增加到“四观十二性”。

这样一来，“新基础教育”的价值观、学生观、教师观、教育活动观便

① 叶澜.时代精神与新教育理想的构建——关于我国基础教育改革的跨世纪思考［J］.教育研究，1994(10)：4-6.

② 叶澜.更新教育观念，创建面向21世纪的新基础教育［J］.中国教育学刊，1998(2)：6-11.

③ 叶澜.回归突破：“生命·实践”教育学论纲［M］.上海：华东师范大学出版社，2015：21.

构成了“新基础教育”观念系统的重要理念，“未来性、生命性、社会性，主动性、潜在性、差异性，具体性、发展性，双边共时性、灵活结构性、动态生成性、综合渗透性”这十二性便成为“新基础教育”四观的具体内容。而“观念先行”也成为教师参与“新基础教育”研究的思想启蒙，并成为推动“新基础教育”研究的思想力量。

2. 立场设定：“新基础教育”教师发展的探寻

2011年，叶澜发表了《新基础教育研究和新型教师的培养》一文，对自1994年开始的“新基础教育”研究中关于教师发展的基本立场进行了回顾和总结，表明了“新基础教育”对教师地位的重视、生命的关怀、发展的尊重以及成长的期待。

立场一：教师发展在教育改革中的地位。叶澜针对一些改革往往把教师当成工具，目的只是成事，对改革中人的地位却不重视的现象，提出了“新基础教育”看待教师地位的两个观点：其一，教师是学校能否实现“新基础教育”最终的决定性因素。因为与学生面对面交往的是教师，管理班级的是教师，组织课堂的是教师。如果教师不改变，就不可能有学校的改变，也不可能有教育改革的成功。其二，提高教师的职业生命质量，是“新基础教育”研究重要的直接目的。教师是直面生命、需要生命关怀的职业，因此应该尊重、关爱教师的生命质量。[①]

立场二：教师专业发展的方向。当今中国教师发展需要有一种整体的定位，即实现由传统型教师向当代型教师的转换。这种转换不只是局部的，而且是整体的；不只是外显的，而且是内在实质的；不只是通过职前培训能完成的，而且是要终身实践学习的；不只是个人经验的提升，而且要适应社会发展。新型教师与传统型教师不一样的有三个方面：一是教师对职业价值的

---

① 叶澜.新基础教育研究和新型教师的培养［J］.教书育人，2011(6)：8.

认识有提升；二是教师的知识结构和能力结构在不断改造；三是教师的思想方法需要更新，因思想方法的更新而形成智慧。[①]

立场三：教师专业发展的动力。教师要真正从传统型向当代型转变，不可能完全靠自助，还需要外力的促进和帮助。但任何外在的力量只有在教师向其开放时才能产生影响，只有在最终成为内在需求和发展能力时，才能真正实现教师专业的发展，教师才能打破陈旧观念束缚和习惯的行为方式。所以，教师的内在因素又是决定性的因素。教师转化的过程要有外力，在外力的帮助下达到自我更新，并不断成为自主的需要。需要是最恒久的动力，什么时候发展成为如吃饭一样最基本的需要时，这种发展一定是自我更新的。[②]

立场四：教师实现专业发展的基本途径。教师的专业发展要扎根在自己的日常教育实践之中。校园是教师发展的家园，课堂是教师发展肥沃的土壤。“新基础教育”尊重包括个体教师的具体、丰富、生动的实践，视教师的实践为教师发展最重要的出发点，视教师的实践为最丰富的资源。[③]希望教师的实践是研究性的，希望把研究、探索、反思贯穿于全过程。教师实现专业发展还有一个重要的过程，就是“重建”。这个过程是对教学行为中问题的改变和重建，是对观念与立场的重建。重建后再进入具体策划阶段，这样便形成了良性循环。[④]

在这篇文章中，谈到“新基础教育”教师发展的立场时使用的虽然是“教师专业发展”的提法，但叶澜一再强调教师作为完整的人的发展，强调要提升教师对职业价值的认识，要提高教师职业生命的质量，表明了她关于教师发展的一贯立场。

①②④ 叶澜.新基础教育研究和新型教师的培养［J].教书育人，2011(6)：8-9；9；9-10.

③ 王建军.“新基础教育”研究中的教师发展［M］//叶澜.“新基础教育”发展性研究报告集.北京：中国轻工业出版社，2004：241.

3. 学校变革："新基础教育"教师研究的方位

2005年10月，叶澜在华东师范大学人文社会科学终身教授报告会上，做了《教师发展研究的理论思考与实践探究》的学术报告。[①]她从多个方面系统阐述了"新基础教育"关于教师发展研究的思考与探索。

首先，对教师发展这一主题流行的背景进行了剖析。她指出，教师发展问题的提出是源于社会发展要求教育以变革应对社会需求，而教育变革在实践一线开展就不能不涉及教师作为教育者的变化与发展。于是，教师发展研究便应运而生且成为国际普遍关心的热门话题，也是当代中国教育改革研究中的热门话题。

其次，对教师研究的历史及问题类型做了简单回顾。关于教师问题的研究并非自今日才起。自近代师范教育在世界各国普遍兴起就有了关于教师问题的研究，最初是与教师培养联系在一起，继而又与教师在职期间的专业成熟变化、教师继续教育问题相关，研究大多旨在提升教师的专业水平与教学工作质量。这些研究尽管有不同的主题，但仍可以将它们归为一大类，即在社会常规发展背景下教师的养成与发展问题。研究涉及的问题主要有两大方面。一是教师应具备怎样的素质，专门机构和学校如何培养出称职教师。这是从教育工作性质的理解和任务出发，梳理教师应具备怎样的特征，并以此为基础研究教师培养和教师评价问题。在尚未有职后教育观念和实际需要时，上述研究集中在职前教育方面，包括目标、课程、结构、内容和方法等。随着对教育质量要求的提升，教师在职过程中的继续教育问题被提上议事日程，教师继续教育的特殊性成为研究中的一个重要内容。然而，由于继续教育的非制度化和与现实需要关系密切、变化快，故尚未对职前教育与继

---

① 该报告没有形成完整的文章，但有一份约2 500字的同题提纲。其中部分内容在《"新基础教育"发展性研究报告集》"关于教师发展"中有展开的论述。参见：叶澜."新基础教育"发展性研究总报告——世纪初中国基础教育学校"转型性变革"的理论与实践［M］//叶澜.变革中生成：叶澜教育报告集.北京：中国人民大学出版社，2019：184-189.

续教育的关联性做一体化的研究。以上研究可以说是基于教育工作需要而开展的教师问题研究，进行的主要是教师的理想目标及教师教育如何实现理想的研究。二是基于教师而开展的研究。主要关涉怎样的人适合当教师、教师成长过程中的阶段性特征及其成因分析、优秀教师的特征与成长研究、如何促进教师发展等主题。其中有群体性的分类研究，也有个体性的案例研究；有关于教师成长的全程性研究，也有教师成长过程中某一阶段的研究；有将教师作为完整个体发展的综合研究，也有就教师的某一方面，如能力、语言或心理（如认知等）方面的研究。在这些研究中，教师本身的问题处于中心地位，进行的主要是教师的状态与成长变化的事实研究。两类研究虽然宗旨、目标、方法不尽相同，但最终目标都服务于教师水平的提高和发展。

最后，对中国当下教师研究的背景及要求进行了审视。当前教师发展研究尤其是中国的教师发展研究，是对处在重要的社会转型期的教育变革中的教师发展研究。不充分认识这一重要前提条件的变化，就不可能思考当代教师发展研究所面临的特殊问题，就有可能依然沿着社会常规发展背景下教师发展与养成研究的路径开展下去。不关注这一重要前提条件的变化，教师发展研究无论在理论上还是在实践上都不可能有实质性的进展。“新基础教育”研究意识到了这一点，它是以当代中国社会转型性变革为背景开展的学校变革研究。正因为有了对时代、社会背景变革性质和教育改革、学校变革的系统及相关性的理论研究，又在此基础上与教师一起开展教育变革的实践研究，并始终坚持把教师发展看作这项变革研究能否最终成功的关键性因素，故在研究过程中逐渐形成了对教师发展的理论与实践的系统认识与经验，提出了一些新的观点，取得了基于当代中国教育变革实践的创造和具有发展意义的成果。

4. 自我更新："新基础教育"教师研究的初步成果

叶澜在2004年所做的《世纪初中国基础教育学校"转型性变革"的理论与实践——"新基础教育"理论及推广性、发展性研究结题报告》及2005年所做的《教师发展研究的理论思考与实践探究》报告中，系统地介绍了"新基础教育"在教师发展研究方面的成果及贡献。可简单概括为以下三个方面。

（1）重新建立教师角色理想观。教师发展不能只局限于专业发展，教师是作为一个真实的、具体的人而存在的，这关系到教师作为个人的发展问题。正是在这一点上，"新基础教育"把追求的生命价值贯通到每一个参与学校教育实践的人身上，将教师个人的生命价值实现与教师职业生涯相联系；在着力揭示教师职业生命价值的同时，"新基础教育"还从教育创造人精神生命的意义上，将教师工作的创造性认定为教师职业内在尊严与欢乐的核心依据，并将唤起教师内在发展的需要和教师对职业内在尊严与欢乐的认识及追求作为"新基础教育"促进教师发展的切入点；同时批判了教师角色观中"圣化"和"匠化"的两极片面认识，将教师角色理想回归到富有社会责任感，具有独特的教育智慧、创造意识与能力，拥有自我发展需要与潜力，有可能在教育实践中实现主动发展的、生动的、具体的、真实的人的水平上。这既是"新基础教育"研究对教师人文关怀的践行，也突破了"教师专业发展"的概念框架，形成了教师作为个体的人、作为社会角色以及作为承担学校具体教学、教育的人，在学校转型性实践中实现教育观念与行为的转型、实现自我更新这样一个由多层面构成的、更为丰富的"新基础教育"的"教师发展"观。①

（2）明确当代"自我更新型"教师发展的基本路线。第一，结合自身的

① 该部分内容在"新基础教育"理论及推广性、发展性研究结题报告中有展开的论述。参见：叶澜."新基础教育"发展性研究报告集［M］.北京：中国轻工业出版社，2004：28-29.

教育教学实践，养成学习和思考的习惯，提高自己对时代变化、学生状态和教育变革的敏感性和研究兴趣。第二，有探索、创造的勇气和体悟、反思自身改革实践的能力。第三，清理自己头脑中已存在的、根深蒂固并已转化为行为习惯的传统教育观念，更新教育观念，并在自己的教育实践中，使新教育观念与教育行为的转变实现统一。第四，提高形成新的教育经验的自觉性，逐渐养成“新基础教育”教学改革和班级建设所需要的新基本功和习惯。这几点，实际上勾勒出了“新基础教育”教师的自我更新路径，即沿着转换角色、打开视野、转变观念、探究实践、反思体悟、转变行为、提升能力、更新习惯的基本路线行进。

（3）提出在学校“研究性变革实践”中实现教师发展的基本途径。“研究性变革实践”与以往教师在学校中天天进行的日常实践相比，有如下特质。其一，“研究性变革实践”是内含变革理论的实践。教师对变革理论的学习与思考，是“研究性变革实践”能否开展的前提性要求，变革理论具有改变教师认识框架和逐渐改变思维方式的价值。其二，“研究性变革实践”是超越自身经验的实践，是具有更新指向的实践。教师通过反思体会到变革意识和变革理论，使日常实践成为有意识的自觉追求的变革实践。这是研究性实践能否促成变革的核心因素，也是学习能否转化为实践的关键性因素。其三，“研究性变革实践”是创生性实践，要求教师在反思基础上实现“重建”。实践后的反思及重建的设想与再实践，是“研究性变革实践”促成教师在实践中得到发展的重要一环。其四，“研究性变革实践”是将研究的态度、意义和内容贯穿到实践全过程和多方面的实践。通过这样的实践，将教师群体转化成学习化组织，把个人转变成一个自觉的终身学习者。“新基础教育”最着力和最艰苦的工作是课堂教学中的互动生成和养成教师自觉开展“研究性变革实践”，这是对传统学校教育中有关教育价值、教学本质、教师角色和教师生存方式的集中和深度挑战。然而，也正是这两方面的结合，使“新基础教育”具有造就新型教师、促进教师实现转型的内在力量，成为一种富有人性魅力的实践。只要在这两方面取得突破性的进展，教师的发展就会出现新质，他们的精神独立、专业自主、话语权利和新的教学思维和能力都有新的增长，进而实现以“研究性变革实践”取代传统的重复性的实践，成为具有新质的学校日常实践，成为教师新的职业生存方式。[①]

叶澜还谈到了教师发展研究的未来。教师发展是一个重要而复杂的研究主题，在实践中是一个关键和艰难的历程。还需要对教师发展研究本身做出反思，研究当代背景下教师发展的新问题，形成新认识与新经验。这一研究不仅推进教育改革，还将使教师的人生变得更加鲜活、光彩，富有生命意义和吸引力。

（二）对教师发展的实践探究

作为“新基础教育”的总主持人和直接持续参与者，叶澜不仅对教师发展有着系统而全面的理性思考，而且将这些思想融入“新基础教育”的实践中，创造并形成了一条适合中国教育实情且独具特色的教师发展之路。其中，生动而丰富的经验及案例不胜枚举。这里仅就“新基础教育”探索性研究、发展性研究、成型性研究、推广性研究的实践以及叶澜相关论文中关于教师发展的案例描述做一概括和呈现。

1. 创生了“深度介入”的新研究方式

“新基础教育”与其他研究的最大不同在于，这是大学的专业理论工作者与中小学教师在深度合作基础上推动学校转型性变革的研究。所谓深度合作，不仅意味着专业人员进入现场，而且要以实践变革合作者的身份参与到实践变革之中，直接进入课堂、班级，介入教师教学、教育的研究过程之中。因此，这是一种“深度介入”的新研究方式。整个研究期望的效果是：

① 参见：叶澜．“新基础教育”发展性研究报告集［M］．北京：中国轻工业出版社，2004：30-32；叶澜．教师发展研究的理论思考与实践探究．未发表．

理论与实践、专业人员与实践者两个维度的交互创生与发展。没有专业人员深度介入实践，这一目标无法实现。此外，专业人员的“深度”介入，并不等于“代替”实践者。深度是指其对实践的介入程度、影响力达到的深度以及在变革过程中交互作用的“深度”。它与“代替”远非同样概念。“深度”介入不是为了“代替”实践者，而是为了促进实践者成为智慧、自主的教育实践的创造者。①

“新基础教育”这种深度介入涉及的主题有：教育教学价值、目标的选择；教学内容的结构重组研究；课堂设计的依据，教学过程全程动态相关性与合理性探究，学生状态的分析和资源开发；教育教学效果及原因的分析；教师如何在教学实践中实现自己的发展等。正是这种深度介入，使专业的理论研究者与中小学教育实践者在研究中形成了“我们”的“共同体”的关系，而不只是各作一方的“双方”关系——大学的专业理论研究者与中小学的教育实践者一起为实现改革目标而改变实践和“我们”自己。②

“新基础教育”的深度介入研究主要经历了三个阶段。第一阶段是探索性研究。通过基于教育和学校现实的调查，贴地式地进入教育现场，发现并形成关于现实中教育行为的基本状态，及其背后以教师在教育教学中语言和行为习惯的方式呈现出来的教育观念的认识，即认识教育现实中需要改变的教育观念系统和行为系统，进而形成并明确提出变革所需要的理论参照系，再通过与教师一起开展教育活动的反思，促使两套“系统”在对具体教育实践行为的评析中相遇、碰撞；同时，这也是在学校教育现场理论研究人员与实践人员的相遇与碰撞，逐渐对“新基础教育”改革的价值取向、观念系统的变革、涉及的主要领域，以及需要改变的核心问题及其表现等，形成双方共同的心向和认识的过程。“新基础教育”呈现出关注、提升研究者双方的

① 叶澜.大学专业人员在协作开展学校研究中的作用［J］.中国教育学刊，2009(9)：3-4.

② 叶澜.我与“新基础教育”——思想笔记式的十年研究回望［M］//丁钢.中国教育：研究与评论：第7辑.北京：教育科学出版社，2004：45-47.

研究自觉和师生双方的发展自觉的特质。第二阶段是发展性阶段。通过推进在教育教学领域研究内容的拓展和经验的扩充、丰富，用大量新的具体实践促进理论的进一步发展；用丰富了的理论进一步提升经验，形成有改革实践支撑的新理论系统和有理论内涵的新实践型态；以理论与实践双向互动的方式来实现研究本身和教育共同体成员的主动发展。可以说，这是“发展性阶段”之“发展”的实质，它将深度介入研究推进到了以理论与实践积极互动、双向构建为重点的阶段。第三阶段是成型性研究。主要任务是完成“新基础教育”的基础理论和应用系列的构建，初步完成体现当代社会发展需要和能实现培育新人的新型学校的创建。经历了成型性研究的优秀骨干教师，不仅在教学、教育上呈现出具有“新基础教育”之魂的、富有个性的教学风格，而且养成了学习理论和研究的习惯，且善于将其渗透到自己的日常工作之中。这一切又都让教师产生成就感和专业成长感。他们把这些变化都看作是自己参加、主动投入改革的积极实践的产物。这就改变了在不少改革实践中教师仅作为执行者，甚至被当作消极的力量、被改革的对象的角色地位。中小学教师把改革看作自己创造新型学校的努力，也是自己获得发展的必然途径。①

这是“新基础教育”的贴地式研究方式。理论工作者在实践中深度介入研究，与教育实践者学习、研究、运用理论，为新理论的创生提供新经验及实现自身发展的“研究性变革实践”两相呼应，且并存于“新基础教育”研究中，呈现出独特的教育理论与教育实践的结合方式。深度介入研究与“研究性变革实践”在成型性阶段以共同体成员优秀核心力量（包括实践人员与理论人员双方）的“成人”实现为代表，完成了从发展性阶段理论与实践在两个群体间的交互生成、相互滋养，到形成每一个研究主体内部的理论与实践交互生成和相互滋养的转化。这一转化的实现使“深度介入”之“深度”

① 叶澜. 在学校改革实践中造就新型教师——《面向21世纪新基础教育探索性研究》提供的启示与经验［J］. 中国教育学刊，2000（4）：62.

达到了人的内在发展和自觉的程度，也使这一研究方式本身呈现出“新基础教育”“成事成人”的价值追求特征。①

2. 形成了“听课—说课—评课”的新研课方式

“新基础教育”选择了课堂教学和班级建设作为推进学校转型性变革的主阵地。叶澜坚信，一方面，日常生活的质量是生命质量的保证，要培养出理想新人，就要从改变学校的日常生活实践着手。而组成教师和学生的最基本的活动空间是课堂，最主要的活动是课堂教学与班级生活，“新基础教育”关注“日常”和“持续”，并希望通过学校的日常生活实践的内在变革，实现师生在校生存状态的变化，实现新型教师和学生的养成。另一方面，要改变课堂，影响教师，与教师一起创造新的课堂形态，首先需要改变的是过去形成的认识课堂所遵循的思路、原则与方式。这就要重新构建研课的方式。

“新基础教育”在持续的贴地式研究中，形成了基于提升教师实践智慧的“听课—说课—评课”的新研课方式。叶澜详细地介绍了这一过程。具体的做法一般是每周一天固定到试验学校，上午通常是听课和看班级活动，下午分两组（一组教学，一组班主任工作）开展交流。先由上午上课的教师说课，主要内容是对有关课的设计的说明、上课的反思，尤其是请他谈自己的感受，如课上哪些地方他感觉好，哪些不好，哪些地方体现了新的改革要求，为什么，等等。接着就开展有关课和教师说课内容的讨论，其重点不在指出课堂中出现的现象，而在对何以会产生这种现象的分析，直指教师内在理论。在此基础上，再进一步说明“新基础教育”的教育教学观与教师内在理论的区别，并提出新观念指导下可采用的新行为的一些建议，以促进教师内在理论与实践行为的更新与沟通。一系列活动追求的效果是，教师对自己的教育行为和行为背后的内在教育思想有所自觉，并在改变自己的日常实践

① 叶澜．略论“新基础教育”研究之路的若干特征［J］．基础教育，2011（2）：6-10.

中实现自己教育观念和行为的改变。对于理论工作者来说，深度介入式研究是了解真实的课堂、研究教师的教学行为和学生的学习行为、观察课堂的展开方式，是师生互动类型、形式、内容、层次和效果的不可替代的研究方式。需要在感受的同时做出判断，在判断的同时琢磨原因，在分析原因的同时思索可能的改变。这一切又都是在课的行进、流变中同时进行的。在课堂上，眼观、耳听、手记、脑思，精神高度集中，思想也空前活跃。唯有这样，才有可能在讨论中针对具体的课，面对具体的教师，发表自己的意见；才有可能使这些意见不只是对教师的教育行为，而且对他的教育观念的自知和更新产生积极的影响。这种研究方式由于贴近实践，直接针对相关的具体的一个个教师，所以受教师欢迎。①王建军特别绘制了一个“新基础教育”的“听课—说课—评课”活动概念框架图。②

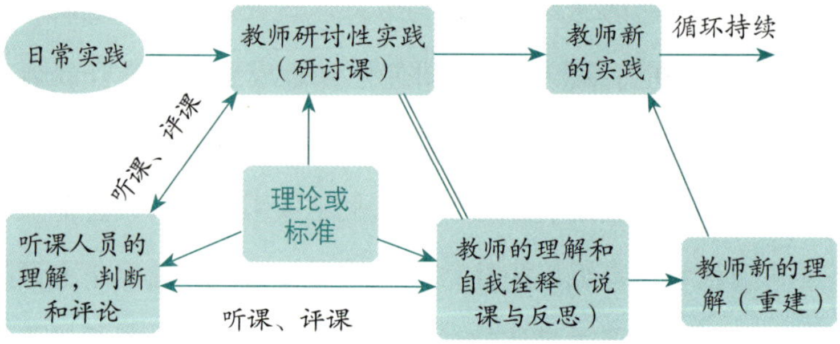

图4-1 “听课—说课—评课”活动概念框架

叶澜谈到了“新基础教育”听课关注点的改变。以往到学校中去听课，通常的关注点是：教师的教学设计目标是否清晰合理，知识中的难点、重点是否突出；教学过程的组织是否有条理，教学方法的选择是否恰当；教师的基本功是否扎实，组织、管理课堂的能力是否具备或出色；学生是否学到了

① 叶澜．我与“新基础教育”思想笔记的十年研究回望［M］//丁钢．中国教育：研究与评论：第7辑．北京：教育科学出版社，2004：46-47.

② 王建军．“新基础教育”研究中的教师发展［M］//叶澜．“新基础教育”发展性研究报告集．北京：中国轻工业出版社，2004：255.

知识，教学目标是否达成等。其核心的内容是对教师预设和实现预设能力及效果的评价。叶澜批判了这种传统的、旷日持久的通用模式，提出了课堂应该关注师生作为整体人的生命发展，要让课堂本身也充满生命活力，改变教师仅作为知识传递者的角色，教学应充满智慧和挑战。“新基础教育”听课观察的重点从关注教师转向关注学生的学习活动以及师生互动的状态。为此，叶澜改变了以往听课坐在教室后面的传统，把位置选择在同时能看到教师和学生的前面。为了同样的目的，还建议课堂录像人员改变拍摄位置，建议学校听课教室的结构要改变，不要像剧场那样安排，让听课者坐在后排，只面对教师，看学生的后脑勺。[①]这不仅仅是听课位置的改变，更重要的是儿童立场的凸显。

叶澜还特别介绍了“新基础教育”的评课方式。评课是一种针对教师刚进行过的教学行为的讨论，通常是首先从整体上评价这节课所展现的特点和效果，进而提出认为可改进的方面。“新基础教育”的评课不局限在教育行为的评价上，而是着力于揭示这种教育行为背后的传统观念，即指出与这种教育行为相关的教师头脑中“内隐理论”的具体观点。叶澜把这个由外显行为追溯内隐理论的过程戏称为“捉虫”，捉头脑中的“虫”。这种“捉虫”过程更重要的价值，是使教师获得了真实体验，从而提高反思自己教学行为的需求与能力。然后，评课者再进一步提出如果改变头脑中的观念，那么可以采取怎样的教学行为之建议，这又为教师提供有关新教育观念与新教育行为关联的例证。在评课中，教师往往在这个时刻会有所顿悟，发出“喔，原来是这样”的感叹。叶澜把这一在教师头脑中建立起新观念与新教育行为关联的认识效应戏称为“喔”效应。这一“捉虫”与“喔”效应的两段过程，都指向观念与行为的关联性。这是教师实现“转化”的关键一步（自然也不是一次就能完成的）。在这个过程中，理论研究人员起了“诊断”“分析病

① 叶澜. 我与“新基础教育”——思想笔记式的十年研究回望［M］// 丁钢. 中国教育：研究与评论：第7辑. 北京：教育科学出版社，2004：50-51.

理”和“开药方”的作用。随着教师能力的发展，这一过程就会转化为教师“自我诊断”与“自我治疗”的过程。①

叶澜以“新基础教育”好课的“五有”“五实”要求表达了对广大教师的期待。第一，有意义。即一节课对学生的学习是有意义的。初步的意义是他学到了新的知识；再进一步是练就了他的能力；同时还伴随有良好的积极的情感体验，使他产生更进一步学习的强烈的要求；再发展一步，他会越来越主动地投入到学习中去。学生上课，“进来以前和出去的时候是不是有了变化”，没有变化就没有意义。所以第一点是有意义的课，也就是说，它是一节扎实的课。第二，有效率。表现在两个方面：一是就面上而言，这堂课下来，对全班学生中的多少学生是有效的，包括好的、中间的、困难的，他们占多大比例；二是效率的高低，有的高一些，有的低一些，但如果没有效率或者只是对少数学生有效率，那么这节课就不能算是比较好的课。从这个意义上，这节课应该是充实的课。整个过程中，大家都有事情干，通过你的教学，学生都发生了一些变化。第三，有生成性。这节课不完全是预设的，而是在课堂中有教师和学生的真实的、情感的、智慧的、思维的、能力的投入，有互动的过程，气氛活跃。在这个过程中既有资源的生成，又有过程状态的生成。这样的课可称为丰实的课。第四，有常态性。我们受公开课的影响太深，当有人听课的时候，容易出的毛病是准备过度。到了课堂上没有新的东西生成出来，只是准备好的东西的再现。当然，课前的准备有利于学生的学习。但课堂有它独特的价值，这个价值就在于它是公共的空间，这个空间需要有思维的碰撞、相应的讨论，最后在这个过程中师生相互地生成许多新的东西。“新基础教育”反对借班上课，为了让大家淡化公开课的概念，至少不去说“公开课”，只有“研讨课”。对于教师来说，不管谁坐在你的教室里，你都要旁若无人，因为你是为孩子、为学生上课。不是给听课的

① 叶澜．在学校改革实践中造就新型教师——《面向21世纪新基础教育探索性研究》提供的启示与经验［J］．中国教育学刊，2000(4)：61.

人听的，要“无他人”。这样的课可称为平实的课（平平常常、实实在在的课），是平时都能上的课，而不是很多人帮你准备后才能上的课。第五，有待完善。课不可能十全十美。十全十美的课作假的可能性很大。只要是真实的就是有缺憾的，有缺憾是真实的一个指标。公开课要上成没有一点问题的课，那么这个预设的目标本身就是错误的，生活中的课本来就是有缺憾的、有待完善的，这样的课称为真实的课。扎实、充实、丰实、平实、真实，说起来好像很容易，真正要做到却很难。但正是在这样一个追求的过程中，教师的专业水平才能得到提高，他的心胸也变得博大起来。同时他也才能够真正享受到教学作为一个创造过程的全部欢乐和智慧的体验！①

3. 建构了“推进型评价”的理论与方法

任何活动都离不开评价，教育也同样。但是，不同价值观指导下的评价所带来的结果是不一样的。对教育这一直接关乎生命、关乎成长的活动来说，为什么评价、评价什么、谁来评价、评价后又该怎样，对这一系列问题的不同认识和导向将直接影响教育活动的进行，进而影响师生的成长。

叶澜对评价的认识基于这样的出发点：评价是为了使教师、学校领导在“新基础教育”改革研究中更加明晰行为过程如何改变，促进他们在“如何做”上发生转型性变化。因此，“新基础教育”提出了服务于改革推进和实践中主体发展的评价理论。

“新基础教育”对参与研究的学校进行评价时，采取的是“推进型评价”。其特征可概括如下。第一，“新基础教育”评价目标与功能的定位在于推进改革发展，实现改革目标。“新基础教育”的改革目标是“成事成人”，改变师生在校生存方式，它涉及教师教育思想、认识教育的思想方法和行为方式的转变。所有这些，都把“评价什么”指向学校教育教学的实践

① 叶澜.什么样的课算一堂好课？[J].福建论坛（社科教育版），2005(11)：6.

过程，而非最终的实践结果，或改革过程中某一个或几个不同时段的实践结果。从评价改革“结果”转向评价改革“行为”的基本“过程”结构，并促使改革主体在如何变革自己的教育教学行为等方面的自觉性提升，这是“新基础教育”评价改革在核心问题上的重要变化，是该研究“成事成人”价值追求在评价研究中的具体表现。第二，评价过程对项目的系统设计以整体性和结构性为特征。它是“新基础教育”理论的具体化和操作化要求的表达，是以内涵变革为价值导向，对改革各层面做全覆盖和体现目标一致性的设计。在成型性阶段还设计了教师的教育行为在转化过程中表现出的发展层级性差异的三级描述性指标。这些指标不但为评价者提供了具有相对一致的标准，而且让改革主体有了更为清晰、有关联性和持续性的、具有发展阶段自评可能的参照系。这使“新基础教育”学校改革评价体系，无论在结构上还是项目选择与指标分层、描述内容上，都呈现出自己的独特创造。第三，评价过程是改革研究过程的有机组成，推进改革过程发生转折的重要力量。教育理论研究人员、教育改革实践人员、教育行政人员联合构成了评价主体；评价内容指向有效地促使改革实践主体认识参照系的变化，这对促进他们自身的转变有积极的作用。因此，“新基础教育”评价成为一种共同探究与满足、提升教育改革实践主体发展需要的研究活动。第四，评价的全过程也是理论研究人员集中对一阶段研究做出清思、反思和进一步发展策划的过程。通过对参与“新基础教育”的学校及师生发展状态的评价，一方面提高了专业理论研究者在与教育实践者合作研究中发挥理论功能的自身能力，促进了专业理论研究者在“成事”与“成人”中的自觉性与能力的提高；另一方面还让理论研究人员看到了内在于学校、教师的强烈发展愿望，他们的热情、智慧与创造，增强了“学校转型”目标可以达到的信心。①

“新基础教育”对参与研究的教师的课堂教学进行评价时，同样采取了

① 叶澜．略论“新基础教育”研究之路的若干特征［J］．基础教育，2011（2）：12-14.

“推进型评价”。改变了评价者在改革之外、评价过程外在于改革过程的传统，使课堂教学评价成为课堂教学改革的认识深化和实践推进中不可缺少的重要组成部分，把课堂教学改革实践的深化过程与阶段成果不断转化为评价改革的深化过程与重要资源。这样一来，评价就贯穿于教学改革研究与实践的全过程，成为促进教师成长的重要推动力。“新基础教育”课堂教学改革评价系统的形成大致经历了三个阶段。第一阶段以诊断性评价与常规性评价为主要构成。重点放在诊断性评价上。诊断的过程被通俗地称为“号脉”，既“号”课堂教学状态之“脉”，又“号”实验教师个体之“脉”；既“号”教师已经形成的教学特征之“脉”，又“号”教师对教学改革理论的理解和有意识做出改变程度之“脉”。对于教师而言，诊断性评价最主要的价值在于提升教师自我反思的意识和能力，使“教学自我”的形象清晰化，并发现传统教学观念在自己教学行为中的表现，体验新教学理念如何才能转化为自己的教学实践，以及自我改变后可能呈现的新实践状态等。这是教师实现自我更新的重要前提。第二阶段以原则性评价与比较性评价为主要组成部分。“原则”不是从教学论书中找来的。它体现了“新基础教育”课堂教学追求的“新质”，同时对改革实践具有针对性、建设性和指导性。原则性评价旨在促进教师对内含新质的实践形态的理解、追求与创造，它比诊断性评价更强调“新质”的创建任务。比较性评价则增加了横向比较和对“新质”的比较，并在他评方面也开始直接指向教学过程。第三阶段以全程整体性评价与阶段系统性评价为主要组成部分。就是说，评价既是全程性的，又是关联性的。所谓全程性，是指指标包括了教学设计、教学过程和教学反思三个阶段；所谓关联性，不仅指全程三个阶段之间，而且指每个阶段的项目与项目之间、指标与指标之间存有内在关联性。由于这样的评价既能记录和判断每一个教师在某一阶段具体教学过程中表现出的相对综合和全面的状态，也能对过程中每一阶段呈现的状态、水平做出分析性的判断，有助于教师既看到自己的总体发展状态，又能发现具体的问题所在，颇受广大教师的认可。①

正是在深入推进学校转型性变革的研究与实践中，“新基础教育”形成了具有鲜明的原创性和“新基础教育”个性的评价系统。而参与“新基础教育”研究的广大师生和大批学校也在推进型的评价中获得了长足的进步。

“新基础教育”的教师发展之路，是一条理论与实践转化融通的发展之路。叶澜在2021年发表的《转化融通在合作研究中生成——四论教育理论与教育实践的关系》的长文中，以江苏省常州市新基础教育研究会和上海市闵行区新基础教育研究所提供的大量数据说明了学校、教师以及学生发生的可喜变化。②这也再次证明，教师作为完整的人所实现的“整体的发展”是教师发展的目标所在，而教师对提升自我的“发展自觉”是教师进步的源泉。

---

① 叶澜，吴亚萍. 改革课堂教学与课堂教学评价改革——“新基础教育”课堂教学改革的理论与实践探索之三［J］. 教育研究，2003(8)：42-49.

② 叶澜. 转化融通在合作研究中生成——四论教育理论与教育实践的关系［J］. 教育研究，2021(1)：31-58.

第五章　教师素养的重塑

对人类的热爱和博大的胸怀，对学生成长的关怀和敬业奉献的崇高精神，良好的文化素养，复合的知识结构，在富有时代精神和科学性的教育理念指导下的教育能力和研究能力，在实践中凝聚生成的教育智慧，这就是我们期望的未来教师的理想风采。

——叶澜[①]

教师素养问题是随着教师职业的产生而提出的，又是随着师范教育的发展而日益清晰和自觉的。叶澜研究教师素养这一问题与她给师范生上教育概论课及编写《教育概论》和《新编教育学教程》有关，也与她在面临世纪之交的时代挑战以及全球化、信息化浪潮的冲击时的思考有关，更与她自1994年开始进行的近30年的“新基础教育”研究与实践有关。在这一思考与研究的过程中，叶澜对教师素养的认识和分析既有始终如一的系统架构，又有随社会及教育的变化而进行的展开和丰富的内容补充。与其他人研究教师素养的不同之处在于：叶澜始终将教师素养问题放在时代发展的宏观背景之下，并根据基础教育变革提出的诸多挑战去思考和建

① 叶澜．新世纪教师专业素养初探［J］．教育研究与实验，1998（1）：46.

构教师的素养及培育路径。这使得她对教师素养的研究具有了更强的时代感和现实性，因而她在“新基础教育”研究与实践中提出的重塑教师素养的主张得到了广大教师的认同，并成为推动教师发展的重要思想启蒙。

一、叶澜关于教师素养提出的背景

自古以来，教书育人者便享有“塾师”“宗师”“书师”“业师”等尊称，这些称谓本身在表明了对从事知识和技能传授者的尊敬的同时，也对教书育人者提出了素养以及不断更新的要求。

叶澜指出，时代向教育的挑战不只是数量的扩展或原有教育的修补与完善，而是教育的重建。这种重建是以对时代特征的把握为基础的。它要求重新认识教育在社会中的地位与价值，重新确立教育目标，重新构建为实现目标服务的课程，重新设计教育的组织原则与方法原则，这一切都是为了使改变了的教育能够适应21世纪社会发展的需要。而要完成上述教育的重建，其核心是教师。

（一）社会转型呼唤人的主体精神的培养

在思考教师素养问题时，叶澜着重从社会转型对教师提出的要求入手，进行了深入的分析，提出：“当前，中国社会真正进入社会繁荣发展且需要以更多个体富有时代性的充分发展作为条件的时代——社会发展和个体发展从来没有像今天这样具有直接的联系。”[①]正是由于社会发展要求个体更富有时代性的充分发展，从而为教师素养的重塑奠定了现实需要的基础。

叶澜分析了我国经济领域的转型。当今中国经济领域变化之剧烈之深刻，可以说是新中国成立以来所未见的。这主要表现在两个方面。一方面是

① 叶澜. 21世纪社会发展与中国基础教育改革［J］. 中国教育学刊，2005(1)：4.

生产力技术构成以及国家产业结构的深刻变化。它是世界科技革命和20世纪80年代以来中国改革开放的产物。视野的打开，国外资金和技术的引进，与我国原有生产技术水平落后及产业结构的低水平状态形成鲜明对照。落后就要挨打，发展生产要依靠科学技术，发展生产力是社会发展的基础，这些观点在不长的时间里成为各级领导和各界人士的共识，继而推进了生产领域内技术构成和经济领域内产业结构的加速变化及新科技产业的崛起。另一方面是经济体制的深刻变化。党的十四大明确提出，建立社会主义市场经济体制，以进一步解放和发展生产力。继而，经济运行由原来的通过计划为主的方式转变为通过市场、从资源配置到产品经营为主的方式来实现，按市场运行的规律办事，引进竞争机制；经济调控的主体构成由原来的政府一元模式，转为政府宏观调控和企业自主调控相结合的分层多元模式，使生产实践的主体对自己的经济行为负责，并具有主动发展的可能，从而激发经济活动者的内在活力；经济调控手段也由原来的以行政手段为主，转化为以法律和经济手段为主，使其规范，并与国际接轨。经济体制改革所带来的变化，不仅冲击到文化教育各个领域，还震撼着人们思想意识深处的价值观、世界观和人生观。

在对经济变革进行分析的基础上，叶澜敏锐而欣喜地做出了判断：呼唤人的主体精神，是时代精神中最核心的内容。无论是适应加速变化的环境，还是在复杂的情境中做出正确的选择，都是要有人，且是富有主体精神的人才能实现的。市场经济体制的建立，明确要求企业实现自主经营、自负盈亏、自我发展、自我约束，成为独立的法人实体和市场竞争的主体。这不仅标志着经济领域中对经营者主体性的强调，作为一种法律要求的规范和投入市场必备条件的强调，而且意味着需要人的主体性之现实土壤的产生，社会对此真实需要的出现。主体精神的问题将从哲学界的沙龙中、思想家的头脑中走出来，走向真实进行着改革的社会经济主战场，走向社会的各个领域，走进想在改革中求生存、求发展的每一个人的头脑里，并通过他们的实践行为实实在在地表现出来。正是从这个意义上可以说，一个呼唤人的主体精神的时代真实地向我们走来了。这个时代需要能在多样、变幻的社会风浪中把握自己命运、保持自己追求的人，需要靠这样的新人创造未来。于是，培养新人的任务就历史地落到了跨世纪的中国教育工作者身上。[①]这里，叶澜非常明确地将培养具有主体精神的时代新人的使命和任务赋予了教师，进而对教师提出应具有主体精神素养的要求。

（二）学校变革呼唤"成事成人"的目标指向

叶澜分析了当代中国学校变革的特殊性，主要表现为两种形态：一是世界各国学校变革所面临的共同问题在当代中国具体生境中的特殊表达，二是由中国本身的教育与文化传统、社会发展历程与当前发展水平之复杂交互影响而生成的唯中国具有的特殊状态。中国学校改革的路程是曲折、艰难的；发展伴随着问题，传统与现实碰撞，改革的成就与代价并存，反思与重建不断，还充满着面向世界时的惊异与迷惘。中国的特殊性问题是空前复杂的。它因教育的社会基础和社会的教育基础都与他国有重要区别而生，也由于几千年历史积淀形成的文化与教育传统和近百年社会转型形成的势态而存，还在于新中国成立以来尤其是改革开放以来教育改革与发展带来的进步与新生成的问题而显。这些问题的独特性扎根于中国的土壤，存在于今日的中国，它的解决不仅要把握世界教育发展的趋势，关注与理解他国教育改革的理论与经验，更要依靠中国的教育专业研究人员与中小学教育工作者直面、深究当前学校改革的现状与原因，从历史和社会中找根源、找力量，寻找发展空间，从而形成适合当代中国学校改革的目标、发展路径和实践方式，走出自己的道路，创造自己的理论，承担自己的责任，实现自己的发展。

从学校变革的外部环境来看，中国基础教育面临着一些特殊的问题，

① 叶澜．时代精神与新教育理想的构建——关于我国基础教育改革的跨世纪思考［J］．教育研究，1994（10）：3-4.

如：穷国办大教育，教育投入不足；教育因人口基数大、需求旺盛而压力强；历史积淀和教育资源配置倾向造成学校发展严重不均衡；政府管理学校行政化和建立市场经济体制增加了学校教育改革生境中的冲击因素。不过，“尊师重教”的中国文化传统，以及党和政府对教育的重视与改革的决心超过任何历史时期，这是中国当代社会基础教育深化发展的积极因素。

从学校变革的内源性问题来看，中国的学校制度基本上是20世纪初从西方学来的，20世纪50 年代转向学习苏联。随着20世纪末出现的中国社会激烈、深刻的变化，要求学校改革实现适应信息社会的整体转型。这一要求对办学主体提出了极大挑战。自改革开放以来，中国学校的变革有三种不同的推动力：大部分学校是随自上而下的要求，响应式地进行改革；一部分生存条件较困难、信息闭塞的学校，基本为维持而努力；而较积极投入改革的学校又可以分成两类，一类是由学校自主或在区域领导支持下开展的改革研究，还有一部分与高校教育研究专业人员联合开展改革研究。就总体而言，这样有自觉需要的学校改革为数尚不多，但已经创造和积累了一些很有价值和发展空间的经验。

叶澜相信，转型时代的复杂性和丰富性，是创造性理论与实践形成的最好环境。而学校改革与发展是教育改革成功的基础性保证和活力的源泉。这也是“新基础教育”研究的重要内动力。为此，“新基础教育”立足于形成研究中国学校改革问题的内在需求和自觉，形成以学校改革为单位的教育变革大视野，形成学校变革中理论研究与实践研究内源性的、多元与多层相互转化和创生的机制与策略，并将变革的最终目标确定为“成事成人”。“新基础教育”着力于在研究性的变革实践中，使教师成为有思想、有能力、有自我更新的自觉追求并能承担学校变化发展的创造性主体；形成每个学校的变革核心力量与团队，通过多层面的相互影响、学习、研究，促进学校全体教师的变化与发展，从而在根本上保证教育改革的持续与每个学生的发展。与此同时，也促进承担项目的专业人员自身理论观念系统的变化，进入实践，从实践创造中发展变革理论，形成相应模式、策略等，形成自身与理论发展的自觉需要与能力。[①]这种“成事成人”的目标指向又与培养具有“主体精神”的人的时代呼唤相呼应，成为对新时代重塑教师素养的意义解读。

（三）教师发展呼唤个人内在理论的提升

叶澜一直关注着教育理论与教育实践的关系，在“新基础教育”的研究性变革中，更意识到教育理论与教育实践内在的不可分割，意识到个人内在理论对于提升教师素养所具有的重要意义。2001年她撰文《思维在断裂处穿行——教育理论与教育实践关系的再寻找》，专门探讨两者的关系及其对于教师发展的价值。

叶澜首先分别对“教育理论”与“教育实践”的概念进行了阐释，并分析了两者的关系。她指出：教育理论泛指人们有关教育的理论性认识。理论在现实中有两种不同的存在形态，一种为群体所共有的普遍形态，它脱离于产生理论的主体，以文字、各种符号形式存在；一种为个人或部分特殊群体所拥有的私我和局部形态，其中包括个体因学习而内化的个人理论，还包括尚未完全脱离产生理论主体的，以言说和一定范围内的共同经验为形式的存在形态。“个体内在理论”与每个人的认识和工作、生活实践息息相关，并成为促进个人发展，形成新的共有普遍形态理论的、生生不息与丰富多彩的资源。教育实践是对人类所进行的教育活动的总称。它是人类社会活动不可或缺的组成部分，有独特的对象与领域。教育以有意识地影响人的身心发展为直接目的，这是其与别的社会活动领域的标志性区别。与教育理论相似，教育实践同样内含许多种类和层级，并构成相应的系统。教育实践的存在形态是人的活动和行为，也有个体与群体之分，且总是以一定的时空、环境和

① 叶澜. 学校变革的中国问题与研究经验［C］//“学校变革与教师发展：历史、理论与方法”国际学术研讨会. 2009：148-152.

资源作为必要条件，所以教育实践除共通性外，还具有鲜明的历史性、地域性、生成性和综合特殊性。教育中理论与实践关联的性质，从本质上看是人的认识与实践的关系问题，都与作为认识主体和实践主体的人相关。在以往的讨论中，往往偏重于对理论与实践的关联状态的分析，忽视的恰恰是对作为认识与实践主体的人的状态与关系的研究。而正是他们在从事着教育理论研究与教育实践活动，是他们的活动方式和关系状态，决定着教育理论与实践的发展水平和关系状态。所以，应该把研究的重心集中到更为根本的主体身上，集中到教育理论研究者与教育实践工作者身上。①

在阐述并确定了研究的重心后，叶澜又从一般意义上对作为研究主体的个体进行了分析，强调了“个人内在理论”的视角。她指出：一般而言，任何个人所具有的理论都包含着个人对自身实践的相关认识，即个人所具有的相关经验性认识和理论认识。所以，从个体实践的意义上，可以说不存在脱离个人内在理论的实践，也不存在与个人实践无关的内在理论。只是后者提到的个人实践包括两种，一种是与个人内在理论所涉对象直接相关的实践。通过它，个人能积累经验，形成基于个人实践的内在理论，个人能发现实践中面临的新问题，在解决问题的过程中创造新理论。这种“新”不仅就个人而言，它还可能成为人类认识史上的“新”，任何一个创新的理论无不是从个体的大脑中产生的。另一种是个人的学习实践，可分为对现成知识的学习、对他人经验的学习和通过对自己实践的反思和重建而实现的学习。第一类学习，除了接触以外，重要的是通过理解和体悟转化为内在理论。第二类学习是通过比较、思考获得启发而实现内化。这两类学习就指向而言，可称为“他向学习”。第三类学习，使个人对自己实践的所得所失以及过程的认识理性化、清晰化、自觉化，并形成能提升个人实践的内在理论，也就是心理学中提到的元认知过程所得的结果，可称为“我向学习”。可见，个人内

① 叶澜．思维在断裂处穿行——教育理论与教育实践关系的再寻找［J］．中国教育学刊，2001（4）：2-3.

在理论的形成是一个复杂的过程。它涉及的范围超出了由个人直接从事的相关的对象性实践，与个人的学习实践相关。正是这种因学习实践而得以形成的内在理论，使个体不仅与人类业已形成的知识、他人的经验和实践联系起来，实现个人认识对时空与个人实践的超越，而且能对自己过去的实践实现自我超越，并具有创造新的未来实践的能力。这是只有个人对象性实践，没有个人学习性实践的人所不具有的。由个人学习性实践中我向学习所获得的理论，还形成元认知，使个人对自己实践的理性认识达到策略层次。缺乏自我意识、反思意识和发展意识的个体，很难使学习达到这样的层次。所以，个人的学习实践是促使个体内在理论发展的最富能动性的实践，由此形成的个体理论也是最富促进个人实践发展能动性的理论。从事同类社会实践，甚至处在同一环境中基本条件相近的个体在实践和个体发展中表现出的巨大差别，也与个体的学习性实践及所达到的层次有直接的关系。总之，个体内在理论不局限于个人实践，它可能与人类知识和实践的一切领域沟通，而这个沟通的实现，又不能离开个人的对象性实践和学习性实践。

叶澜还分别对“教育理论研究者”与“教育实践工作者”进行了分析，提出了“自我更新”的要求。对于教育理论研究者来说，大多认定自己的社会责任是研究和传播教育理论，值得讨论的是这一层面成员的研究实践中，关于研究对象的视野是否需要突破。叶澜主张把研究对象的视野拓展到正在进行着变革的生动甚至显得有些无序的社会与教育实践中。这种突破的价值，首先不在于从实践中去找证实或证伪某种理论的例证，也不在于用自己的理论去指导教育变革的实践，而在于研究主体有可能去认识一个变革着的社会与教育。这种研究具有双重价值：促进研究人员观念自我更新和形成新的问题域、发展理论的价值。这是时代的实践对研究者精神的滋养过程，基本理论研究者要想与时代对话，要想在一个变革的时代在自己研究领域里有所作为，不能没有这样的面向时代变革实践的研究。与此相关的是这类研究人员个人学习性实践的拓展和新能力的发展。要想从对实践的研究中获得精神的滋养和形成新的理论，十分重要的是要形成一种透视生动实践、形成理论结构框架的能力，还要学会一种生成性的思维方式。在个人学习实践方面，还需要有突破本学科范围的横向拓展性学习，需要向更高一级综合的学科和更为具体的应用学科上下移动的纵向拓展性学习。这两方面的学习再与我向的反思性学习结合起来，就不仅有更新理论的可能，而且有自我学术更新的可能，这是研究人员学术生命发展的重要内动力。对于为数众多的教育实践工作者来说，他们是对我国教育发展最终有决定性影响的群体。在改革开放的当代中国，释放教育实践工作者的潜能是当务之急，其中重要的一个方面是破除实践工作者对个人实践中内含个人内在理论的忽视。其可能造成的后果是，一方面，不知道个人实践的改变是要通过个人认识，包括个人内在理论的改造来实现的。教师意识不到自己头脑中存在着对教育行为起作用的“缄默的知识”，也不善于通过对自己教育行为的分析反观积淀在头脑中的理性观念。所以，在行为上即使有所变革，也会陷入简单执行他人指令或模仿他人的新做法的境地。另一方面，教师通常不把自己当作一个研究者，而一旦谈到教师要参加教育研究时，又通常不以为自身的教育实践（包括个体的、群体的）的改革性研究是十分重要且有多重意义的研究。这种把研究与实践分离的认识，常常是来自基层的研究脱离基层实践且无助于教师发展的重要原因。①

在这如同层层剥笋般的条分缕析后，叶澜谈到了教师专业发展的国际潮流对我国的影响，指出：校本研究的提倡，把研究性的改革实践作为培养新型教师的重要途径等观点的提出和实践，正在使实践者的个人实践具有更新个人内在理论支撑的特征，一支能从自己的创造性实践中形成或提供新的理论成分的，更富有自主能动意识、使个人实践与社会理论发展息息相通的教育实践工作者的队伍正在成长。

① 叶澜．思维在断裂处穿行——教育理论与教育实践关系的再寻找［J］．中国教育学刊，2001（4）：4-6.

教师素养的重塑就是在这样的背景下提出来的，并在“新基础教育”的实践中逐渐变为可喜的现实。

二、叶澜对教师素养的新构

所谓素养，即一个人的修养，包含理念、知识、能力等多方面内容。教师职业的专业性、教师身份的多维性以及教师角色的多样性，共同决定了教师素养内容的丰富性。

叶澜对教师素养的论述体现在多篇著述中，其中最为集中的是在1993年发表的《时代与教师的职业修养》和1998年发表的《新世纪教师专业素养初探》两篇论文里，以及2000年与郑金洲、卜玉华合著《教育理论与学校实践》的“导论：教师——教育世界的创造者”和2006年出版的《“新基础教育”论——关于当代中国学校变革的探究与认识》中。

在1991年出版的《新编教育学教程》一书中，叶澜围绕现代社会对“教师”这一社会角色的基本要求进行了论述，并详细地描绘了理想教师的形象：教师应该是富有时代精神和创造活力的人；是有扎实的学科知识、宽广的相关学科或交叉学科的知识、掌握教育学科知识，且有明确的教育理想和信念，具备从事教育研究的能力，具备组织各种教育活动和在活动中促进学生发展的能力的人；是热爱教育事业、热爱学生的人。[①]这里，叶澜开始系统地从理念、知识、能力、情感等不同的维度思考教师的素养。

在1993年发表的《时代与教师的职业修养》一文中，叶澜分析了时代变化对教师提出的新挑战，并论述了新型教师的职业修养与培养问题。对于教师来说，过去曾居于中心地位的学识、人品及教授知识的能力等方面的职业修养要求成了职业修养的基础部分，在此基础上提出了更富有时代精神的

① 叶澜．新编教育学教程［M］．上海：华东师范大学出版社，1991：14-16.

要求。教师应具有参与时代的意识和能力，应具有促进发展的意识和能力，应具有自觉研究的意识和能力。[①]这里，叶澜注意到了国际上为迎接社会挑战而发出的需要新型教师的呼吁，也开始思考我国新型教师的内涵及培养。

在1998年发表的《新世纪教师专业素养初探》一文中，叶澜首先表明了对教师专业素养的探讨是以承认教师职业是一种专门性的职业为前提的。同时明确地将中小学教师视为当代中国基础教育事业的实践者和创造者，并从作为一名专业工作人员应有的专业素养的角度，以未来教师能够成功地胜任未来教育工作为目标，提出了教师应具备的教育理念、专业知识、专业能力等多方面多层次的专业素养。

在2000年与郑金洲、卜玉华合著的普通高等师范学校教材《教育理论与学校实践》的“导论：教师——教育世界的创造者”中，叶澜从“谁选择了教师这个职业，就意味着他将以‘受教育者’和‘教育者’两种不同的社会身份，在不同的人生阶段进入教育世界”的视角出发，对师范生提出了“未来教师应确立新的教育理念”“未来教师所需的知识结构”“未来教师所需的教育能力”等素养要求。[②]

在2006年出版的《“新基础教育”论——关于当代中国学校变革的探究与认识》一书中，叶澜基于“新基础教育”视教师为“学校教育改革的中坚力量，也是学校教育在实践层面取得成功的命脉所在”的认识前提，专列了一个篇章，重点谈“新型教师队伍的创建”，从基础性素养和专业素养两个方面阐述了“新基础教育”构建的教师基本素养综合的期望目标，勾勒了新型教师理想的基本素养。[③]

从上述简单梳理中可知，叶澜是从教师素养要求的变迁、未来教师素养

① 叶澜．时代与教师的职业修养［J］．中国教育学刊，1993（2）：50-51.

② 叶澜，郑金洲，卜玉华．教育理论与学校实践［M］．北京：高等教育出版社，2000：2-17.

③ 叶澜．“新基础教育”论——关于当代中国学校变革的探究与认识［M］．北京：教育科学出版社，2006：360-365.

的建构、“新基础教育”的“新型教师基本素养”目标等维度上去思考和分析的。其中，既有对不同时代关于教师素养的不同要求的历史回顾，也有基于高等师范教育的立场，以师范生为对象提出的“未来教师的素养”要求，还有结合“新基础教育”的研究性实践而提出的“新型教师基本素养”的目标框架。

（一）教师素养要求的变迁

教师素养不仅关乎教师自身的存在状态，还直接影响着下一代教育的质量，甚而影响着社会风气以及国家的未来。这一点，早在师范教育创建前就已被人们意识到。因此，人们极为重视教师积极而良好的形象示范，强调教师素养的不断提高。叶澜分析了古今中外对教师素养要求的变化过程。

就古代而言，我国被称为“万世师表”的孔子，以自己“学而不厌，诲人不倦”“循循然善诱人”的风貌，为后人树立了教师的基本形象；《学记》中谈到的“教学相长”“师严道尊”等名言流传了两千多年，几乎成了人们的常识；韩愈的《师说》把教师的任务高度概括为传道、授业、解惑，从而间接规定了教师的修养。在古希腊的哲人苏格拉底、古罗马的演说家昆体良的著作中，都强调了教师必须有了解学生、引导学生学习的能力，同时也要求教师本身应该有美德。昆体良强调：“我们必须不遗余力地求得教师的纯洁品格，以保持未成熟的人的品格不致遭到腐蚀。”[①]总之，在古代，已经从学识、人品和教育能力三个方面来规定教师的职业修养，突出的是教师的示范性和与学生直接交往时的影响力，在教师职业修养中占据中心地位的是教师自身的德与智。

近代教育的发展、班级授课制的出现、普及义务教育法的确立以及近代学制的形成，不仅使社会对教师的要求量猛增，而且要求对志愿从事初

① 昆体良．演说术原理［M］//华东师大教育系，杭州大学教育系．西方古代教育论著选．北京：人民教育出版社，1985：151.

等、中等教育的人进行专门的职前培养，从而由师资培训讲习班始逐渐形成了与初等、中等教育相对应的中等师范与高等师范教育体系。师范教育体系的形成，既标志着教师职业专门化程度的提高，也标志着职业修养构成的变化。与古代相比，主要变化有二：一是要求通晓自己将要教授的学科知识，必须接受至少比他所从教的学校等级高一级水平的学校教育；二是要求具有教授本学科的教学技能及管理和教育学生的能力，必须学习教育学科方面的知识。如19世纪德国教师的杰出代表第斯多惠在《德国教师培养指南》一书中就明确指出，“如何提高知识水平和教学技巧的问题，在各个专业教学中选择什么样的教学方法和教学手段的问题”①是指导教师的重要方面。也就是说，近代教师职业修养的中心变成了包括相应知识与技能的学科教学能力，这种能力主要是为传授好知识服务的。在实践及近代教育发展过程中，对师范教育要求的提高，集中在文化程度和学科知识掌握程度的提高上。然而必须指出的是，古代与近代在教师职业修养的中心上虽有变化，但这是由人类知识分化、内容不断丰富带来的，并不是由对教师职能整体认识的变化带来的。在后一个问题上，近代与古代认识上并没有重要发展，都把教师的职能看作是现有知识的传递，为教育学生而进行示范、指导与管理。

对教师职能认识的重要变化产生于现代，其直接影响是促使构成教师职业修养成分与结构的第三次大变化。现代社会以科学技术、生产力的高度与高速发展为特征，它要求教育的职能发生重要变化：从面向过去转为面向未来，从服务于传递转为服务于创造，从人生一个阶段的教育转为终身教育。这些变化集中表现为向教育提出培养现代人的要求。所谓“现代人”与“传统人”的区别，不只是在掌握知识和技能的门类上，而且体现在适应能力、决策能力、解决问题的能力、不断自我更新和创造的能力上，这是一个迅速发展的时代向人类的挑战。目前世界各国重大的教育改革，可以说都是在当

① 第斯多惠．德国教师培养指南［M］．袁一安，译．北京：人民教育出版社，1990：29.

代教育思想指导下，以培养现代人为目标而进行的教育政策、内容、方法、手段的改革。①

从叶澜对古今中外教师素养要求变迁的分析可见，不同时代对教师素养有不同要求，大体经历了这样的过程：古代突出教师的德与智，近代重视教师的学科知识与教学技能，现代强调教师的自我更新和创造能力。这正体现了时代与教师素养的密切关系。

（二）教师素养的复合结构

不同时代对教师素养有不同的要求。不同学者对教师素养内容的认识也有所不同。由于学者们对教师素养所强调的着眼点不同，便形成了各自对教师素养内容的认识差异。白益民曾将一些学者关于教师素养的认识概括如下：②

表5-1　几种教师专业结构的不同分析

研究者	教师专业结构
叶澜	1. 专业理念；2. 知识结构；3. 能力结构
艾伦	1. 学科知识；2. 行为技能；3. 人格技能
林瑞钦	1. 所教学科的知识（能教）；2. 教育专业知能（会教）；3. 教育专业精神（愿教）
曾荣光	1. 专业知识；2. 服务理想

与其他学者对教师素养的关注有所不同的是，叶澜着重探讨了世纪之交中国社会以及教育发展对教师素养提出的要求，并根据时代所需勾勒出教师素养的内容框架。其中，将教师的“专业理念”作为教师专业行为的理性支点。这也成为教师教育的重要内容。

综合叶澜对教师素养内容的论述，主要包括下列几个方面。

① 叶澜．时代与教师的职业修养［J］．中国教育学刊，1993(2)：49-50.

② 叶澜，等．教师角色与教师发展新探［M］．北京：教育科学出版社，2001：230.

1. 与时代精神相通的教育理念

叶澜将教师有没有对自己所从事职业的理念，视为专业人员与非专业人员的重要区别，也是未来教师专业素养不同于以往对教师要求的重要方面。

所谓教育理念，是指教师在对教育工作本质理解基础上形成的关于教育的观念和理性信念。由于教育对人类、社会、时代发展具有前所未有的普遍、持久、深刻的基础性价值，因而要求从业人员具有高度的自觉性、责任感，能够进行创造性的工作，尤其要求教师具有明晰和正确的教育理念，并以此作为自己专业行为的基本理性支点。[①]“明晰”是指教师有自觉的理念意识和具体见解；“正确”是指教师具有的理念要正确反映教育的本质特征，正确体现时代发展对教育的特殊要求。

叶澜提出，未来中小学教师的教育理念，主要是在认识基础教育的未来性、生命性和社会性的基础上，形成新的基础教育观、学生观和教育活动观。

基础教育是整个教育系统的奠基部分，不管时代如何变，其基础的地位是不变的，所变化的只是如何确定基础的立场和具体任务。当代科学、技术和社会发展的加速，使人们在确定基础教育的任务时更加强调人对未来社会的适应能力，强调基础教育是为人的终身学习与发展打好基础。因此，立足于未来发展需要来勾勒今日之“基础”的含义与基础教育的任务，成为当代基础教育与以往不同的特征，即未来性。生命性在基础教育中特别被强调，因为基础教育的对象是处在人生童年期和少年期的学生。他们一方面年幼，缺乏生活经验，需要学习；一方面又处在生命中充满活力和潜力，多方面都需要发展和具有多种发展可能的重要时期。这是人生最集中的一段学习时期，对于每个人来说是十分宝贵但自己却并不知晓其价值的时期。因此，教师在这一阶段的作用特别重大，他不只是影响学生发展的这一阶段，而且有可能对其一生产生作用。这是最需要优秀和出色教师的人生阶段，需要珍

---

① 叶澜．新世纪教师专业素养初探［J］．教育研究与实验，1998(1)：43.

爱生命，懂得生命的整体性和童年、少年期对于生命的独特重要价值，并善于开发生命潜力的教师。基础教育的社会性包括两方面的含义：一方面，基础教育的任务和内容要有助于学生认识社会、热爱本民族优秀文化传统，为未来社会培养合格和出色的公民；另一方面，基础教育和千家万户、生活社区、城市、农村有着千丝万缕的联系，向社会和全体公民负责，紧密依靠社会和社区开展工作是基础教育社会性的重要特性。①对基础教育未来性、生命性、社会性三个特性的认识，为形成新的基础教育观、学生观和教育活动观提供了理性的依据。

新的基础教育观是教育价值取向的定位。21世纪的基础教育应把每个学生潜能的开发、健康个性（指个体独特性与社会规范性的有机统一）的发展、为适应未来社会发展变化所必需的自我教育、终身学习的意识和能力的初步形成作为最根本的任务。这与传统教育中把基础教育主要定位于基础知识、基本技能和技巧的训练有很大的区别。新时期不仅强调基础知识等本身应随时代的变化而更新，更强调人与社会发展的需求在基础教育中的独特反映。因此，“主动发展的生存方式”作为一个中心词，在基础教育价值定向中应引起教师自觉和充分的关注。这便凸显了主动发展、自我教育、终身学习的教育价值取向。

新的学生观是关于教育对象认识的集中体现。传统教育中对中小学学生的看法，强调的是他们缺乏知识、能力和经验的一面，即主要看到的是学生的现在状态，而不是其潜在状态、内在的积极性和发展的可能性；传统观念把学生发展的过程，主要看作是把人类已有的文化传递给学生的过程，忽视了学生作为学习主体的作用。新的学生观把学生看作是虽有不足和幼稚，却具有旺盛的生命力、多方面的发展需要和发展可能的人，具有主观能动性、有可能积极主动参与教育活动的人；把他们看作是学习活动中不可替代的主

① 叶澜．新世纪教师专业素养初探［J］．教育研究与实验，1998（1）：43.

体。只有具备了这样的学生观，教师才不会把教育仅作为一个灌输的过程，把学生当作一个可装大量知识的瓶子，通过反复操练形成技能技巧的人。除此以外，学生观还应该包括对学生差异性、个别性的尊重，并相信每一个学生，不管他们之间的差异有多大，都具有发展和形成自己有价值的独特性的可能。这便凸显了学生在学习中的主体地位，看到了学生正处在生命成长的未成熟期，关注了学生发展的潜在可能性。

新的教育活动观是关于学校教育活动认识的集中体现。学校教育活动是一种实践方式，是连接教育理想“此岸”和学生发展“彼岸”的具有转换功能的“桥”，是师生学校生活的核心构成。传统教育活动观主要关注教师教的活动，忽视学生学的活动，或者把学的活动只看作是由教的活动所规定的应答性活动。以儿童为中心的教育活动观又走向了另一极端。我们主张的新教育活动观强调教育活动是师生围绕中心任务共同进行的、双边多向共时活动，它必须有教与学双方的积极参与和有效沟通。此外，教育活动还具有灵活结构性和动态生成性的特征，其产生的影响具有综合渗透性。教师作为教育活动的策划者、承担者、指导者和评价者，必须围绕活动的目的与任务，为学生积极主动地学习、在学习中培养和发展能力、学会学习与创造等提供可能、创设条件，使学生在活动中得到多方面的满足和发展，增强独立发现问题、解决问题的综合能力。这便凸显了师生在教育活动中共存共生的状态，强调了师生的交往沟通，并把教育的重心放在了培养学会学习和创造能力上。

由此可见，构成教育理念的“三性”即未来性、生命性、社会性，与新的基础教育观、学生观和教育活动观是密切相关、息息相通的。它们从价值观、对象观、活动观，从教育与社会发展和个体发展的关系出发，对当代中小学基础教育的性质、特性做出了回答。新时代的教师具备了这样的教育理念，就有可能站在时代的高度认识自己看似平凡的工作，从平凡中感受为人类自身发展的教育事业之伟大，也唯有如此，才能具备真正自觉而高尚的师德。[①]

2. 多层复合的知识结构

知识是人们对事物属性与联系的认识，有知觉、表象、概念、法则等形式。专业知识是教师获取职位的前提，是教师成为“教师”的基础。在对教师知识的研究中，由于各研究者对教师知识性质的理解以及研究的侧重点等的不同，出现了许多“类别”的知识。白益民曾归纳如下：[②]

表5-2　几种有代表性的教师知识分类

研究者	教师知识分类
舒尔曼	1. 教材内容知识；2. 学科教学法知识；3. 课程知识；4. 一般教学法知识；5. 有关学习者的知识；6. 情境（教育目的）的知识；7. 其他课程的知识
伯利纳	1. 学科内容知识；2. 学科教学法知识；3. 一般教学法知识
格罗斯曼	1. 学科内容知识；2. 学习者和学习的知识；3. 一般教学法知识；4. 课程知识；5. 情境的知识；6. 自我的知识
博科和帕特南	1. 一般教学法知识；2. 教材内容知识；3. 学科教学法知识
考尔德黑德	1. 学科知识；2. 机智性知识；3. 个人实践知识；4. 个案知识；5. 理论性知识；6. 隐喻和映象

从上述学者对教师知识的研究中，可以看出教师知识类别的多样化及复杂性。叶澜吸收了其中有益的观点，但特别强调：未来教师的知识构成不再局限于“学科知识+教育学知识”的传统模式，而应体现出多层复合的结构特征。她主要从基本的文化知识、学科的专门知识、教育学科的知识三个层面进行了细致的分析，并阐述了这三类知识的相互支撑、渗透和有机整合。

处于未来教师专业知识结构最基础层面的是有关当代科学和人文两方面的基本知识，以及工具性学科的扎实基础和熟练运用的技能技巧。这是作为

① 参见：叶澜．新世纪教师专业素养初探［J］．教育研究与实验，1998（1）：43-44；叶澜，郑金洲，卜玉华．教育理论与学校实践［M］．北京：高等教育出版社，2000：10-12.

② 叶澜，等．教师角色与教师发展新探［M］．北京：教育科学出版社，2001：236.

人类社会中知识分子的教师所必需的，也是要与充满好奇心、随时会提出各种问题的学生共处，并能进一步激发他们的求知欲、胜任教育者角色的教师所必需的，同时还是需要随着时代、科学发展而不断学习、不断自我完善和发展的教师所必需的。在未来社会的每一个人，尤其是教师，都将是终身学习者，是精神生活的富有者。教师只有在丰富的精神生活中才会从自己的生命体验里懂得终身学习的价值，才会努力在自己的教育实践中培养学生终身对学习的兴趣、习惯与能力。

至少具备一到两门学科的专门性知识与技能是教师专业知识结构的第二个层面。两门学科的性质可以是临近、相关的，也可以是相距甚远的，随学习者本人的兴趣和能力选择。这部分知识是教师胜任教学工作的基础性知识。与非教师的其他专业人员学习同样学科在要求上相比，教师有其特殊的专业要求。首先，教师应对该学科的基础性知识、技能有广泛而准确的理解，熟练掌握相关的技能技巧，这不但能保证教师在教学中对内容把握准确和方法指导得当，还能使教师有可能用更多的时间去研究教学，在课堂上把注意力放在学生如何学上。其次，教师要对与该学科相关的知识，尤其是相关点、相关性质、逻辑关系有基本了解，这使教师有可能与传授相关学科的教师之间在教学上取得协调，在组织学生开展的综合性活动中相互配合。再次，教师需要了解该学科发展历史和趋势，了解推动其发展的因素，了解该学科对于社会、人类发展的价值以及在人类生活实践中的多种表现形态。这些知识的意义在于使教师能在教学中把学科知识与人类的关系、与现实世界的关系揭示出来，使科学具有更丰富的人文价值，同时也能激起学生发现、探索和创造的欲望，以及为人类和社会的发展做贡献的愿望。最后，教师需要掌握每一门学科所提供的独特的认识世界的视角、域界、层次、思维方式、工具及方法，熟悉学科内具有重大贡献的科学家的创造、发现的过程和成功原因，在他们身上展现的科学精神和人格力量，这对于增强学生的精神力量和创造意识具有重要的、远远超出学科知识所能提供的价值。上述四方面的要求都服务于教师教学的成功，使教师具有丰富的、扎实的知识底蕴，能在科学体系中把握自己讲授的学科，能使知识在教学中不只是以符号形式存在，以推理、结论方式出现，而且能展示知识本身发展的无限性和生命力，能把知识活化，在教学中真正实现科学精神与人文精神、理论与实践、知识与人及人生的统一，充分发挥学科知识育人的全面价值。

教师专业知识第三个层面属教育学科类，它主要由帮助教师认识教育对象、教育教学活动的性质和基本形态，开展教育研究的专门知识构成。过去在教师培养中尽管也包括此类知识，但大多停留在一般理论与教学法方面，过于简单，并没有突出教师认识学生与教育工作所必备的知识。在这方面，未来教师要加强有关对象——人的认识、教育哲理的形成、管理策略、教育教学活动设计、方法选择、现代教育技术手段的运用及教育研究等方面的知识与技能。它们之必要都是由未来教师承担的工作和角色的丰富性决定的，也是与要求教师不仅是实践者，而且是研究者，不仅会教，而且有自己的教育追求与风格，能为教育事业和科学的发展做出创造性的贡献直接相关的。教师若要使自己成为反思型和研究型的教师，逐渐形成自己的教育理想和风格，为教育事业和教育科学的发展做出创造性的贡献，就不能不学教育学科知识。教育学科是教师创造教育世界的重要资源和工具。而教育学科知识的真正掌握和综合、灵活的运用，最终发展到创造，与教师教育实践密切相关，也只有在自觉的教育实践中才能完成。

教师专业知识的多层复合性，还体现在上述三个层面知识的相互支撑、渗透与有机整合上。只有实现了整合，只有这种整合了的专业知识表现为教师教育行为的科学性、艺术性和个人独特性，表现为教师精神生活的丰富性和发展性时，它才充分显示出教师作为一个专门职业对丰厚而独特的专业知识的要求，绝对不比其他专门职业低，恰恰相反，一个真正的优秀教育工作者，在专业上需要终身学习、终身探究。教师的专业知识具有开放性和实践性，它将随社会发展、科学和教育理论的发展及教师个人实践经验的积累、对教育的体验与理解的变化而变化。[①]

3. 适应变革要求的教育能力

关于教师能力，学者们也是众说纷纭。在不同学者所罗列的能力项目中，少则两三项，多的达13项，大都包含了教师作为“人”所应具备的基本能力和作为“师”所应具备的职业能力。白益民曾归纳如下：[②]

表5-3　几种关于教师能力结构的代表性观点

研究者	教师的能力结构
邵瑞珍等	1. 思维条理性、逻辑性；2. 口头表达能力；3. 组织教学能力
曾庆捷	1. 信息的组织与转化能力；2. 信息的传递能力（语言表达能力、非语言表达能力）；3. 运用多种教学手段的能力；4. 接受信息的能力
陈顺理	1. 对教学对象——学生的调节、控制和改造的能力；2. 对教学影响的调节、控制和改造的能力；3. 教师自我调节控制能力
孟育群	1. 认识能力；2. 设计能力；3. 传播能力；4. 组织能力；5. 交往能力
罗树华、李洪珍	1. 基础能力；2. 职业能力；3. 自我完善能力；4. 自学能力

叶澜对上述关于教师能力的看法既有认同与继承之处，又有着更多批判与改造之处。她在批判传统的教师能力观的基础上，基于时代变迁尤其是信息社会的挑战，系统论述了新时代教师应具有的能力结构。

以往对教师能力要求的传统观点是以语言表达能力和管理组织能力为主的，这与认定教师的基本任务是讲授知识与管理学生的认识相关，也因此形成了传统的教师能力观。今天，社会赋予未来教师更多的责任和权利，提出更高的要求和期望，教师要胜任就需要具备新的能力，尤其强调下列三方面的能力要求。

第一，理解他人和与他人交往的能力。学校教育系统是一个人与人相互

① 参见：叶澜．新世纪教师专业素养初探［J］．教育研究与实验，1998(1)：44-45；叶澜，郑金洲，卜玉华．教育理论与学校实践［M］．北京：高等教育出版社，2000：12-15．

② 叶澜，等．教师角色与教师发展新探［M］．北京：教育科学出版社，2001：238．

作用、共同完成教育目标的工作系统。尽管随着教育技术手段现代化的加速，教师的部分工作将被计算机或其他技术手段代替，但是，学校教育作为通过人对人进行教育的“人—人”系统的本质不会改变，越是具有丰富人性的方面，机器越不能代替。教育技术手段的现代化恰恰强化了教师作为人在教育中不可替代的价值，其中最根本的是精神的沟通、情感的交流和个体人格的影响力。正是从这个意义上，我们强调教师理解他人和与他人的交往能力。这里的他人，首先是指学生，教师要实现有效的教育，要使学生积极主动地投入到教育活动中去，都离不开与学生的对话和沟通。教师还是群体中的一员，需要与其他教师合作。教师与家长建立合作和相互支持的关系、与社区各有关机构中人员的关系，都是形成教育合力和有效工作必不可少的。总之，教师的工作是为了人、通过人与人之间的合作和共同活动，对人的发展产生积极影响的工作，所以理解人和与他人交往的能力是最基本的能力。

第二，管理能力。教师在学校教育活动中不可推卸地承担着责任人、组织者和管理者的角色。没有或缺乏管理能力是难以胜任的。但管理不只限于方法。首先是按教育目的规划教育活动的决策与设计能力，这种能力对教育活动的有效性具有重要影响。其次是作为组织者与领导者的管理能力。对于教师来说，要具有使管理本身也成为一种教育力量，把班级管理等学生管理工作变为锻炼学生、培养学生自我管理和团结合作能力的手段，变成让学生在为集体做贡献过程中展现特长、发挥优势的舞台。教师具有这样的管理能力，就不会把学生仅仅作为管理对象，把他们管死，而是把学生组织起来，发挥他们每个人的聪明才智，为形成有利于每一个学生都能得到生动活泼发展的集体，为人人能在集体中有自己的平等地位，能为集体做出自己的贡献，又能从集体中汲取力量、感受温暖、学会协作而共同努力。这就要求教师不仅要有科学，还要有经验和艺术。

第三，教育研究能力。具有科研的意识与需要、知识与能力，是所有专业人员的共同特征。因此，提高教师职业专业化的水平，必须强调有关研究能力的要求。以往对教育传递知识功能的强调，使人们忽视了教师工作的创造性特征。科研能力在此主要是指研究学生及教育实践的能力。教师的研究大量的是结合自己的实践工作与对象开展的，因此，科研能力也是高质量教育和教师自身专业能力不断发展的必要条件。教师的研究能力，首先表现为对自己的教育实践和周围发生的教育现象的反思能力，善于从中发现问题、发现新现象的意义，对日常工作保持一份敏感和探索的习惯，不断地改进自己的工作并形成理性的认识。从这个意义上来说，教育研究成了教师作为专业人员的一种专业生活的方式，他自己创造着自己的专业生活质量，这是教师在专业工作中自主性和自主能力的最高表现形式。教师研究能力的进一步发展则是对新的教育问题、思想、方法等多方面的探索和创造能力，运用多方面的经验和知识综合地、创造性地形成解决新问题方案的能力，这使教师的工作更富有创造性和内在魅力。同时，教师创造意识和能力的形成，在教育实践中的成功，会使他十分看重对学生创造意识和能力的培养，无疑，这是未来教育十分期望实现的价值。[①]

可见，叶澜所描绘的教师能力结构突出了交往、沟通和理解的能力，突出了管理作为一种教育力量的要求，突出了把教育研究作为一种专业生活方式的期待。

4. 融通科学与艺术的教育智慧

叶澜在分别论述了教师应具有的教育理念、知识结构、教育能力的基础上，进一步阐述了教师的“教育智慧”。

“智慧就是合乎人性的自由发展的真理性的认识。”[②]智慧与知识相关，又不等于知识；智慧与能力相关，也不等于能力。智慧建立在知识和能力的

① 参见：叶澜.新世纪教师专业素养初探［J］.教育研究与实验，1998(1)：45-46；叶澜，郑金洲，卜玉华.教育理论与学校实践［M］.北京：高等教育出版社，2000：15-16.

② 冯契.人的自由和真善美［M］.上海：华东师范大学出版社，1996：161.

基础之上。教育智慧具有几个突出的特点：第一，它是一种教育的行动方式；第二，它是在教育情境中发生的；第三，它是指向“他者”的实践；第四，它是教学的即席创作。对教师来说，教育智慧由一系列的品质和能力构成。首先，他须具有敏感的、能够读懂他人内心世界的心灵；其次，他应理解他人内心情感的心理及社会意义，尊重他人的尊严和主体性；再次，他表现出良好的分寸和尺度感；最后，他还具有道德直觉。[①]换言之，它是教师个性品质、教育理论素养、教育实践经验等多种因素熔铸的合金，是教师综合素养的反映。

叶澜将教育智慧视为教师专业素养达到成熟水平的标志，也是教师的教育教学达到自由境界的体现。教育智慧既是前述诸方面如教育理念、专业知识、教育能力等专业要求在教师身上实现综合的结果，又是教师长期全身心地投入教育实践，不断反思、探索、创造所付出的心血之结晶。教师的教育智慧集中表现在教育教学实践中：他具有敏锐感受、准确判断生成和变动过程中可能出现的新情势和新问题的能力；具有把握教育时机、转化教育矛盾和冲突的机智；具有根据对象实际和面临的情境，及时做出决策和选择，调节教育行为的魄力；具有使学生积极投入学校生活，热爱学习和创造，愿意与他进行心灵对话的魅力。教师的教育智慧使他的工作呈现出自如的状态、和谐的美，进入科学和艺术结合的境界，充分展现出个性的独特风格。教育对于他而言，不仅是一种工作，也是一种享受。

在系统论述了教师素养的内容后，叶澜充满感情地说道：“对人类的热爱和博大的胸怀，对学生成长的关怀和敬业奉献的崇高精神，良好的文化素养，复合的知识结构，在富有时代精神和科学性的教育理念指导下的教育能力和研究能力，在实践中凝聚生成的教育智慧，这就是我们期望的未来教师

① 马克斯·范梅南.教学机智——教育智慧的意蕴［M］.李树英，译.北京：教育科学出版社，2001：166.

的理想风采。”[①]

教育部2012年颁布的《幼儿园教师专业标准（试行）》《小学教师专业标准（试行）》和《中学教师专业标准（试行）》中，对教师素养提出了“专业理念与师德”“专业知识”“专业能力”的共同要求，并在每一大项中，具体列出了略有差异的细目。如《中学教师专业标准（试行）》中，“专业理念与师德”包括职业理解与认识、对学生的态度与行为、教育教学的态度与行为、个人修养与行为，“专业知识”包括教育知识、学科知识、学科教学知识、通识性知识，“专业能力”包括教学设计、教学实施、班级管理与教育活动、教育教学评价、沟通与合作、反思与发展。从中可以看出，叶澜关于教师素养内容的思想，在国家制定的教师专业标准中大多得到了体现。

（三）新型教师的基本素养

前面说过，叶澜对教师素养的认识既有始终如一的系统架构，又有随社会及教育变化而进行的内容补充。其中，最为完整的呈现是在1998年发表了《新世纪教师专业素养初探》一文后，又于2006年出版的《“新基础教育”论——关于当代中国学校变革的探究与认识》一书中，以“目标：新型教师的基本素养”的框架描述了教师的素养。这既是对前文的接续，又是对前文的补充和发展。

1. 基础性素养

针对过去大多只从相对稳定的道德品质、文化基础和行为能力等方面去谈论教师素养的状况，叶澜从“价值—动力系统”“文化素养系统”和“实践创生的思维能力”所构成的三维结构的角度论述了教师的基础性素养。

第一，个人价值取向和发展的内动力，集中表现在教师的事业心、责任

① 叶澜．新世纪教师专业素养初探［J］．教育研究与实验，1998（1）：46.

心、爱心和自我发展的内在追求等方面。事业心建立在教师对工作意义认识的基础上，有事业心的教师把这一职业看作是自己参与社会历史创造的途径，看作是发挥自己才能的形式，看作是个人达到自我完善的境界；责任心建立在教师对自己必须履行的职责之具体和深刻认识的基础上，是教师对事业已形成稳定的道德与心态并在行动上的表现，有责任心的教师不仅认真履职、兑现承诺，而且对行为的效益和结果负责；爱心建立在教师对职业的依恋的情感基础上，它要求于教师的不仅是热爱学生，还含有对教育工作的强烈而持久的兴趣及创造性的工作；自我发展建立在明智而有意义的人生选择基础上，是当代社会每个人生存、发展的重要内动力。

第二，宽厚、扎实的文化底蕴。这是人精神生活的丰富、学习、创造和发展能力的养成所必需的，是希望拥有高质量人生的人所必需的，是希望成为发展型的教师所必需的。教师宽厚、扎实的文化底蕴的养成，首先取决于有超越直接服务于专业范围的广泛阅读的兴趣与习惯；其次必须有对各种人生经历与阅读的体悟、思索、内化、融合与积淀，其过程本身就是精神生活的组成部分。文化底蕴表现在对事物和他人的丰富感受和理解上，表现在清晰而又恰当、入情而又入理的出色对话和表达上，它要借助于个人语言和文字素养的提升。宽厚、扎实的文化底蕴在内容上至少包括文、史、哲、艺的基本人文素养和科学、技术的基础素养。对于教师来说还具有重要的专业意义，它能帮助教师读懂人、社会和世界，昨天、今天和明天。文化底蕴的养成不是一劳永逸之事，而是在修身、学习的过程中形成、丰富和完善的。

第三，实践创生的思维能力。这是指人在发现、处理和解决问题中表现出来的创造性，是在实践中进行探究与策划、反思与开拓的思维能力。敏于探究表现在人对信息的敏感性和发现问题的能力上；善于策划表现为实践主体在对现实环境准确、深入把握的基础上对行动目标及策略选择的整体和动态思维能力；强于反思重建表现在自我反思与帮助他人反思、从他人的评价中吸取认识自我、重建实践的教育资源等三方面的能力；敢于开拓表现为敢于尝试自己未做过的事，敢于承担带有一定风险的任务，敢于抓住机遇和迎接挑战。[①]

叶澜提出的新型教师基础性素养的三维结构，是要从根本上改变以往对教师仅是现有知识与文化的传递者的保守形象，建构当代教师富有内在发展需求与创造活力的新形象。这是当代教师能否成为“新型”教师的基础性要求。

2. 专业素养

叶澜在分析新型教师的专业素养时，对1998年所写的《新世纪教师专业素养初探》一文的基本观点又做了补充和丰富，使得这一论述既建立于“基础性素养”之上，又在“专业素养”的支持下表现出新型教师的时代气质和精神风貌。

第一，学科专业素养。至少包括：熟练掌握所教学科的知识体系与结构、学科发展的历史与趋势；熟悉相关学科的知识范围、性质与相关程度；了解学科知识与人类多种实践的多重关系，以及它们在实践中的多种表现形态；掌握进一步学习和研究所教学科的基本途径与方法，适应知识更新，满足培养学生创造意向和能力的要求。

第二，教育专业素养。与学科专业素养不同的地方在于：教育专业素养只有转化为教师对学校教育教学实践和学生的内在认识，并用这种内在认识去研究、策划和改进、创造自己的学科教学的实践和行为时，教育专业素养对于教师的专业发展和教育教学质量的提升才具有真实的意义和价值。这种差异的存在，使教师的学科专业素养与教育专业素养在教育实践中构成复合而非并列的关系状态。前者组成教育的内容，后者关涉教育者教育行为的全部，从策划、践行到反思、重建。不管实践者是否意识到，这些都是教育专

① 叶澜.“新基础教育”论——关于当代中国学校变革的探究与认识［M］. 北京：教育科学出版社，2006：360-363.

业素养的表现。因此，强调教师要将教育专业知识内化，同时又要通过开放的变革实践，在运用中不断发挥和强化教育专业知识对于教师专业发展的重要价值。也恰恰在教育专业知识方面，教师具有更多的在具体情境中，针对具体对象和教育的目标，开展创造性实践和形成不同类型、层面的综合态教育学知识的可能。为此，教师一方面要学习和研究当代教育学理论的发展，不断更新和提高自己的教育学理论素养；另一方面要将自己的教育教学实践作为教育研究的根基，在提高教育教学质量的过程中，提升教育专业素养和研究教育实践的能力。①

叶澜在详细阐述了“新基础教育”所追求的新型教师的素养后，再次强调：新型教师的素养涉及人生价值观、认识框架、知识结构、思维能力与思维方法，直至教师的专业行为逻辑、习惯系统与生存方式，是基于人的专业生活与生命的整体性、多层次性的特殊立场的思考。这使得“新基础教育”的教师素养呈现出独特的“生命·实践”的内蕴。

三、叶澜对教师素养的重塑

叶澜是在中国建设社会主义现代化教育强国的进程中思考基础教育改革的，又是在“新基础教育”研究的推进中探索教师素养的，因此，她有着与众不同的独特视角，也有着理论与实践融通的独特体验，更有着关于教师素养重塑的独特思考。这些视角、体验和思考构成了叶澜关于教师素养重塑的基本框架。其中，既有对时代创新要求的呼应，也有从中国传统文化中寻觅到的智慧，还有基于“新基础教育”探索总结出来的中国经验。

① 叶澜.“新基础教育”论——关于当代中国学校变革的探究与认识［M］. 北京：教育科学出版社，2006：364-365.

（一）创新精神的唤醒

2010年颁布实施的《国家中长期教育改革和发展规划纲要（2010—2020年）》将建设创新型国家与建设人力资源强国作为中国发展的重大战略，目的是增强综合国力，关键是培养大批高素质的创新型人才。尤其是在知识经济时代，世界范围的综合国力竞争，归根到底是人才特别是创新型人才的竞争。因此，培养创新型人才成为中国各级各类学校特别是基础教育改革的价值取向和目标追求。

人才培养靠教育，教育发展靠教师。在建设创新型国家和人力资源强国的进程中，各级各类教育都应紧紧围绕创新型人才培养这一根本任务进行。而创新型人才的培养归根到底要落在教育的重要承担者——教师的肩上。具有创新精神和创造能力的教师是创新教育最重要的主导力量，是培养创新型人才的关键。

1. 创新是现代社会对教师素养的第一位要求

在1991年主编的《新编教育学教程》中，叶澜在导论“时代、教师与教育学”部分集中论述了时代对教师素养提出的要求以及重塑教师素养的问题。叶澜指出，教育事业是一项面向未来的事业，只有把握住时代精神的人，只有关心人类社会明天的人，才能把握住当代教育的灵魂与方向。对于教师来说，创新精神与创造活力之所以必需，首先，与教师要完成复杂的培育人的任务相关。教师工作的复杂性是由他的教育对象具有各种不同需要、不同发展水平和不同个性所决定的，也是由教师工作要受到各方面力量影响，且经常要在各种不同的环境之中，尤其是不同的心理环境中开展工作所决定的。其次，与时代要求教师培养出富有创造性的人才相关。自然，具有创造力的人未必具有培养他人创造力的能力，但是，一个墨守成规的教师对于学生创造力的发展无疑是一种近乎灾难的障碍。最后，与教师自身的生涯发展及价值实现相关。教师的创造活力将给自己的职业生涯增添探索的、发现的欢乐，使自己的生命和才智在为事业奉献的过程中不断获得更新和发展。而只有用创造的态度去对待工作的人，才能在完整的意义上懂得工作的意义并享受工作的欢乐。[①]基于这一认识，叶澜提出，教师是走在时代前列的人，是教育事业和人类精神生命的重要创造者，这是现代社会对教师素养的第一位要求。

确实，只有富于创新精神和创造能力的教师，才能担当起创新教育和培养创新型人才的重任。因为创新型的教师是新知识、新技术的重要传播者和创造者，其创新实践活动是培养创新人才的最能动、最关键的孵化器；创新型教师也是培育创新精神的重要摇篮，其学术风范、目标追求、创造魅力是培养创新人才最直接、最显著的原动力；创新型教师还是培养创新人才的主体，创新教育的具体工作是由教师承担完成的。可以说，教师肩负着提高全民族创新意识和能力的使命，肩负着引领基础教育改革的使命。因此，当务之急就是要唤醒教师的创新意识，以具有创新精神和创造能力的创新型教师去培养创新型人才。

2. 创新应渗透在教师日常的教育教学实践中

在2011年华东师范大学60周年校庆的主题论坛上，叶澜围绕“创新”一词发表了自己对教师职业内含创新和创造要求的看法，并提出了培养教师创新、创造素养的路径。她指出：第一，创新、创造、创生，带着一个“创”字的，其实都跟人的生命有关。人作为一个生命体，他要生存，他要发展，就必处在一个不断的创新过程中。所以，创新是每一个人内在的潜能，而不是一种外在的要求。第二，一般把教师当作“匠”。“匠”意味着教育被当作一个传递性的事业。这种把教师视为知识传递者的认识必须转变。教育实际上是充满着创造的事业。如果一个教师自身不懂教育创造，怎么能

---

① 叶澜.新编教育学教程［M］.上海：华东师范大学出版社，1991：15.

把教学内容激活，最后又转化成学生内在的生命的成长？世界上还有比这种转化更难的事吗？教育，只要是面对生命的人的事业，它就永远不可能被机器所代替。因为课堂是活的，不同的学生有着不同的问题、不同的背景、不同的兴奋点，面对同一对象或事件，人会有各种各样的反应。教师就是要去捕捉这些信息，梳理这些信息，形成新的教学的推进点。只有在这样的过程中，教师才有生长的感觉。但现在，很多人仅仅把教育看成是一种传递，看不到或不承认教师劳动的创造本质对人的精神生命发展的促进、丰富和创生。在这样的背景下，教育的价值被异化。所以现在要把“创新”这个核心词还给教育本身，还给教师的劳动。让教师在教育过程中享受智慧的挑战，享受创造的欢乐，同时让孩子享受成长的欢乐。第三，创新应该渗透在日常的教育教学实践中，而不是简单地作为一种活动或是展示；创新也不能仅仅看重创造技能技巧的培养，以这样的方式去培养创新人才不行。其实创新人才首先需要的是自由的天空，需要的是一个独立的个性，需要的是一种始终不倦的探索的兴趣，这样的人才会在一定的时刻迸发出创造活力。①

叶澜在这里展示了一个全新的视角，即创新、创造是与“生命”相关的，只有人才会创造，而教育就是一个充满创造性的事业，教师从事的就是富有创造性的工作。因此，叶澜在之前提出的“把课堂还给学生，让课堂焕发生命活力；把班级还给学生，让班级充满成长气息”的基础上，又提出“把创造还给教师，让教育充满智慧挑战；把精神发展的主动权还给师生，让学校充满勃勃生机”，从而构成了“新基础教育”的“四个还给”。②换言之，创新和创造本来就是人内在的潜能，是教师职业本质的要求。现在需要做的是唤醒教师创造的热情，并促使教师将这种创新和创造融入日常平实的教育教学实践中。日常的活动每天都要进行，看似重复单调，但若教师真的

① 华东师范大学60周年校庆主题论坛：叶澜，何晓文，丁钢，袁振国；王晓玉，童世骏，许子东，许纪霖［J］. 基础教育，2011(6)：6-7.

② 叶澜.“新基础教育”语丝［J］. 基础教育，2004(5)：2.

以创新、创造的态度对待自己的工作，就如滴水穿石一般，能产生真正的因不间断而带来的积累效应。日常活动的变革，若达到人的观念、思维方式、内在需求和活动模式变革的程度，而不是外表行为的简单模仿，它就在改变观念与行为方式的同时，实质上形成了实践者一种新的生存方式。[①]这正是培育教师创新、创造素养的最好土壤。

（二）发展自觉的培育

2006年，叶澜在题为《教天地人事，育生命自觉——关于“教育”是什么的多维审视》的专题报告中，首次将中国哲学、文化传统融入“教育”这一教育学基本概念的内涵里，提出了具有鲜明中国文化气质的中国式表达。

1. 培育生命自觉是教育的最高价值

在阅读了大量的古代经典文献后，叶澜分析了中国文化传统中蕴含的智慧，在此基础上提出了独特的关于“教育”的概念解读。

叶澜将中国文化传统的精神概括为“以人生世间为本”的文化，指出由“天人合一”发散出的核心问题可以概括为三点：人何以成人，何以立身，何以成事。“成人—立身—成事”这一过程又直接关系到最基本的教育观。正是基于“天人合一”蕴含的教育智慧、受以人生为对象的修习的启发，叶澜提出并创建了“生命·实践”教育学派，并对“教育”一词做了中国式的表达：“教天地人事，育生命自觉。”这里，“天地人事”是一种外部的概念，是“教”所要传递的文化内容，是外在已有的“类知识”。而“教天地人事”的“教”首先是让人认识外部的世界，其任务就是使个体接受这些外在的类知识，并能为其个人的生存发展所用。只有将“天地”与“人事”作为有机整体教给学生，教育才能回归实现学生向善发展的本真状态。“育”则

① 叶澜．在学校改革实践中造就新型教师——《面向21世纪新基础教育探索性研究》提供的启示与经验［J］．中国教育学刊，2000（4）：60.

指孕育、滋润、培育，是一种向内的、内心的生长。所以，“教”不是教育的终极所在，它在一定意义上是手段，以认识“天地人事”来达到“育”的目的——形成个人的精神世界，最根本的是构成“生命自觉”。教育实际上是由教“天地人事”而达“生命自觉”之育，这是一个蕴含、转化的过程。“蕴含”是指“生命自觉”之育内在于“天地人事”之教的过程中。在“天地人事”中，“教”与“育”不是两件分开的事项，“人”与“事”的内容本身就直接阐述着人的生命、生存、生活之道，直接作用在人的生命实践过程中。“转化”一是指外在的类文化转化为个体内在的人格；二是指外在的师之教，转化为弟子之学，其内在精神世界之充盈，直至生命自觉之形成。因此，教育对于个体生命的最高价值，在于培育生命之自觉，这是人之精神力量的内在成长，是“育”的指向和终身价值。

叶澜进一步指出，“教天地人事，育生命自觉”这一表达具有内核、智慧和境界三层结构。第一是内核：以自强修己为本，行治国达人之用。讲的是教育与政治、制度的关联，教育作为传递文化传统的重要保证，文字、典籍反映文化传统对教育本真价值的阐述与坚守。第二是智慧：以启蒙善导之慧，成仁人志士之德。儒家学派的教育思想承接和体现了中国文化传统的精神与核心价值，形成“天命之谓性，率性之谓道，修道之谓教”的教育命题。第三是境界：以“天地人事”之教，涵“生命自觉”之育。突出强调的是：教育，必须通过对人生活其中的外部世界之知识、经验和文化传统的教学，达成培养人之“生命自觉”，使每个受过教育的人最终成为能把握自己命运的人，因有生命自觉而实现自由人生之人，这是教育最根本的追求。[①]

2. 生命自觉是对自我存在的觉知及掌控

在阐述了“教天地人事，育生命自觉”的内在逻辑和价值关系后，叶澜

① 叶澜，罗雯瑶，庞庆举. 中国文化传统与教育学中国话语体系的建设——叶澜教授专访［J］. 苏州大学学报（教育科学版），2019（3）：86.

又对构成这一中国式表达的关键词“生命自觉”进行了深入的剖析。

所谓生命自觉，是指个体对自己生命的存在状态觉知、成长目标清晰、理想人格确立和矢志不移追求。应该说，自觉是自人出生、有生命于人世间后，从有意识到有自我意识，再到有自我生命发展意识与目标的逐渐生成过程。教育的目的是唤醒并培育人的生命自觉。有了生命自觉，人就能发挥主动性，努力把握好自己的命运，从而实现自我的生命与社会价值的有机统一。

在教育活动中，无论是教“天地”还是教“人事”，最终都要落脚在“生命自觉”的培育上，这就要遵循内在的逻辑和规律，即“道”。这里，“天地之道”亦是“自然之道”，“人事之道”亦是“社会之道”，“天地之道”和“人事之道”通过教育内化为受教育者的“人心之道”。①生命自觉的形成可以用“八自”来解释：用“自明、自得”表示对自我的认识，用“自立、自强”表示志向的自我确立与强化，用“自持、自勉”表示践行中的自我把握与努力，用“自由、自在”表示生命自觉达成后个体的存在状态。这“八自”的关系，有先后之别，但没有以后者代前者的关系，应该是后蕴含在前、前入于后之中的嵌套关系。而最后达到的“自由、自在”既是前述各阶段发展的结果，又是生命完全掌控自身，通达、蕴化的审美状态。总的来说就是：始于自明自得，定于人格确立，坚于自我把握，成于自由自在。这也是生命完全掌控自身，通达、蕴化的审美状态。

表5-4 “生命自觉”的“八自”构成②

	阶段	内容
生命自觉	状态觉知	自明、自得
	人格确立	自立、自强
	自我把握	自持、自勉
	境界达成	自由、自在

① 叶澜.“生命·实践”教育学派的教育信条［M］//叶澜.变革中生成：叶澜教育报告集.北京：中国人民大学出版社，2019：446-447.

② 叶澜.回归突破：“生命·实践”教育学论纲［M］.上海：华东师范大学出版社，2015：287.

当代中国教育对人的生命关怀，最终应该聚焦到个体生命自觉的形成上。与古代的生命自觉不同，当代的生命自觉不只是停留在，或者说只看重个人的修己立德，而是期望一种生命全整意义上的自觉——这是在人的身、心、灵，知、情、意，真、善、美等完整意义上的生命自觉。它包含人在价值取向和道德意义上的自我清晰，发展的自我选择、自我负责和自我完善，包括人对自己的特长与不足、目前的发展状态、可能的发展目标与前景、人生未来理想的构建与策略选择，以及有方向地、坚持不懈地践行与实现等方面。即人能在复杂变化的社会中，因生命自觉的强大而把握自己的命运，过好自己的一生。[①]教师则是从事点化人之生命的教育活动的责任人。只有通过教育活动对个体的点化，个体的自觉才能有的放矢，真正成为个体成长的推动力。因此，教育需要点化个体的自觉属性，使每个生命都能积极主动地完善自己的人生。

从“新基础教育”的实践上看，对师生生命自觉的激发可分为“还”与“育”两种理念。“还”即让师生的真实生活复萌，消除“旧”教育对师生生命本真的遮蔽，将课堂、班级乃至学校的生活空间、教育机会、资源环境“还”给师生，让师生重新感受有生命成长感的校园生活；“育”指在“新基础教育”的推动下，唤醒师生在真实活动、真实学习中的真情实感，在校园生活的成长中获得新的体验，不断感知自身的发展与完善，将“生命自觉”的教育信念由理论变为现实，让师生在独立的、创造性的思考中把握自己的人生。“还”旨在帮助学生在教育中认识自己，并意识到自己将要成为什么，是对自我本质的解析和对自我力量的评估；“育”在于用“天地人事”、古今中外的人类文明来化育学生，让学生在明己、明理的基础上进一步找寻生命的意义与价值。在实践中，“新基础教育”发扬了我国文化传统中肯定个体的精神力量，注重对人品质的涵养，注重自然与人伦的实际规律；同时将

① 叶澜，罗雯瑶，庞庆举. 中国文化传统与教育学中国话语体系的建设——叶澜教授专访［J］. 苏州大学学报（教育科学版），2019（3）：87.

"自觉"的概念开拓至个体发展的各个面向，而非仅限于道德实践领域。可以说，这是对我国文化传统育人价值的回归与超越。①

叶澜认为，人的生命达到自觉状态，是人实现自我发展的理想境界。具有生命自觉之人，能够积极主动地参与和规划自己的人生道路，既对自然充满好奇，向往"外寻天道"，又对自身充满热忱，不懈"内求人性"；既有生命本身强大的聚合力与精神力，又有实践中新颖的探索力与创造力。这正是教育也是教师的任务所在。

3. 发展自觉是教师的内生动力

要进行生命自觉的教育，就要求教师具有相应的品质。即作为育人者的教师应该是具有生命自觉的人，是能够以自我的不断发展和进步来适应社会对教师要求的人。简言之，只有具备发展自觉的人，才会呈现出生命自觉的样貌，并培育出具有生命自觉的学生。

叶澜在2016年撰写的《"新基础教育"内生力的深度解读》一文中谈到，"新基础教育"的内生力包括两个方面。一是"成人成事"的目标。实现学校整体转型，这是"成事"的追求，但如果只关注学校转型，不思考在转型过程中如何促进人的变化，最终也不能实现综合整体的学校变革。所以，"成人成事"是相互关联的目标，"成人"在"成事"的过程中实现，成长起来的人又能更好地促进转型变革事业的实现。二是"发展自觉"的培养。人如何"成"？如何在做事中"成"？如何让人自觉地发展？这就涉及"发展自觉"的问题。叶澜将其概括为四句话：以学促自明，以思促自得，以省促自立，以行促自成。所谓"以学促自明"，即做研究首先要明白为什么做、做什么，这就需要学习，通过学习明白道理，因此，学习作为"新基础教育"的主旋律是贯穿始终的。所谓"以思促自得"，即要通过

① 王枬，王天健．论"生命·实践"教育学之"自觉"的文化逻辑［J］．教育科学，2019（6）：18-19.

思考，将所学理论与自身建立起联系，想清楚了才能认同，才有所得，从“明”到“得”，是一个飞跃。“得”还不够，还要去做，做的过程中会遇到各种问题，无论是进步还是障碍，都必须反思，这就是“以省促自立”，即每个人都要有阶段性反思，知道自己“长”了多少，问题在哪里，还能怎么“长”，只有不断地反省、明白、更好地“长”，才能让自己的脊梁骨直起来，才能站起来，才能成为独立的研究主体。所谓“以行促自成”，即强调要实践，要实实在在地静下心来做研究，每位教师都有自己的实践空间，都能在自己的实践空间中进行研究、变革，促进自己成长。[①]有了这样的“发展自觉”，教师的发展就有了自我成长的内在动力。

叶澜还从中国文化传统所强调的修己立身中探讨了教师素养的涵育之道。自孔子始，儒家就强调教师以自己的身体力行和人格力量影响学生。用孔子的话说，教师的智慧与创造需基于三大特质：第一，志于学，善于学。即教师要立志，且坚守此志。同时，学作为内在的需求，要求教师不断学习、发展，以提升自我。所以，教师应以学为志，更须由学而至德才兼备、文质彬彬，故而学是教师发展自觉的基础。第二，善于导。儒家思想中教育者“导”的含义有两个：一是善察人，识诸子；二是善启发说理，重相互对话，反映了中国文化传统中对教师的最基本要求。第三，以人格力量成人之德。教师与学生的交往中，要做到：以诚相待，心怀坦荡；坚守正道，进退自持；自明自强，不畏艰难。教育是立人之事，最大的育人力量来自教师的人格力量。在传统文化的“育”中包含了修己的含义。[②]而教师积极的“立身”之德就是在人生的实践中追求自我完善。这是人一生中不断发展的开放过程，是每个只要意识到并想创造一个有意义的人生的人都可以努力做到的事。追求自我完善，并不是要用同样的崇高标准去要求每个人，而是要求每

---

① 叶澜.“新基础教育”内生力的深度解读［J］.人民教育，2016(3-4)：33-34.

② 叶澜，罗雯瑶，庞庆举.中国文化传统与教育学中国话语体系的建设——叶澜教授专访［J］.苏州大学学报（教育科学版），2019(3)：88.

个人在认识今日之我之不足的基础上，去创造一个较今日之我更为完善的明日之我；追求自我完善，并不是闭门思过、静心养性，而是在积极的人生实践中，不断地学习、反思、重构、再实践；追求自我完善，并不是洁身自好、远离社会，而是用发展性的生命去创造社会的进步和实现幸福的人生。[①]因此，修己、立身、成德是教师发展自觉的永恒功课。

（三）终身学习的选择

1994年首届“世界终身学习会议”对终身学习做了这样的界定：“终身学习是通过一个不断的支持过程来发挥人类的潜能，它激励并使人们有权利去获得他们终身所需要的全部知识、价值、技能与理解，并在任何任务、情况和环境中有信心、有创造性和愉快地应用它们。”[②]会议之所以用“终身学习”而没有用“终身教育”一词，是因为终身教育侧重于对学习者一方的支持和帮助，而终身学习则强调学习者的主动学习。而且终身教育的真正实现，必须以终身学习为前提。因为终身教育需要社会成员具有终身自觉接受教育的主观愿望，把学习作为个人终身的历程。学习既不是外部强加于己的东西，也不是自己强加于人的东西，而是一种生存方式，是人生必不可少的一种内在需求。教育必须把教育的对象变为自己教育自己的主体，受教育的人必须成为教育他自己的人，别人的教育必须成为这个人自己的教育。如果没有学习者本身的主动性和积极性，如果没有学习者的积极参与和自觉学习，终身教育就无法从根本上得到实现。所以，促进广大教师学会学习且能终身学习，这是走向教育创新不可或缺的重要条件。

叶澜在多个场合和多场报告中谈到了学习和研究对于教师发展的意义，谈到了她自己对学习和研究的理解，特别是她对“研究的生活”的喜爱，认为这是一种丰富而有价值的生活，因为通过研究能看到人的变化，而这正是

① 叶澜. 试析中国当代道德教育内容的基础性构成［J］. 教育研究，2001（9）：7.
② 吴咏诗. 终身学习——教育面向21世纪的重大发展［J］. 教育研究，1995（12）：10.

教育最根本的价值。

1. 过一种学习的生活

在当今社会中，个人的终身学习到底是怎样的概念？有的人认为，所谓终身学习，就是不仅读到大专，而且要读到本科，再读到硕士、博士，以至留学；也有人认为，集中地搞一些研究，在研究中学习；还有人认为，在工作中一面做，一面学习。这些当然都是学习。但叶澜强调，所谓终身学习，就是把整个的人生，所有的生活都变成有学习意义的生活。只要抱着一个开放的心态、一种认识的需要、一种对发展的追求，这三者结合起来，生活就会变成学习。这种学习可以和生活互换，是一种广义的学习。这样的人生才是学习的人生。学习的人生也是发展的人生，同时会产生一种创造性的结果。所以学习的人生，也是创造的人生的基础。对创造的追求就是对超越的追求。如果我们这样理解学习的话，那么生活中一次随意的交谈可以成为学习，旅游是学习，听别人上课、评课也是学习。生活中有很多可以学习的内容，而恰恰是在学习中、在发现中，生活才会变得有趣起来。生活质量和生命质量的提高，实际上是和学习密切相关的。有了创造，生命就会闪亮。

那么，怎样度过自己的人生？怎么使人生变成学习的人生、发展的人生、创造的人生，变成由一串一串的亮点构成的人生？

对个人的终身学习问题，有狭义和广义的理解。所谓狭义的理解，就是在具体参与某项学习或研修活动中的学习；广义的理解，就是在当今这个时代应该怎样学习。这个时代一直在变化，这个时代也变得越来越复杂。一个变化，一个复杂化，这两者在一定意义上就变成了一种压力，这就要求我们必须学习。另一方面，这也是一种资源。这个时代的复杂状态和多变状态，要求我们不是简单地用加减法去思维，而是要用复杂思维来认识我们的环境和教育。此外，还要求我们有一个动态的意识，在变动中去寻找主流、趋势，找到并摸准这个方向。这就是一种学习。学习者首先要有一种虚空的心态，心态打开了，想去接受新的东西，并期待着新发现，这就是学习的状态。在现代社会，交互作用加强了，流动加强了，整体的复杂性也加强了，这就要求我们每个人必须学习。

叶澜以她主持和策划的上海市闵行区校长研修班为例，展示了几种类型的学习活动。第一是读书。要有读书的习惯，读书又要有动笔的习惯。不仅要记下读书的体会，还要记下哪怕是碎片式的东西，从中就能发现自己还需要学什么，还要进行怎样的研究，才能解决问题。这样，校长的工作就有主题了，主题来自于思考，来自于学习，来自于对现实的研究。第二是调查分析。调查研究主要是为了制定发展规划，实现学校发展。因此要让校长看自己的学校，把学校的实存状态摸清楚，找准学校的主要问题和潜在发展的可能性，把握当代转型的大背景向学校提出了哪些挑战，提供了什么资源，产生了什么新的需求和问题。这是面对学校的事实型研究。第三是培养自我观察和反思能力。它主要体现在两个方面：其一是要求校长做一周纪实，看自己一周都做了什么事情，并且要把事情分类，看看这些事在所有的时间里所占的比例及它的价值。有的时候，没有价值的事情所占的比例要高于有价值的事情所占的比例。然后再看这一周的生存状态是经常性的、典型性的还是偶然性的。之后要想，对这样一种生存状态，自己满意还是不满意，可不可能改变，怎么去改变，朝哪个方向改变。其二是写一个案例。只要是对校长生涯有意义的事情，就可以写下来成为案例。案例是一个很生动的过程，校长的思想就穿插在其中。思想的变化带来行为的变化，带来整个事情状态的变化。这种自我观察与反思的能力是一个人提高自我意识、实现自我超越的基本能力。第四是听报告。在学习过程中，有专题式报告，也有关于作业、活动的反馈式报告。反馈式报告是一个交互作用的过程。每个校长都应思考：自己处在哪个状态？怎么改变这种状态，更好地发展？发展的实现要求大家主动投入。第五是学员互动。有小组讨论和大组交流两种形式。小组讨论多以问题的方式出现，这是一种积极思维的状态和想要追求发展的表现。

这种互动更直接，参与面更广。第六是现场考察。要学会从多角度去考察一所学校。考察要用心，要投入，要关注细节，重视当场整体直觉式的感受。这也是对教育智慧的锻炼。看课就是锻炼自己怎样把握一个真实的课堂，这是校长的基本功。第七是专题研究。校长要把自己的课题研究和校本研究结合起来思考，这样就把教育科研和学校发展结合起来了。过去对实践研究的导向有一点偏差。实际上，实践研究的重点应该是怎样发展自己的学校。这个过程一定会有创造，这是一种综合性的创造，是实践智慧的创造。第八是做规划。这是综合性的面向未来的策划性研究。[①]这个规划的过程既是前面学习过程的结晶，也是进一步实践的指针。

就在这样的具体案例中，叶澜提供了面向过去、面向现在和面向未来的三种学习方式。通过读书打开眼界；通过调查、观察、研究，还有群体互动交流去认识自己的学校，群体互动的质量实际上就是构成学习型组织质量的一个重要指标；通过规划，为未来更好的学校更好的教育奠定基础。而所有这些学习方式，都不仅仅是校长，更是广大教师的成长之路，也是终身学习视域下有事业心的教师的人生选择。

2. 过一种充满研究的教育生活

在倡导教师学习的基础上，叶澜进一步提出教师要过一种充满研究的生活。

叶澜指出，让教师的生活充满研究，不是指要给教师研究的项目和发表论文的地方。实际上，教师时时刻刻可以进行研究，课堂内外孩子的表现就是在不断向你发出信号，教师借此可以及时捕捉到他们的学习和心理状态，开展相关的教育研究。

教育生活应该成为一种有研究的生活，教师之所以产生职业倦怠往往是

① 叶澜．校长今天应该怎样学习［J］．中小学管理，2004（4）：5-8.

因为缺乏一种有研究的生活。如果研究渗透到教师的工作和生活之中，那么他的教育生活会时时被自己的发现、被问题所激发，探索着怎么往前走，忙得来不及“倦怠”。如果教师只是重复着“推磨式”的生活，久而久之必生倦怠，没有发展就会倦怠。所以教师发展首先需要教师角色的再认识，这是教育在今天能不能更好地朝前发展的人的问题。

那么今天，教师要过一种研究生活，重要的是什么呢？关键是思维方式要发生变化。

思维方式是跟生存方式联系在一起的。长期以来，人们把教师比喻成园丁，这是农业社会对教师的理解，教师的角色就是给孩子施肥、除草、捉虫，孩子是农作物，教师要做辛勤的园丁，像农民一样耕作。之后又把教师比喻为工程师，这是工业社会的思维模式。其特点是首先有清晰的目标，有预设，在制造产品的时候要先想好这个产品是什么样子；其次在过程中强调程序和规范操作；然后是结果一致，产品批量化，评价以效率和效益为重。至今在一些教育研究的报告中还经常能看到“程序”“高效”“操作”等字眼，从这个角度讲，教师就是在“设计”学生的人生。但是，这样的认识是错误且有害的，这样的思维方式也是片面且偏颇的。

时代发展到今天，应该用生态的思维方式理解和研究教育。也就是说，第一，构成生态系统的都是有机体，每个个体是活体，是不断变化生成的；第二，生态系统的各个组成部分相互作用；第三，生态系统有内外的循环，与外环境密切沟通，交互作用。因此，教育的过程可以有预设，但过程中有更多的生成和涌现，生成和涌现体现于教与学的交互作用。教育的过程是多种因素交互作用、动态生成、有机生长的过程。在这样的课堂上，不仅教师、学生，连课本身也在“长”，是有生命力的课堂，此时的教育和教学才进入生态式状态。这时，教师不只是园丁，也不只是工程师，他跟学生同生共长，也是带领自己和学生一起走向更高发展水平的重要参与者、引领者、互动者。在这种生态中，学校中的教师和学生就会过上一种有生命气息的生活。这是一种因为有精神的成长而感觉到教育幸福的生活。①

教师要过一种研究的生活，还需要关注日常教育和教学中出现的问题。

叶澜以教育中最基本最核心的问题为例，说明了教师应该如何进行研究。教育的核心问题有两个：一个是为谁而教，一个是怎么教。这两个问题与每个教师都息息相关。"为谁而教"是教育的目标和价值取向问题。你是为自己成功而教，是为学校出名而教，还是在为孩子的成长而教？从事基础教育工作的人，天天面对着孩子的成长，促进孩子的成长应该是教育的直接目的。"怎么教"是策略、方法和艺术的问题。什么样的"教"才有利于学生的身心健康和成长？如何更好地促进学生发展？如何培养学生的生命自觉？"为谁而教"和"怎么教"这两个核心问题密切相关，如果你忘了自己为谁而教，那么你就不会去思考怎么教的问题。最惯常的做法可能就是按照书本或教参去教，这时候的"教"往往会被外在的东西所迷惑，仅仅是"教"而缺乏研究。②

作为教师，应该结合自己对学生、对课程、对学科、对教材、对生活等多方面的研究做出整合和改进，这样才能成长，才有进步，才能不断地自我超越。教师不断去认识自己的发展空间、自己的缺憾和努力的方向，从而自觉进行自我提升和自我超越。

教师的研究，还可以从最熟悉却又容易忽视的地方做起。

叶澜以汉字为例，说明了汉字中蕴含的教育价值，并对教师提出了品悟、琢磨、研究的要求。汉字是世界上独一无二、极富智慧魅力的文字符号。如果我们的母语教育之始只停留在"识字"层面，只把汉字作为阅读、写作的工具，只是为"用"而教，即使不说这糟蹋了汉字，至少是汉字作为一种教育资源的极大浪费。汉字教学不能只停留于"识"，而是要"品"。只识汉字为用，"品"汉字则是"悟"中国文化。汉字是字符，但它是抽象

①② 叶澜．基础教育深化改革之路怎么走？[J]．人民教育，2015(11)：60-62；61.

与具象的结合；汉字有独体与合体之别，但字字方正，独立成形、具意；汉字的独体字又能转化为偏旁部首，成为合体字的组成部分；合体字的结构丰富多样，且都有命名：上中下、左中右、某某头、某某底、全包围、半包围等等。这不仅使汉字有极大的重组、构造能力和表达空间，而且因学、用而塑造了中国人独特的思维方式，影响了大脑两半球的发展形态。汉字的笔顺规则和书写要求，则又蕴含了有序和端正的品质与训练。“温润敦厚”是汉字的形象之美；将“天地人事”之复杂集于字中，巧妙假借，这是汉字的品质之慧；将对外界的情感体验呈现于字，则是汉字的人情之善；字符中抽象与具象的内在关联，又可使汉字成为激发人的想象力和情境思维的重要力量。如此美妙的汉字，为何我们在教学中往往只停留于“识”呢！让汉字自身的魅力转化为汉字教学的魅力；让孩子们从学第一个汉字起，就喜欢上汉字；让汉字唤起孩子们对先人创造的敬意和民族文化的自豪。这正是教师特别是语文教师要去思考和研究的事。汉字完全可以成为育人的力量。汉语言文字内在力量的发掘，是最基础的民族文化的张扬。从学校开始直至全社会，祖国的语言文字应有足够的尊严。不仅是学校教师，每个中国人都应有此担当。

叶澜也客观地指出，并不要求教师都成为语言学家，精通《说文解字》，也不要求教师在教每个字的时候都从古说起。然而，教师，尤其是语文教师应该提高语言文字修养，喜欢汉字，爱琢磨汉字，能与汉字“对话”：看到“笑”，能会心地咧开嘴；看到“哭”，会想到一滴泪；看到“冷”“冻”“寒”，会想到古人也许早就懂了热胀冷缩的道理，把三点水变成了两点水……也许，这些都不符合语言学，却能打开学生的思维，引发想象，与古人对话，以教师对祖国文字的“爱”与“趣”，激起学生的爱与趣。原来的识字课，完全可以呈现出师生、生生相互激发、妙趣横生的生动局面，在与先人创造的字符交流中，品赏汉字，悟爱中华文化。这一切并不难，只要教师有这份情、这份意和这份真趣。[1]

对教师来说，选择过学习的生活、研究的生活，就是在追求发展，而且是在清醒的自我觉知基础上做出的发展选择。这就是发展自觉。有了这样的发展自觉，教师就会获得成长和进步，也会收获幸福和欢乐。

① 叶澜．浅议文字与学校教育［M］//叶澜．俯仰间会悟：叶澜随笔读思录．北京：中国人民大学出版社，2019：113-114.

第六章　教师教育的重建

> 教师职业有其特殊性和专门性，在改革师资培养模式时必须维护教师这一职业的尊严。
>
> ——叶澜①

谁有资格承担培养未来教师的任务？教师的继续教育应该由谁来负责？作为承担着教师培养重要任务的教育学以及教育系科的发展状况如何？原来封闭的定向型的师范教育向开放的非定向的教师教育转型之后，高师院校自身又应该如何定位？这一系列时代转型及世纪之交提出的问题不仅是现实的困惑，也是我们在建设教育强国的征程中必须做出清晰明确回答的。

在我国，教师教育是对教师培养和培训的统称。“培养”一般指职前，“培训”一般指职后。从“师范教育”到“教师教育”的转型体现了对教师实施职前培养、入职培训和在职研修等连续的、可发展的、一体化的教育过程。这意味着传统的定向封闭的“师范教育”已被现代的非定向开放的“教师教育”所取代。

① 叶澜．改革师资培养模式，要坚持职业特点［J］．上海教育科研，1996(2)：29.

叶澜在20世纪末至21世纪初亲身经历了中国从“师范教育”到“教师教育”的转型，也看到了全球化、信息化给中国社会以及人的生存方式带来的深刻的渗透式的影响，并意识到了这些转型和影响给教育以及教师带来的巨大挑战。为此，叶澜就教师教育重建发表了一系列论及师范教育、教师教育、教育系科、高师改革等的文章，还以21世纪初上海中小学新型师资队伍“目标构建”的前瞻性研究为起点，提出了创建上海中小学新型师资队伍的决策性建议。同时，“新基础教育”本身又从基础教育改革的角度对新型教师的培养做出了“在学校改革实践中造就新型教师”的探索。这些关于教师教育的思想以及具体实践汇集起来，主要体现于以下主题。

一、叶澜对“高师教育”的反思与新构

师范教育是伴随着工业革命及普及初等教育的需要而出现的，也随着现代工业的发展及现代国家的形成而体系化和制度化，又在全球对教育特别是对教师素养要求不断提高和终身教育的背景下逐渐向教师教育转型。这一演进过程既表现出教育面对社会需要的主动适应，也反映了教育在社会变革中的自我调整。

叶澜关注着教育的这一变化，尤其关注师范教育以及高师院校的变化。投身“新基础教育”近30年的研究让她对市场经济给予基础教育的强烈冲击有着切身的感受，曾经担任华东师范大学副校长的经历也令她对高师院校在“综合化”“专业化”浪潮推动下表现出的或主动或被动的改变有着真实的体验。然而，叶澜不仅是亲身经历者，更是理性思考者，还是变革实践者。这使得她对师范教育以及高师院校的诸多反思具有了超出文本的更广阔更深远的影响。

（一）对“师范性”与“学术性”的辨析

1999年，叶澜发表了《一个真实的假问题——“师范性”与“学术性”之争的辨析》一文，就社会上以及高校内部存在的这一论争进行了全面剖析，将这类人们长期争论却总得不到清晰结论的问题称为“老大难”问题。由于这一问题在20世纪初我国兴办师范教育时就潜在地存在着，此后又在不同时期以不同方式反复展开。在20世纪末师范教育面临着新机遇与新挑战时，这一熟悉的问题又一次被提出，因而叶澜称之为教师教育的“百年难题”。

叶澜从审视问题本身开始了自己的思考。她认为，有些问题之所以长期形不成共识，是因为问题本身的设置或提法有问题，使人无法找到答案。这类问题可称之为“假问题”，因为它把本不构成对立的范畴对立起来了，或者还存在着概念理解上的偏差。也就是说，从逻辑的意义上看它并不存在。按照这样的策略去分析“师范性”与“学术性”之争，这正是一个在现实中存在但在逻辑上不存在的“真实的假问题”。

1. 问题：将“师范性”与“学术性”对立

叶澜从我国师范教育发展的源头上探寻“师范性”与“学术性”之争的由来。

中国的师范教育诞生在高等教育和不同于私塾的“新式”学校之后，是应近代中小学建立对新师资的迫切需要而出现的。最初设立时都在某一总校之内，如1897年上海创办的南洋公学内设师范院，1898年北京开设的京师大学堂也设师范斋。这种状况反映在1902年清末公布的第一个近代学制“壬寅学制”中，它规定：“中学堂内附设师范学堂，以造成小学教习之人才”，“高等学堂应附设师范学堂一所，以造就各处中学堂教员”。[①]但该学

① 李剑萍.中国近代师范教育争论问题的透视［J］.华东师范大学学报（教育科学版），1996（3）：27.

制没有实施。1904年清政府又颁布了我国教育史上第一个颁布并得到实施的近代学制，即“癸卯学制”。在该学制中承担教师培养的师范学堂有了独立的地位，并有了初级师范学堂与优级师范学堂之分，可以把它看作是我国独立设置中等师范学校和高等师范学堂的开端。上述有关“开端”的形成过程中就蕴含着一个具体问题：教师培养是独立设置学校好，还是包含在普通中学、综合大学中好？或者说，师范教育到底应该是定向型的还是非定向型的？这个从师范教育诞生之初便相伴而生的争论一直延续到1949年。争论的焦点涉及对师范教育的认识，即培养教师的教育有没有特殊性。被称为“独立派”的人持肯定观点，强调教师培养有特殊性，主要是指道德要求和教育学及中小学学科教学法相关知识的学习和训练，这就是最初的“师范性”之实指及在学制层面上的反映——独立设置师范教育系统。而被称为“合并派”者则反对或否定这种特殊性的存在，认为只要学好所要教的学科，就能教得好学生；或认为教育学等学科的学习未必能教会学生毕业后教书，此等能力须在实践中养成，无须专设师范学校来教；或者更有甚者，认为师范学校因增设教育学科而削弱了学科学习，降低了学生的学术能力，因而轻视、否认师范性，突出强调各门学科的学术性在培养教师中的作用，可把这看作是最初的“学术性”之实指及在学制层上的反映——反对独立设置师范教育系统。①

中华人民共和国成立后，在整个学制体系中，都以独立设置师范体系（包括中师与高师）为基本原则。因此在新中国成立后很长一段时间里，“师范性”与“学术性”之争，转化为师范院校内部的办学方向与课程结构上的分歧。在“文革”前，一般的倾向是重点师范大学强调增强所谓“学术”实力，普通师范大学突出所谓师范性。改革开放后，这一争论表现为学校发展是以提高学科的学术性、办学层次、发展教师和学生的研究能力为主，还是

① 叶澜．一个真实的假问题——“师范性”与“学术性”之争的辨析［J］．高等师范教育研究，1999(2)：10-11.

以满足现有中学教育对教师学历层次要求和培养学生热爱教师职业、具有从教的知识与能力为主。提出这样的问题，一方面是因为高等教育中科研的重要性日益凸显，职称评审制度的恢复也起了强化作用；另一方面是人们习惯于拿综合大学与师范大学比较，且通常以综合大学的标准来要求师范大学。在对高校进行评估时这一问题表现得尤为突出，由国家职能领导部门制定标准，用一把“尺子”量所有的学校，然后再按得分多少进行高低排序，按此序列给予相应“待遇”。于是，高师院校把综合大学当作排头兵，强调学科教学的学术性水平而忽视了师范性，造成的直接显性后果是，这些学校的学生毕业后进入中学任教的人数逐年递减。这种师范性的弱化还反映在课程上。有关师范性的课程在课时上减少，学生到中小学见习、实习时间缩短，教育学公共课和学科教学法的教师队伍因得不到及时补充而呈现短缺和老化等现象。更突出的是由于教育学公共课内容或陈旧，或脱离实际，或缺乏理论深度；教学方法单调和未能调动学生自己的经验和需要，使不少师范院校的教育学课程不受学生重视和欢迎。师范性弱化的现象与中国基础教育，尤其是普及九年义务教育需要大量高质量的教师队伍的要求不相适应。基于此，有人提出要向西方发达国家看齐，逐步取消教师培养定向式的高师院校，采取综合大学中设教育学院的做法，主要培养具有研究生学历层次的教师，企图以此解决加强学术性与师范性的矛盾。①

1996年，全国师范教育工作会议召开，通过了《关于师范教育改革和发展的若干意见》，对师范性与学术性的关系做出了回答：坚持师范院校培养教师的师范性方向，提高师范教育学术水平。但是，由于对何谓“师范教育学术水平”并未做出明确说明和提出确实要求，所以，在师范院校内部关于师范性与学术性的问题依然说不清、道不明。

近一个世纪中国有关“师范性”与“学术性”之争在事实上的存在虽无

① 叶澜.一个真实的假问题——“师范性”与“学术性”之争的辨析［J］.高等师范教育研究，1999(2)：11-12.

可怀疑，但值得指出的是在整个演变过程中，没有或者说很少变化的是“师范性”和“学术性”两大概念在对峙时的实指。多数人认为，在师范院校与综合性大学都只有四年的本科学习年限中，这两者在每个学生身上的统一是无法实现的，因此只能强调一方。在师范院校每个教师身上同样也很难达到统一，若要想在学校整体上实现两全其美，可以选择的方案只能是一部分教师重点放到学科研究上，以完成提高学术性的任务；另一部分如承担教育学和教学法课程的教师则重点放到师范性上，以完成为中小学基础教育服务和加强师范性的任务。这也就是说，大部分师范院校的教师与加强师范性关系不大。在很长的时间里，没有人对这两个概念本身做过探讨，也没有人对两者对峙的合理性做过分析。①

叶澜对中国师范教育百年历程的梳理，为我们呈现了高师院校自诞生之初便“附设”或“依附”于综合大学的“前世”，以及高师院校为向综合大学看齐而追求学术性弱化师范性的挣扎。对此叶澜提出，有必要对“师范性”与“学术性”之争这一问题的逻辑前提进行深入反思。

2. 反思：内含创造的“师范性”即是“学术性”

叶澜对“师范性”与“学术性”之争的反思从对这两个概念的探讨着手，在探讨的过程中分析问题本身。“所谓师范性大多是指培养教师的一些特殊课程，如教育学、心理学、教学法、见习、实习等，道德品质的要求；教师必须具备的基本技能技巧，如普通话、板书等；组织管理能力和特长培养等。所谓学术性则大多指师范院校内各系教师在科研中所表现出的、可与综合性大学同类系科相比的学术水平；同类学科教学内容上专门化水平和反映学术前沿的程度；学生从事学科研究的能力等。”②然而，这样的实指是否反映了其所指对象的性质？是否涉及了本质？在当今时代，应该怎样理解教师

①② 叶澜．一个真实的假问题——“师范性”与“学术性”之争的辨析［J］．高等师范教育研究，1999（2）：12-13；13.

培养中的“师范性”与“学术性”？叶澜深入分析了这两个概念的内涵。

从“学术性”的上述定义中可以看出，“学术性”的概念与学科相关的研究水平，以及个体、群体的研究能力相关。如果再深究一下研究水平的集中表现，就会指向学科知识的创造，所以，学术水平通常以推动学科知识的发展程度、学者的创造能力与相关成果来衡量，它不包括学科知识的传递工作和能力。由此可见，当人们把“师范性”仅仅理解为是把学科知识中最基础的、早已成为定论的那些内容传递给中学生，即会教中学教科书的能力和技术时，这样的“师范性”概念与上述的“学术性”概念就不相干且可能对立，而以往的争论恰恰正是建立在此基础上。

然而，“学术性”的内涵是随时代而变化的。随着科学存在形态的多元化和科学研究的分层化，随着对人类创造能力理解的多样化，随着高等教育功能的复杂化，人们已开始重新审视“学术水平”这个概念。叶澜以美国学者欧内斯特·波依尔（Ernest L. Boyer）在1990年发表的《学术水平反思》这一报告中的观点为例来说明这种变化。波依尔明确指出：学术水平包括发现的学术水平、综合的学术水平、运用的学术水平、教学的学术水平。在波依尔看来，教学是一门学术性的事业，它虽然从已知开始，但不局限于已知。最好的教学不仅传授知识，同时也改造和扩展知识。更重要的是，教学也是一个能动的过程，教师不仅要善于创造一种求知的共同基础，而且要通过各种活动，把学生与自己都推向新的创造性的方向。教学同样需要教师的创造性。①这里，波依尔并没有改变学术水平的本质意义——创造水平，但将创造力的表现拓展到教师全部的职业活动领域，并纠正了把教学中传递的内容是已知领域的知识等同于教学活动不需要创造力的错误观点，揭示了教学活动同样需要创造力的事实，从而提出了把教学也看作是有学术水平差异的活动，如此看来，所谓的“师范性”与“学术性”的对立就不复成立。

---

① 欧内斯特·波依尔．学术水平反思［M］//国家教育发展研究中心．发达国家教育改革的动向和趋势：第五集．北京：人民教育出版社，1994：23，30-32.

在对概念内涵进行分析的基础上，叶澜还从高师院校的视角进一步分析了“师范性”与“学术性”之争的反逻辑性。如果只是从学校的性质出发，就认定高师院校属低学术水平的院校，进而把高师院校致力于提高学科研究水平看作是非分之举，反证其是对师范性的削弱等，这一套传统的观点也是站不住脚的。推进学科和各种科学的发展，是每一所具有本科以上设置的高等院校的共同任务，高师院校自然不应例外。高师的性质由培养任务而定，不是因学术性的高低而定。反过来说，学术性的高低并非由学校性质决定，而是由学校的办学指导思想和功能定位，由校内各学科的学术力量强度、合作能力及研究传统、优势学科或学科群的状态等方面决定。依不同类型学校的标准去规定应不应该提学术性是不可思议的。但是，这种不可思议之事在人们对高师院校的议论、指责中却出现了。这种明显违反逻辑的结论却持久存在，甚至内化到一些高师院校领导层和教师层，这实在值得深刻反思。那么，问题的症结究竟在哪里？定向培养专业人员的高等院校有很多，如医学院等，为什么唯有高师院校形成引人注目的“师范性”与“学术性”之争？看来是有一个什么“情结”堵住了人们的正常思维。这个“情结”就是对教师职业的非专业化的定性和肤浅而陈旧的观念，集中表现在对“师范性”的理解上。这种认识不改变，在它的支配下培养教师的模式不改变，必将殃及我国未来教师的质量和基础教育质量，其消极后果远远超出了师范院校内部发展，关系到未来一代和未来社会的整体发展水平。[①]

一般地说，把高师院校的师范性抽象地表述为“培养教师这一任务规定的特殊性”并不错，问题出在具体的理解上。核心是在怎样理解教师职业的性质及该职业对从业人员的基本的而又不同于其他职业的一些特殊要求。叶澜列举了现实中存在的关于教师职业性质认识的三种不同观点，并逐一进行了剖析。

① 叶澜．一个真实的假问题——“师范性”与“学术性”之争的辨析［J］．高等师范教育研究，1999（2）：14-15.

第一类是最为初级和肤浅的认识，即“把教师职业仅看作是传递学科已有基础性知识的职业，所以，对学术性所内含的创造性无要求，认为只要懂得须传递的知识，就具备了从教条件”。这种认识的偏差表现在：把教育工作的最本质任务——培养人的多方面的主动发展能力的任务——忽视了，这是对教育性质与功能认识的极大偏离和狭窄化；把所教知识的已知性混同于教育活动的非创造性，这不但有逻辑错误，而且排斥了对教师创造性工作的意向与能力培养之必要，排斥了教师在职工作中探究知识的必要；混同了“教什么”和“如何教”两种不同类型的知识，误以为掌握了教什么，就必然能教好什么。

第二类的观点略有进步，即承认“教什么”和“如何教”不仅是有差异的知识，而且后者还包括一些特殊的技能、技巧，所以需要专门的师范教育。教师的知识结构主要是学科知识与教育类知识相加，并掌握相关的技能。这类观点的偏差主要在于对教师专业要求的认识还没有从整体和有机联系的角度来认识两类知识的关系，所以尽管承认师范专业的特殊性，但在高师院校中它只是部分教师和部分课程的任务。

第三类观点向前走了一大步，即已经看到了教师教学工作需要创造性，在当今科技迅猛发展和社会飞速变化的时代，教师本身的知识也需要更新，教师需要不断的继续教育和终身学习。教师要把教学过程变为与学生一起探索、发现知识的过程，并通过这一过程来培养学生探索、创造的欲望与能力，使教育不仅发挥出传递已有文化的功能，而且发挥出培养学生创造新文化的能力。这类观点把创造性看作是教学活动的内在要求，提出了教学的学术性观点。如此理解的师范性，已包含了部分的学术性。两者不再处于无关或对立状态。但这类观点在高师院校的培养方案和课程设计中，就国内而言还几乎未见；在中小学的教学实践中也还只是少数“创新者”努力做出的罕见现象。

在剖析了现实中关于教师职业性质认识的三种观点后，叶澜指出，即使是第三类看似进了一大步的观点，也还没有揭示出教师职业作为一种专业的全部丰富性。这种丰富性的认识要求我们重新认识教育的使命和本质，认识教育在人的发展和社会发展中重要和独特的功能，认识教育过程的复杂性和综合性。唯有如此，我们才可能真正意识到教师与人类命运的关系，认识到教师需要有自己独特而富有整体性的高标准的专业修养，其中包括关于教育的理念、结构和内容都具有特殊性的知识和技能修养，以及含有交往、管理等多种从事教育所必需的专业工作能力与创造能力。唯有如此，我们才会承认教师职业是一种真正的专业，教师必须经过并不比造就医生和律师要简单或容易的专业教育。只有到此时，我们才能说在相对完整的意义上把握了师范性的意义，师范性就成为教师专业性的同义语。①

在深入分析后，叶澜得出结论：现在是结束“师范性”与“学术性”之争的时候了。如果还要与原来的问题保持联系的话，那么，问题将这样提出：什么是高等师范院校独具的学术性？这也成为叶澜持续关注高师院校改革并全力推进中国本土教育学科建设的重要原因。

（二）对高师教育“师范性”的辨析

1992年，中共十四大明确提出了建立社会主义市场经济体制的目标，市场经济成为我国社会发展“看不见的手”，市场经济引出的经济热，对教师的经济地位和社会地位造成威胁，教师队伍流失现象严重；经济体制的转轨，要求高等教育不能只从政府渠道获得经费来源，而要多渠道筹措经费，尤其要通过科技转化、直接为社会服务来获取办学经费，促使各校寻找经济来源的新生长点。这些新的变化对师范院校来说无疑是巨大的挑战。为求生存，不少师范院校冲破了传统师范院校专业设置上以师范类基础性学科为主的框架，通过叶澜所说的“犯”师范性之“规”的方式开设所谓“非师范专业”，来吸收生源、收费，发展新专业。于是，高师院校出现了“师范专

① 叶澜. 一个真实的假问题——“师范性”与“学术性”之争的辨析［J］. 高等师范教育研究，1999（2）：15-16.

业”与“非师范专业”并存，且“非师范专业”占比愈益加大的局面。

叶澜分析了高师院校这种为形势所迫而非自觉的、更不是发展性的现状，指出：正是社会发展和科技、经济变革的冲击，唤起了人们对早已习以为常的高师教育“师范性”的重新思考，高师教育原有的“师范性”观念是否依然完全适用？如果有不适用处，那么，应做哪些转变？新形势下“师范性”的观念应该是怎样的？这是一组密切关联的问题，通过讨论，不是取消“师范性”和高师教育，而是实现新旧“师范性”的观念转化。[①]

1. 传统高师的“师范性”批判

叶澜从高师教育的培养目标定位、总体结构及课程设置上分析了传统高师的“师范性”内涵，并对这种人们习焉不察的现象进行了深刻的揭示和批判。

高师教育的产生与发展，无论在国内与国外，都是与中学教育的发展对教师在数量与质量上的要求联系在一起的。人们认为，作为中学的师资应该具有高于所教学校等级的学历，并受过教学有关课程的专业训练。这种认识现在还通过法律的方式做出保证。因此，根据中学师资的需求量来确定高师发展的规模与速度，根据中学课程的设置来确定高师院校的专业设置，成了高师观念决定性的特定内涵，即“师范性”。用一句通俗的话来讲，所谓师范性，就是高师的状态是由中等教育决定的。可以这样说，在高等学校的体系中，没有哪一类院校是用这样的方式来规范自己的专业和发展的。

师范性首先表现在高等师范教育的总体结构上。具体表现在以下两个方面。第一，高等师范院校以培养中学的新师资为主。由于我国的中等教育结构长期以普通初中和高中为主，中等职业技术教育不发达，故而长期以来没有把为中等职业技术教育培养新师资列为高等师范教育的任务，高等师范院

① 叶澜. 转变观念、开拓发展空间——论当代中国高等师范教育的发展［J］. 高等师范教育研究，1995（5）：5-6.

校实际上只是和“普通中学（含初中和高中）对口”。第二，长期以来，在教育中强调的是连续教育、职前教育，轻职后的再教育，故而高等师范教育的重心放在全日制的高师院校，与同样服务于中等教育、承担在职教师继续教育的各省市的教育学院互不沟通，而且，培养初中教师的专科师范学校与培养高中师资的本科师范大学之间也没有有机的纵向联系。这使得不同类的高等师范教育适应服务对象的特征被强化，而这一教育体系内部的有机性被忽视，因此缺乏结构效应。这也是造成各类高等师范院校相对闭锁的一个重要原因。

师范性其次表现在全日制高等师范院校内部为与普通中学对口而设置的专业上。长期以来，我国普通中小学是以基础性学科教育为主，所以师范院校专业多以基础性文理学科为主，并按学科分系设置。由于基础性学科具有较大的稳定性，所以师范院校的专业设置长期以来变化不大。近年来，在科学技术迅猛发展和市场经济大潮的冲击下，不少师范院校新设了一些与高科技、市场经济发展相关的专业，于是引出了“师范专业”与“非师范专业”之别，也引起了师范院校能否设置“非师范专业”之争。争论的双方尽管观点不同，但在承认新设专业属“非师范专业”这一点上却没有分歧，由此也可见，已形成的“师范性”观念是如何深深地刻在人们的头脑中。

师范性的又一表现是在各专业内部的课程结构上。它要求在课程中有培养学生从事教育和教学工作所必需的知识及能力的内容，即教育类课程，要求有到中小学进行教育见习与实习的安排，并把这部分课程称为体现师范性的课程。专业课程设置上的差异被认为是同一专业上高师院校与综合性大学差别的重要标志。而在高师专业课程内部，这两类课程之间也没有形成有机联系，基本上是“盖浇饭”式的组合。此外，师范性还表现在对学生的培养规格上。要求学生热爱教育事业和热爱学生，具有较扎实的基础知识和作为教师的基本功，如板书、普通话、组织活动的能力、体育或文娱活动方面的一技之长等，还要有踏实、勤奋的奉献精神，这几乎成为长期认同的师范生的基本理想形象。概而言之，“师范性”是高师观念中最根本性的规定，已形成的“师范性”观念已转化体现在我国高等师范教育的不同实践层面，从类型结构的总体布局到高师院校的专业设置、专业中的课程设置，最终体现在培养规格和培养出来的学生身上。它不仅深入高等师范教育工作者的心中，而且成为行政乃至社会评价师范学校的一把尺子，因而实际上已转化为一种实实在在的、看得见摸得着的办学模式了。[①]

叶澜身在高师院校，长期浸润其中。上述分析的这些现象多数人浑然不觉或习以为常，叶澜却看到了这些表象背后的问题，而切中要害的分析无疑为高师院校在新形势下如何发展既做了“诊断”，又开出了“药方”。

2. 高师教育的“非师范”正名

我国的高师教育变革有着特殊的社会背景，即深刻的国内经济体制的转型——由计划经济转向社会主义市场经济。它不仅要求高校内部体制与机制做出相应的变革，以满足社会主义市场经济对人才的新的需要，而且还以社会大环境的激烈变化直接“威胁”高校原有的生存方式，“逼迫”高校做出体制与机制的改革。这是每一个生活在当代中国高校中的知识分子的深切感受。社会对高等教育量的需求之激增和功能要求的多元化，是直接促使高校内部体制和机制变化的又一重要方面。[②]

为适应市场经济的需要，同时缓解办学经费的紧张，高师院校也主动对接市场、服务，开办了许多综合性或应用性的新专业，于是，便有了“师范专业”和“非师范专业”两大类的习惯说法。叶澜认为，这一提法反映了部分现实，即“非师范”专业的培养目标并不是普通中学的教师，但这一提法

---

① 叶澜. 转变观念、开拓发展空间——论当代中国高等师范教育的发展［J］. 高等师范教育研究，1995(5)：4-5.

② 叶澜. 深化中国高等学校内部管理体制与运行机制改革的研究报告［J］. 教育发展研究，2000(5)：12.

本身并不确切，也缺乏发展变化的眼光。所谓不确切，是指学生毕业后是否当教师是职业定向，不是专业定向。“专业定向”是指高等院校中为学生提供科学大体系中某一方面学科的专门化培养，是业务领域的分类，不是职业分类，所以就专业本身而言无所谓师范性和非师范性。不然就会出现同样是“中文系”，在师范大学成了师范专业，在综合性大学就是非师范专业。如果把中等职业技术教育师资培养的任务都作为高师院校的任务，那么，各种专业都可以在师范大学开设，在专业设置上，不应该对高师院校有所限制。体现高师院校的师范性，主要应是学生毕业以后的职业定向，以及专业内课程的设置，而不是专业类型。何况，就是普通中等教育也在发展，职业教育的因素也在向普通中等教育渗透，有些原不属于普通中学的课程，如计算机，现已在中学乃至小学中普遍设置。高师院校的专业设置应走在中等教育发展的前面，而不是后面；专业设置范围应是各级各类中等教育的相关学科，而不只是与普通中学的基础性学科相关。[①]

叶澜对“非师范”的分析中肯而确切。当人们质疑高师院校能否发展“非师范”专业时，便把高师教育的培养目标窄化了，也把中等职业技术教育对师资的需求排除在高师教育之外，这无疑也弱化了高师院校服务社会的功能。高师院校完全可以也有能力在继续承担普通中学师资培养的前提下，为社会其他各行各业培养人才。这样既有利于社会，也有利于高师院校潜能的开发，提高对市场经济体制的适应能力。

3. 新型高师的“师范性”构建

随着社会生产力水平的不断提高以及科学技术的不断进步，一些新的职业、行业、产业出现了，随之对中等教育改革提出了新的要求。显然，原有的“高师与中学对口”的师范性观念已经不能适应社会的需要，亟须

① 叶澜. 转变观念、开拓发展空间——论当代中国高等师范教育的发展［J］. 高等师范教育研究，1995(5)：7.

改革。

叶澜就“高师与中学对口”这一师范性的突出标志，结合社会变革对教育提出的要求，由表及里地剖析了高师院校这一传统定位的弊端，毫不留情地批判了这种几十年不变的陈旧观念，并提出了新型高师的师范性特质。

首先，改变“对口”面过窄的定位。这里有两层意思：第一层是高师院校只与中学对口的说法太局限。叶澜指出，高师应以社会整个教育事业的发展趋势、以社会发展对教师职业的要求、以当代教育观念的变化发展作为自己办学的指导思想，确定培养目标的社会依据。中学只是影响高师培养人才具体规格性要求的一个参照系，它的发展本身也受着社会和教育整体，从观念到结构的制约，是“枝”不是“本”，所以不能成为确定高师办学方向的全部依据，在一个高速发展和激烈变化的社会更是如此。高师和中学应该有的关系是：高师按社会对中等教育未来的要求来确定办学方向与目标，以培养新教师和提高现有的教师水平、促进今日的中学教育的改革、推动中等教育的发展为己任，而不是用昨天、今天的中等教育来规范未来师资的培养和现有师资水平的提高。高师为了服务于中学的发展，就必须跳出现有中学的视界局限，在更高的层次，以未来的眼光来规定今日高师发展的方向与目标。在这里，叶澜并不是要求高师取消原来面向中学的服务定位，而是主张高师院校立足点要升高为“为整个教育事业服务”，在时间取向上要由过去转向未来。这就拓宽了高师院校办学的口径。第二层是指高师教育主要只和普通中学对口，缩小了“中学”的范围。叶澜提出，在新的形势下，中等职业技术教育不仅已成为与普通中学同样重要的另一半，而且部分地渗透到了普通中学的初中和高中。即使在中学的基础学科的教学中，也加强了应用学科的成分。中等教育改革的事实已经证明了中等职业技术教育在中国发展的强大生命力，它要求转变高师院校只设基础性学科，并以此作为专业上体现

“师范性”的观念。[1]这是颇有前瞻性的。也就是说，叶澜从我国正在发展的中等职业技术教育的趋势中看到了社会对中等职业技术教育师资的需求，因而提出要将高师原来只对口普通中学拓宽为同时对口中等职业技术学校，将高师原来只设基础性学科拓宽为增设应用性学科。这不仅是作为一名教育学者基于对教育规律的把握而做出的敏锐判断，更是基于主动积极服务教育和社会的自觉而对高师教育做出战略调整和改革的呼吁。

其次，扭转培养目标“单一”的结构。这同样可以从类和质两方面来看。第一，从类的方面看，教师培养的职前部分和职后部分，分属两种类型的高等教育机构且互不通气，职后的研究生学历教育十分薄弱，这对教师的继续学习和发展提高都是不利的。另外，多学科的高师院校不承担教师职后培训和继续教育的任务；高师教育的内部结构也缺乏有机性，大专与本科、职前与职后、中央部委所属与地方所属，在大布局上不合理。这些都造成了教育资源配置上的浪费。再有，高师院校大多以中学学科教师为培养目标，而忽视对中等学校以及与中等教育相关的管理、科研和服务型人员的培养。这在一定程度上影响了中等教育、科研和管理的科学与水平。若把视野进一步拓开的话，还可以将校外教育机构，与中等教育相关的传播、新闻机构等有关人员的培养与高师教育联系起来，同时高师中部分师资力量较强的院校在研究生层次上应有较大的发展，那么，高师院校的培养目标将大大丰富。叶澜在这里颇具创新地将传统高师培养中学教师的目标拓展为涵盖了普通中学和中等职业技术学校在内的学科教师、管理、科研、服务、传媒、培训等各方面的人。这不仅是高师培训目标的丰富，也是高师服务社会能力的增强。第二，从质的角度看，原来的师范生的形象突出了与教学相关的知识与能力，这是必要的，但又是不够的。21世纪教育尤其要加强的是科研的精神与能力、交往的意识与能力以及组织管理和策划教育活动的意识与能力。

① 叶澜．转变观念、开拓发展空间——论当代中国高等师范教育的发展［J］．高等师范教育研究，1995(5)：6-7.

叶澜反复强调教师职业的创造性特质，强调要依靠教师职业本身的魅力吸引更多优秀的人从教。因此，高师教育要培养出更多优秀的教师，以此赢得社会真正的尊重。

最后，发挥高师教育对中等教育的引领作用。高师院校现有师范性在课程上是以一组教育学科的课程体现的，与学科类课程是相加的关系。如果采取“本科学历”加“教师资格证书”课程考试的方法就可以培养师资，高师院校的存在就没有太大的必要。要使高师院校在课程设置上体现出独特性，必须不能停留在两大类课程简单相加的水平上，而是要寻找渗透结合的方式。要加强教学过程中与中等教育的联系，引导学生参与中等教育改革与发展的研究与实践，使高师院校的师生成为推动我国中等教育发展的一支重要队伍。只有做到了这一点，高师院校独立设置的必要性和其不可替代的社会价值才会真正体现。[①]叶澜针对高师院校长期存在的教育类课程与学科类课程“两张皮”“盖浇饭”的现象，提出了解决这一痼疾的根本办法，这也是高师院校不仅服务中等教育，而且要引领和推动中等教育的根本途径。

（三）高师教育新功能体系的重构

中国教师教育改革是在世界教师教育改革浪潮的推动下进行的。1975年，联合国教科文组织第35届国际会议提出将教师职前教育与教师在职进修相统一，自此，“师范教育”逐渐延伸为考虑教师一生专业发展的“教师教育”，出现了“教师培育一体化”的概念。[②]1986年，美国卡内基基金会在《国家为培养21世纪的教师做准备》报告中提出“美国的成功取决于更高的教育质量，取得成功的关键是建立一支经过良好教育的师资队伍”的

① 叶澜. 转变观念、开拓发展空间——论当代中国高等师范教育的发展［J］. 高等师范教育研究，1995（5）：6-8.

② 杨天平，申屠江平. 教师专业发展概论——做人民满意的教师［M］. 重庆：重庆大学出版社，2012：10.

观点，并出台了一系列建设高质量教师队伍的政策。[①]1988年，苏共中央在《关于教育体制改革的决定》中提出“整个教育体制改革的决定性人物是教师。所计划的改造的成功与否在决定性程度上将取决于教师的知识、教学技能以及积极的、有说服力的和热情的态度”，并提出“必须根本改变师资的培养工作”的任务。[②]1989年，法国公布了《学校系统定向法》，提出教师教育一体化的重大决策。[③]1996年9月，联合国教科文组织在日内瓦召开了以“加强变化世界中的教师作用”为主题的第45届国际教育大会，会议强调要保证教师参与教育变革以及与社会各界保持合作关系。这次会议被看成是具有里程碑意义的国际教师教育发展大会。

叶澜深切地感受到了时代发展的挑战，提出：旧的高师教育格局已经被打破，新的高师教育格局尚未清晰呈现，但高师唯有改革才有出路，现在重要的是对“高师朝什么方向改、为何要这样改、改什么和怎样改”等一系列关键性的问题进行充分、深入、展开的探讨，对现有的高师教育进行认真的反思，对未来的高师教育进行切实的构思，对改革的过程进行系统的策划。高师教育唯有深化改革，而且是全面的、结构性的、具有前瞻性的改革，才能适应时代的变化和中国社会主义现代化的需要，才能走出当前面临的困境。叶澜以“义无反顾，别无选择”表达了推动高师教育改革的决心。[④]

叶澜在论述高师教育改革首先需要转变观念，尤其是“与普通中学对口”的传统模式的基础上，还系统地提出了高师教育改革的整体构想。

① 卡内基教育和经济论坛“教育作为一种专门职业”工作组．国家为培养21世纪的教师做准备［M］//国家教育发展研究中心．发达国家教育改革的动向和趋势：第二集．北京：人民教育出版社，1987：265-266.

② 苏共中央二月会议（1988年）．关于教育体制改革的决定［M］//国家教育发展研究中心．发达国家教育改革的动向和趋势：第二集．北京：人民教育出版社，1987：440.

③ 杨天平，申屠江平．教师专业发展概论——做人民满意的教师［M］．重庆：重庆大学出版社，2012：14.

④ 叶澜．迎接挑战：在改革中走向新世纪——再论当代中国高等师范教育的发展［J］．华东师范大学学报（教育科学版），1996（3）：7-8.

1. 目标定位的调整：培养教育工作专职人员

我国高师教育的主要职能分普通中学的新师资培养和现有师资、行政人员的继续教育两大部分。前者主要由高师院校承担，后者主要由教育学院负责，两大功能、两类机构基本不相沟通。职业技术教育所需要的师资，正规培养和培训的渠道虽然存在，但与社会发展需要相比，太薄弱，与为普通中学服务的师资培养与培训体系相比，太微小。所以，功能的偏狭，实现功能机构的割裂，以及中等教育中普通学科类师资和职业技术师资培养功能上的失衡，是高师教育存在的三大主要功能问题。①

叶澜分析了社会发展中出现的对教育的新趋势和新需求，主要表现在五个方面。一是来自中小学在职教师学历水平提高的趋势。如加快小学教师学历大专化的目标无疑是一个新的信号。为满足这个需要，高师教育的任务就要扩大到小学新师资的培养和现有师资学历的提高。与此同时，中学教师学历提高的需求也“水涨船高”，这意味着高师教育研究生层次的发展需求已经出现。二是社会对达到本科学历师资的大量需求和教师资格证书制度的推行，促使未来教师来源渠道多样化，非师范院校的毕业生也可选择教师职业。于是要求高师院校能为综合性大学的毕业生提供高质量的、符合教师资格证书规定的教育类课程体系。三是对教师队伍学历和能力要求的提高，必然提出中小学管理干部的培养问题，有关学历和能力的标准上都要求提高。此外，教育督导、教育评估等研修班、高级行政干部的培训需求，随着教育管理的规范化和科学化，也日益高涨和普遍化。四是教育学院的成员也面临着提高学历、知识更新等再学习问题，这个任务也需要高师院校来承担。五是教师和教育管理干部的继续教育，在学历和实践经验都达到相当水平后，要求科研型的进修。众多新趋势汇集到一起，可以清晰地看到，建立教育工作人员培养的终身教育体系的需求在我国已经突现，高师教育功能的拓展应

① 叶澜．迎接挑战：在改革中走向新世纪——再论当代中国高等师范教育的发展［J］．华东师范大学学报（教育科学版），1996（3）：9.

该顺应并满足这一需求。[①]

根据社会对教育的需要，叶澜提出了调整高师教育培养功能的建议。高师教育在培养人员方面仍包括职前培养和职后培训两大方面，但两大方面的具体内容有了很大的变化，其关系也将呈现多层次、一体化的状态。

首先，在职前培养方面。总的提法可以是：培养新的教育工作专职人员。在此提出的“教育工作专职人员”的概念已不同于以往提出的“教师”，尽管其中主要的构成还是教师，但已扩大到教育管理人员。当我们对教师的专门培养要求越来越高、教师资格认定越来越制度化时，教育管理、行政工作人员的专门化培养，教育行政人员资格认定的制度化，显得更为迫切、更为必要。这项任务无疑应该由高师教育系统承担。同时，教育工作人员服务的机构，也从普通中学向下延伸到小学乃至幼儿园，向上延伸到大学（在研究生层次上），横向扩展到职业技术学校。但其主要和大量的去向还是普通中小学。无论从需量还是供量来看都是如此。在做了这样的全方位功能扩展以后，高师教育内封闭的状态将被打破。

其次，在职后培训与进修方面。总的提法可以是：为在职教育工作专职人员提供多层次、多类型的职业专门化继续教育，包括学历的和非学历的。在学历方面，主要由大专升本科、研究生（含硕士研究生与博士研究生两个阶段）两个层次。高一学历层的职后继续教育应向每一级学校符合条件的工作者开放。非学历方面的职后继续教育，按其设定的目标，大致可以分为以下四类。第一类为岗位培训，包括新教师上岗和教育机构内部的调岗培训，属适应型培训。第二类主要为有一定工作经历的教育工作人员提供，其任务既包括学习学科发展中出现的新知识和技术、学习新的教育理论和方法，也包括反思、总结前一阶段自己的教育教学或管理等方面的工作，形成对自己职业工作状态、经验与问题的理性认识，找到自己继续发展的目标，故可称

① 叶澜.迎接挑战：在改革中走向新世纪——再论当代中国高等师范教育的发展［J］.华东师范大学学报（教育科学版），1996（3）：9.

之为更新型培训。第三类是专题研究或进修，以教育领域内某一方面问题为中心组织研修，通过集思广益，形成对某一问题较系统的、深刻的认识，或者解决某类问题的思路与策略，推动教育实践的发展，可称之为科研型研修。最后一类可称之为专家型研修，这是一种相当个别化的进修方式，进修者多是在教育工作中有出色成绩，并在社会上得到广泛承认和尊敬的人员。他们在实践中已形成自己独特的经验、见解与风格，但是尚未形成对自己所创造的独特经验的理性而系统的认识，在一定意义上，主体的创造还与主体处在原始统一的状态。集中一段时间进修，把这些“独创”理性化、客体化，从对独特性的研究中发现新的具有普遍意义的思想、理论或模式，是这类研修的特殊任务。这不仅对于原创者本身极为重要，是一次认识升华的完成，而且对于广大教育工作者的学习、对于教育理论的发展都具有不可替代的价值。要完成这类研修，学员应是专家，参与一起研修的也应是专家，目的是形成具有独创意义的理论和理论与实践相结合的专家。这是多重意义上的专家型研修。

上述四种类型的非学历继续教育，构成了一个为满足经过职前教育踏上岗位后的教育工作者，从适应到更新，再到深入研究问题，直至成为专家的全过程所需要的、多种类型和不同层次的非学历型的继续教育，体现了职后教育贯穿终身、逐级提高的思想。与现存的职后培训体系的功能相比，可以清楚地看到两个明显的差别：一是增加了教育中研修的因素；二是把继续教育的目标与在职人员专业能力发展过程的需要结合起来，不只是为了完成或胜任工作而进修、学习，同时也为工作人员自身的发展、为培养新型的教育专家服务。①

叶澜在这里以“培养教育工作专职人员”替换了原来单一的“中学教师”的定位，又以职前职后教育对象及内容的拓展丰富了高师教育的培养体

① 叶澜.迎接挑战：在改革中走向新世纪——再论当代中国高等师范教育的发展［J］.华东师范大学学报（教育科学版），1996（3）：9-11.

系；而适应型培训、更新型培训、科研型研修、专家型研修的职后培训的分类无疑对高师教育提出了更高的要求。

2. 科研重心的调整：开拓教育科研

大学除培养人的功能外，还承担着科学研究的功能。19世纪，德国的洪堡（Wilhelm von Humboldt）将“研究与教学相统一”的原则应用到大学，创立了著名的柏林大学。从此，科学研究成为大学的一个新职能并逐渐为人们所接受。洪堡极其强调科学研究在大学中的核心地位。他认为大学并非一个狭义的教学机构，而更应该是一个科研机构，大学应“唯科学是重”；大学兼有双重任务，一是对科学的探求，一是个性与道德的修养。洪堡指出：“大学应视科学为一尚未完全解答之问题，因而始终处于探索之中。”大学赖以立身的原则在于：“把科学看作尚未穷尽且永远无法穷尽的事物，并不舍地探求之。”这一点不仅适用于教师，同样也适用于学生。在洪堡看来，大学教师已非严格意义上的教师，大学生也非真正的学生；大学生已在进行研究，教师不过是引导、帮助学生进行研究。①

科研是高等教育的普遍功能，作为高等教育构成之一的高师教育，若失去了科研的功能，就不足以冠之“高等”二字，就不可能吸引和培养出富有创造意识和能力的学生，其本身也会缺乏思想和发展的活力。因此，叶澜格外重视高师的科学研究功能。但同时，她提醒说，高师教育有关科研问题的讨论，重要的是要认清高师科学研究的独特性，即高师科研应突出教育科研的重要性，高师教育要开拓并强化教育科研的功能。

长期以来，由于人们不重视教育科研，因而教育科研在高师教育中的地位不高，自然也就不可能产生普遍性和突出的效应。中小学教师大多敬业勤奋，但不少人缺乏科研的意识与能力，实践已经表明了高师教育不重视教育

---

① 陈洪捷．什么是洪堡的大学思想？［J］．中国大学教学，2003（6）：24.

科研的消极后果。在职教师的教育科研指导，实际上是教育领域内“生产力”的解放，是教师潜在的创造力开发。强调加强高师教育科研，与培养教育工作者的任务并不冲突，也不是互不相关的两张皮。甚至可以说，只有用科研的成果充实教学内容，渗透研究意识和能力培养的教学，才称得上是高等教育的教学。

加强教育科研对于高师来说另一个重要的意义是提高它在社会中的存在价值。教育科研在今日中国大有用武之地。21世纪教育的构建，现实中社会转型时期产生的各种新的教育问题，牵动着领导、干部，直至亿万普通百姓的心，无论是在宏观规划、战略决策，还是在思想品德、科学艺术、人格健康发展的教育方面，都迫切要求研究的投入。高师教育如能在这方面起作用，就使它不仅把办学的结果——培养出来的人才奉献于社会，而且在整个办学的过程中，就做到用多种途径和方式直接服务于基础教育，成为推动教育发展的一支积极而不可替代的力量。与此同时，高师开展教育研究还会改变以往主要把中小学当作实习基地的做法。高师与中小学联合开展教育研究，师生一方面可以从理论上帮助中小学教师，另一方面又从实践中吸取营养，丰富发展理论，还能高层次地为基础教育发展服务，形成师范意义上的“教学、科研、生产”联合体，在高师与中小学间的关系中增添新型的科研合作伙伴关系。①

叶澜对高师院校教育科研功能的强调无疑是具有重要意义的。一方面，过去人们所关注和认可的科研大多是指为了增进知识，包括关于人类文化和社会的知识，以及利用这些知识去发明新的技术而进行的系统的创造性工作，是在纯学术研究的基础上进行的探索、认知活动。由于社会包括一些教师自身对教育工作的认知偏差，将教师从事的工作定位为传递知识而非创造性的工作，因而教育科研难登大雅之堂，也难有一席之地。另一方面，高师

① 叶澜．迎接挑战：在改革中走向新世纪——再论当代中国高等师范教育的发展［J］．华东师范大学学报（教育科学版），1996（3）：11.

教育为提升自己的所谓学术性，也在课程设置乃至政策导向上鼓励师生从事学术研究，对教育科研包括与学科教学、中小学教育教学工作关系密切的研究并不重视，造成高师院校的科研与其他类型学校的科研趋同的现象。叶澜特别强调，在高师范围内，资源配置同样要体现优势扶持和合作发展的原则，改变小而全、条块分割、互相攀比、低效益甚至内耗多于效率的状态。

3. 培养内容的调整：重在基本素养与教育学素养

高师教育改革深入学校工作内部，首要的是培养目标的重新构建。叶澜在20世纪末便提出，要在21世纪对教师素养要求的前提下设定新型师范生的培养目标，从内容上看应该包含基本素养和职业素养两个维度。

所谓基本素养，主要是指作为受过高等教育的大学生所必须具备的文化与道德素养、身心健康状态及社会化水平。这是所有高校都必须明确和努力去实现的、整体培养目标中的基础部分。

对于师范大学来说也不例外。首先，应培养大学生对祖国和中华民族的深厚感情。这种感情建立在对中华民族历史和独特文化精神、对它在人类文明中的贡献和滋养自己生命之深刻认识与深切体验的基础上，因而不是停留在表面上、形象上，而是一种既理性又浓郁的爱，是“根”对自己生长的“土地”的爱，是崇高而深沉的情感。这种情感会使大学生产生对祖国和民族血肉相连式的依恋和使命感。大学生不应是一群因具有较高的文化修养而有资格傲视人民的人，而是承担祖国、民族发展大业的、书写未来历史的优秀儿女。大学生还应是一群有追求、有理想的人。正是追求与理想，能体现出高等教育对于人生的价值，知之越深，求之越高。追求包括对未来人类社会的进步、专业领域的拓展、个人的成长与成就等多方面，他们应是具有大志、远见且英气勃发的人，而不是追逐蝇头小利、鼠目寸光的猥琐之辈。在改革开放、实现社会经济转型时期的中国，上述两点在大学生培养过程中尤为重要。它是大学生能否成大器的前提性要求。其次，在学业才干上，当代大学生不仅应掌握本学科领域内的基础知识和具有基本能力，更重要的是要形成开放、发展的知识观；保持对新的事物、信息的敏锐感受和敢于迎接挑战的勇气；大学学到的知识对于学生来说，不是可以炫耀的财富，不是一次性的储存物，而是一种可用以不断开拓，而且需要不断补充的武器。只有这样，大学的学习生涯才会成为他们今后工作和继续学习的重要基础。大学生活给学生留下的应该是终身热爱知识和追求真理的品性。好学、乐学、好思、善思，这是大学给人的最珍贵的赠与和力量，也是大学生能否成大业的智慧保证。再次，在处世办事上，大学生应具备的素养是：在尊重和自觉遵守社会法律和道德规范的基础上，具有与他人合作、共同完成各种任务的能力，改变不良环境和消极现象的能力。他们在工作中要肯干小事，但不拘泥于小事，还能以小见大，具有决策意识和把握整体的能力。不恃才自傲，不随波逐流，不夸夸其谈，不好高骛远；头脑清醒、作风民主、肯干善谋、注重成效，这是大学生能否成大业的实践品质保证。最后，要培养大学生把握自己的意识和能力，成为真正的主体。在他们的一生中，要不被困苦艰难打倒，不被成就功名醉倒，不被金钱物欲迷倒，不被平庸琐事累倒，使生命的活力保持旺盛勃发，让生命的价值在奉献社会和完善自身的统一中得到实现。①

叶澜所分析的上述几方面对于大学生的成长来说具有重要的指导意义。北京大学的钱理群曾痛斥中国的一些大学在培养“绝对的、精致的利己主义者”：所谓“绝对”，是指一己利益成为他们言行的唯一的绝对的直接驱动力，为他人做事，全部是一种投资；所谓“精致”，是指他们有很高的智商、很高的教养，所做的一切都合理合法无可挑剔，他们惊人地世故、老到、老成，故意做出忠诚姿态，很懂得配合、表演，很懂得利用体制的力量

① 叶澜. 迎接挑战：在改革中走向新世纪——再论当代中国高等师范教育的发展［J］. 华东师范大学学报（教育科学版），1996（3）：12-13.

来达成自己的目的。这是“罂粟花”，美丽而有毒，不能不引起警觉。[①]正因如此，叶澜提出高师院校要加强大学生基本素养的培养，这不仅是一个人、一个公民所应具备的，更是一个受过高等教育的大学生所应具备的。

2016年4月26日，习近平总书记在考察中国科学技术大学时，鼓励大学生“做有理想、有追求的大学生，做有担当、有作为的大学生，做有品质、有修养的大学生”[②]。这为当代大学生指明了自我修炼的方向。

所谓职业素养，主要是指职业内在的特殊规范和要求，是一个人在职业活动中表现出来的综合品质。叶澜对“教育学素养”做了进一步的概括。

对于高师学生来说，不管在哪一个系哪一个专业学习，要想成为一名出色的教师，最重要的是必须对教师职业的意义具有深刻的认识，由此而产生对职业的崇高感、责任感，真心地热爱它并愿意为它而做出最大的努力。最根本的是要使高师学生认识和体验到，教师职业是与祖国民族的未来、与人类文明进步息息相关的事业，是在人类的昨天和明天之间构筑桥梁，也是为每一个家庭创造幸福和每一个学生提供发展的事业。教师面对的是世界上最宝贵之物——生命。因此，它要求每一个从事这一职业的人是热爱人类和生命的人。在当今社会高速发展的时代，要胜任为未来而教育的工作，教师还应该是站在时代前列、参与设计明天的人。教师职业的重要性和对象的独特性，呼唤人类中善良而优秀的、富有博大胸怀和奉献精神的人。每一个进入这一行列的人都应该为此而自豪。这是高师教育中需要以各种方式和途径持久而经常进行的教育。

教师职业对人的学识、才能与智慧也富有挑战和特殊要求。首先，要求教师具有科学的和富有时代精神的教育理念，包括教育观、学生观和教育活

① 钱理群．大学里绝对精致的利己主义者［EB/OL］．［2021-02-13］．https://edu.qq.com/a/20150520/041737. htm.

② 新华网．用青春书写华彩篇章——习近平对当代大学生的期待［EB/OL］．［2021-02-13］．http://www.xinhuanet.com/politics/xxjxs/2019-10/31/c_1125176123. htm.

动本质观等能统摄教师全部教育行为的基本认识与信念。其次，教师要胜任教学和教育工作，应具有复合型的知识结构。即有关教学、教育内容的知识，有关学生身心发展水平、认识和能力、个体差异等方面的知识，组织和进行教育教学活动的知识。在此基础上，还要求教师有根据具体的环境、学生和内容，综合地构建教学、教育活动的策略与方案、方法的能力，有效地实施方案的能力。再次，对教师能力要求的特殊性。除了上面已经提到过的若干经常被提及的技能技巧以外，特别要强调的是交往能力、组织管理能力和教育研究的能力。重要的是形成未来教育工作者的研究意识和善于对自己与周围世界发生的教育实践进行研究性反思和创造性开拓的能力。最后，教师职业还要求每个从事这项职业的人，严格要求自己，以身作则，用自己的全部智慧与人格力量，去完成育人的事业。好学习、善创造、求发展、讲奉献，是教师具有教育力量的内在精神保证。①

叶澜对高师培养目标内容所做的两个维度的划分，既关注了基础性的素养，又关注了特殊性的素养；既强调了作为一般大学生所应具备的基本修养，又强调了作为未来教师的师范大学的学生所应达到的职业要求。叶澜特别提出，在高师教育的培养目标要求明确后，还必须围绕目标，深入研究和开展自课程到方法的新一轮教学改革，唯有改革是高师教育对新时代新挑战的唯一积极回答。从课程来看，国内现有教师培养中薄弱的是教师有关教育学素养的形成问题，这一方面与教育学科自身的发展水平有关，另一方面也与未能将有关的教育学知识列入教学计划有关。教师的教育学修养不是生而有之的，也不是单靠实践能解决的。它是有组织、有计划、有质量的师资培养过程的产物，教师有了扎实的文化基础和学科专业水平，再加上教育学修养，教师的教育实践才能逐渐达到自觉、探究、创造的水准。为此，现有师资培养的内容和相应的时间分配需做出调整。从方法来看，国内现有教师培

① 叶澜. 迎接挑战：在改革中走向新世纪——再论当代中国高等师范教育的发展［J］. 华东师范大学学报（教育科学版），1996（3）：13-14.

养中的问题是缺乏特点，在掌握教育理论与从事教育实践能力的训练方法上未能达到有机的统一，存在着偏执一方的状态，必须加大改革的力度。师资职前培养方法改革的重点是解决学习理论过程中联系实际的方法问题和怎样把这种联系的不同形式、不同程度的要求系列化、制度化；职后培养方法改革的重点则在避免、克服缺乏理论思维的实用化。要着重探究培养教师对自己教育实践的理性反思能力的方法，重视教师自身教育经验的剖析与评价，重视优秀教育实践的总结、研究，让教师在对经验和典型的研究性分析中学习理论与思考行为，以实现教育能力的提高和教育学修养的发展。①

就这样，叶澜为高师教育绘制了一幅清晰而明朗的改革蓝图：目标定位上调整为培养教育工作专职人员，这不仅拓展了中等教育的内涵，也极大地提升了教育工作的专业性要求；科研重点上转向开拓教育科研，这不仅将教育科研纳入了科研体系，也强化了教育科研对教师成长及教育发展的意义；培养内容上突出为人为学的基本素养和教师的教育学素养，这不仅体现了对新时代高等院校培养人的规格要求，更凸显了高师院校对培养教师的教育学要求。叶澜的这些主张和建议推动了高师教育在新时代新挑战面前的整体转型，促进了高师教育办学功能体系的重新建构。从高师院校21世纪的发展来看，高师院校确实在朝着这些方向改革发展，证明并应验了叶澜的观点。

二、叶澜对“教师教育”的反思与新构

如果说叶澜对高师教育的反思与新构是基于传统师范教育中教师职前培养与职后培训分离状况进行的分析并提出的建议，那么，随着我国师范教育体系逐渐从封闭走向开放，“教师教育”的概念逐步进入人们的视野。

① 叶澜．时代与教师的职业修养［J］．中国教育学刊，1993(2)：51+48.

（一）对我国教师教育的审视

“为什么我们的学校总是培养不出杰出人才？”这个被称为“钱学森之问”的问题，已引起上至国家领导人下至普通百姓的思考。对我国的教师教育也应该审视和反思：作为创新型人才培养奠基工程的教师教育，在培养创新型人才方面存在着哪些问题？

从总体上说，我国的教师教育还不能适应培养创新型人才的要求。主要表现在以下几方面。

在教师教育观念上，重视知识传授，缺乏对师范生职业精神的培养和职业生涯的规划；一味强调付出和奉献，缺少对教师发展本质的观照；注重教学技能训练，缺少对师范生教育研究方法及研究能力的培养；重统一要求，轻个性教学；重职前培养，轻职后培训；强调教师权威，缺少学生视角。

在教师教育体系上，重视复制，缺少创新。如在培养目标上，缺乏对师范生的创新意识、创新思维、创新能力等素质的培养；在培养内容上，存在着理论与实际脱节、内容空洞、观点陈旧等现象；在培养手段上，仍以传统的灌输和讲解为主要教学方式，重教有余，重学不足，灌输有余，启发不足；在培养评价上，对师范生的学业评价主要还是书面考试、试卷答题，以识记目标为主，对知识运用、能力掌握、情感目标关注不够，考核方式单一，考试内容涵盖面窄，试题答案标准化，不利于培养师范生的创新意识和创新能力。

在教师教育制度上，以控制为核心和以管理者为主导的传统管理模式没有根本改变，教师资格证书制度、教师职称评审制度、教师聘任制度、教师考核制度、教师分配制度等未能形成一种调动师生教学积极性的充满生机活力的运行机制。

因此，必须加大教师教育的改革和创新，以适应建设社会主义现代化教育强国的需要。

（二）教师教育观念的更新

1998年，叶澜以《跨世纪中国教师教育发展的若干问题》一文对日渐兴起的教师教育进行了反思，并对教师教育如何构建提出了明确的建议。这是颇有前瞻性的一篇文章。主要观点以及主张可概括如下。

叶澜对中国教师教育百年历程取得的成绩给予了充分肯定，也对存在的问题进行了理性分析。在一个世纪的曲折探索中，中国的教师教育已形成了令人瞩目的规模和相对完整的体系，为基础教育的改革发展，特别是为普及九年义务教育的推进，为全民族素质的提高做出了历史性的贡献。然而，也必须清醒地看到，中国教师队伍和教师教育的现状，与九年义务教育高质量普及的要求相比，与21世纪对基础教育的要求相比，与世界发达国家的现状相比，还有很大的距离。不仅是教师数量、学历达标和现有教师队伍结构的调整等方面，更重要的是教师教育自身的改革。这一改革至少包括三大方面。第一，明确教师教育的时代性任务，更新教师教育的传统观念，形成新的教师教育观。这是涉及教师教育自身建设的定向及指导思想问题。第二，认真反思我国教师教育的经验与问题，调整结构，发挥合理系统的整体功能；开发资源，提高教师教育的效益；从中国国情出发，努力构建符合21世纪中国基础教育发展需要的教师教育体系和基本发展模式。第三，明确21世纪中小学新型教师的质量标准，深入开展承担教师教育任务的学校内部的教育教学改革，使教师教育的质量要求落到实处。此外还需建立起教师教育发展的社会保障体系和机制，其中包括行政、法律、经费、制度、评估、研究等方面。尽管这并不直接涉及教师教育，却为它提供了支持系统、督控机制和促进力量，使它具有较好的生存、发展环境，同样是不可缺少的。[①]

---

① 叶澜．跨世纪中国教师教育发展的若干问题［J］．教学与教材研究，1998（2）：10-11.

1. 从“教师职前培养为主”向“教师教育终身化”转变

叶澜分析了传统教师教育“重职前培养，轻职后培训”的弊端，提出了教师教育终身化的主张。

传统的教师教育以师范教育即教师的职前培养为主，以在职进修为辅。比起只要有学问就能当教师的更为古老的观念，它已经体现了对教师职业专门化培养的要求。随着从1994年起教师资格证书制在中国正式实施，从形式上看，教师职业作为一种专业的地位已被确认。但是，如果按当代社会和教育发展的趋势来看教师教育的构成，这种以教师职前培养为主的传统观念必须转化为教师教育终身化的观念。

终身教育是伴随着科技革命带来的知识和信息激增而导致各行各业对再教育与再培训需求的增长提出来的。1970年，法国保尔·朗格朗的《终身教育引论》一书出版，书中阐述了“终身教育”的概念：“我们所说的终身教育是一系列很具体的思想、实验和成就，换言之，是完全意义上的教育，它包括了教育的所有各个方面、各项内容，从一个人出生的那一刻起一直到生命终结时为止的不间断的发展，包括了教育各发展阶段、各个关头之间的有机联系。”①1972年，联合国教科文组织国际教育委员会在《学会生存——教育世界的今天和明天》一书中对“终身教育”的理论、原则进行了系统而深刻的论述。1996年，国际21世纪教育委员会在《教育——财富蕴藏其中》的报告中进一步强调，既要继续重视终身教育使人适应工作和职业变化的作用，也要重视终身教育在铸造人格、发展个性以及增强批评精神和行动能力方面的意义。如今，终身教育已不仅是一种理念或原则，而且是人现实存在的基础和前提。

数百年来，人的一生被分成了两半：前半生用于接受教育，后半生用于工作。前半生的主要任务是通过学校教育获得关于自然、社会和思维的各种

① 保尔·朗格朗. 终身教育引论［M］. 周南照，陈树清，译. 王遵仲，校. 北京：中国对外翻译出版公司，1985：15-16.

知识，掌握工作所需的基本技能；后半生的主要任务是用前半生所获得的各种本领立足于世，求得生存。如果说，在人类知识容量有限的过去，人们的确可以依赖于在学校的短短几年时间里所学得的一切去面对社会的话，那么，在急剧变化的现代社会，仅靠学校所提供的知识就能享用终身的传统教育模式已经过时。它将随着终身教育社会的到来而被改变。在终身教育社会，教育不再是人生某一阶段的机会，而是要延续到人生的全过程。就个人来说，他的学习与工作、教育与劳动是交互进行的，他必须不断地将自己投入到学习中，才能适应瞬息万变的世界并获得工作的动力，他也只有不断地学习，才能获得生存的本领并建设起相互影响的社会关系，因而教育活动是伴随着他生命的始终的。“活到老，学到老”已不仅仅是一种道德要求，更成为生活的一种方式。“从这种意义上说，教育首先是一个内心的旅程，它的各个阶段与人格的不断成熟的各个阶段是一致的。”[①] 人生就是不断地学习、不断地接受教育，从不成熟走向成熟，从生命的物质状态走向生命的精神状态的过程。

正是在这样的背景下，叶澜提出，教师教育的终身化应该在教育终身化的改造中率先进行、率先完成。因为未来社会的发展对人的学习意识和学习能力提出了越来越高的要求。它不仅关系到社会的发展，而且关系到自身的生存与发展。它必然要求教育发生改变，因传统教育有以传递已有文化为主，忽视学生学习能力培养的特征。为了适应这一变革，教师需要在双重意义上努力：既要不断掌握相关学科新的知识、观念、思想方法和新的技能、方法，又要形成不断学习的意识与能力，包括学习如何培养学生学习能力的理论与方法。教师，尤其是中小学教师的变化，能带来三重效应：自身的发展效应；对成长中的人的基本能力发展的指导效应；在基础教育阶段这种影响具有终身的意义，因而还会带来对未来成人接受终身教育的自觉性和有效

① 国际21世纪教育委员会报告. 教育——财富蕴藏其中［M］. 联合国教科文组织总部中文科，译. 北京：教育科学出版社，1996：86.

性的间接效应。所以，教师教育的终身化是具有超前、多重价值的工作，理应走在教育终身化的最前列。但是以前教师教育终身化并没有受到有关部门应有的重视和得到应有的发展。且不说政府投资行为较多地指向物质生产部门，就是在教育投资的内部分配上也有重物不重人的倾向。造成这种现象除了认识上的原因外，还有来自社会发展水平和教师继续教育的质量和效益等方面的原因。无疑，存在的这些问题需要而且应该尽快解决。但这无论如何不足以影响得出如下结论：不管从社会发展的需求和长远效益，还是从教师在学校教育工作中的决定性地位来看，加强对教师教育的投入，率先形成终身教育的体系，不但是重要的而且是最有效益的。在当前中国教育经费不足的情况下，这个策略性选择显得更为迫切和有价值。①

距1998年发表《跨世纪中国教师教育发展的若干问题》20年后，在2017年，叶澜又发表了《终身教育视界的深刻意蕴：全时空性的全人发展——保尔·朗格朗带给我们的启示和价值》一文，再次表达了对朗格朗终身教育思想的肯定，并以此作为思考教育的立场。文中指出，我们确认的“终身教育视界”是：以能促进人的多方面终身发展和人格完善，使其有志于并有能力为创造一个更美好的世界做贡献为价值取向；以贯穿于人一生、渗透于个体生命实践各种空间的生命和活动全时空为原则；通过将各种教育力量连通、整合、汇聚，形成全整性的教育系统，使全社会各项活动都自觉内含并在实践中体现终身教育的原则为实现路径。这是人类自身和社会发展到一个新阶段——以人自身的自由全面发展作为社会发展的终极目标，以个人与社会的发展价值统一为特征的阶段，所必须具备的教育形态。②

叶澜将教师教育终身化作为教育终身化的率先要求，主张教师教育终身化要走在教育终身化的最前列，这是一位教育学家基于教育发展规律而提出

① 叶澜. 跨世纪中国教师教育发展的若干问题［J］. 教学与教材研究，1998(2)：11.

② 叶澜. 终身教育视界的深刻意蕴：全时空性的全人发展——保尔·朗格朗带给我们的启示和价值［J］. 人民教育，2017(1)：17-18.

的颇具战略眼光的建议。从我国后来对教师培训的重视及投入来看，也是这样做的。以“国培”为例。李瑾瑜在其论文《“国培”十年：教师培训专业化探索的中国实践与未来发展》中指出：“国培计划”是在中国大地因应中国教育发展需求、回应中国教师队伍的困难与问题、响应中国教育发展的目标追求、适应中国国情实际而推行的具有中国特色的教师专业发展的实践行动。“国培”十年的历程，不仅是培训促进教师专业发展的过程，也是推动教师培训专业化的历程。“国培计划”以其国家意志、国家大局、国家方案、国家力量、国家标准和国家效应等“国”字特质，在推动教师培训专业化探索中表现出价值连续性、迭代创新性、问题导向性、整体联动性和专业引领性等实践特征。所谓国家意志，即是为落实党中央的部署和《国家中长期教育改革和发展规划纲要（2010—2020年）》而推出的；所谓国家大局，即从一开始就关注并回应国家教育改革与发展的大局；所谓国家方案，即是围绕着国家破解教师队伍建设难题而实施的方案；所谓国家力量，既体现了大国集中力量办大事的制度优势，也显示出国家加强教师队伍建设的决心与勇气，据统计，“国培”十年间中央财政投入了172亿元支持教师培训；所谓国家标准，即通过高标准、高要求、高质量来体现“国家水平”；所谓国家效应，即以农村教师为重点，通过“示范性项目”“中西部项目”“幼师国培”三大类项目和诸多模式与方法，十年来共培训教师1 680万人次。[①]这也正是“国家兴盛，教育为基；教育发展，教师为本”的道理所在。在建设教育强国的今天，更需要且可能用终身教育的“尺度”来探究、衡量和推进当代中国的社会变革与教育变革；需要用终身教育的意蕴来重构教育与社会发展内在关系的理论，进而创造在重构理论指导下的变革实践；尤其需要用终身教育的立场来推进教师教育的变革，以教师教育的终身化引领教育的终身化。

① 李瑾瑜.“国培”十年：教师培训专业化探索的中国实践与未来发展［J］.教师发展研究，2020（3）：15-26.

2. 从“教师教育阶段化”向“教师教育全程化”转变

叶澜批判了传统教师教育忽视教师成长规律的弊端，从教师职业生涯要经历不同阶段的角度提出了教师教育全程化的主张。

叶澜认为，在构建教师教育的内部体系时，一方面要研究21世纪社会和教育对教师的要求，以确定专业培养的目标与选择内容；另一方面还必须根据教师职业的社会化和成长发展过程中不同于其他专业的特殊性，使教师教育的全过程真正能满足教师成长不同阶段的需要，使每一阶段的教育真正产生效应。可以把前者看作是教师教育的社会功能，把后者看作是教师教育的个体发展功能。只有在纵横坐标轴上找到最合适的交叉点并形成独特轨迹的教师教育，才是未来理想的教师教育。

在以往的师范教育中，基本上只以社会对教师角色的要求为参照系来设计教育计划，其中尤其重视的是学科基础知识和教育学有关知识和技能的学习与培养，且把后者看作师范教育特殊性的标志。这基本上是一种以知识和未来工作需要为本的教育设计。有关教师成长过程的研究微乎其微，真正从教师个人的需要（包括工作中体验到的需要和更为基本的其他方面的个体发展需要）的角度考虑问题更少。它忽视了教师从初涉教育工作到成熟、优秀、卓越是一个发展的过程，相信的是教师在实践中自然生长论；忽视了教师专业上的发展还与其他方面的个性发展密切相关，造成了作为个体教师之角色成熟与个性多方面发展之间联系的缺乏。这实际上是教师教育中忽视教育对象——人——的因素的突出表现。同时，也造成教师教育缺乏各阶段的连续性，缺乏各阶段的针对性与特殊性，并未形成真正有机系统的重要原因。要构建有效的、具有内在联系、体现教师成长规律和发展需要的教师教育终身化体系，就必须改变这种状态。[①]

国际上有关教师的研究认为，职业社会化过程并非终止在进入职业的那

---

① 叶澜. 跨世纪中国教师教育发展的若干问题［J］. 教学与教材研究，1998(2)：11.

一刻或在教师早期发展的任何一点上，教师职业的社会化是贯穿个人全部生涯的过程。因此，国外对教师的研究既包括实习教师，也包括成熟教师；既研究教师的性别、个性、思维、语言等诸方面的特征与教学的关系，也研究教师个人的知识形成过程，还对新老教师的教学行为进行比较研究。这些研究的共同趋势是：将职前师资培育与在职教育联系起来，视为一个连续的过程，并且能凸显教师在不同发展阶段具有不同的发展水平、职业需求、心态、信念等。①不仅体现了教师发展的阶段性，同时也为每一阶段教师教育的目标、内容、方法选择提供了依据，为培养优秀教师的计划设计提供了依据。这些研究对于我们开展本国的研究和构建教师教育的体系具有重要的借鉴与启发意义。

（三）教师教育一体化的构建

叶澜在明确了新时期需要更新的教师教育观念后，进一步提出了面向21世纪中国教师教育体系的构建与发展必须解决的一系列问题。

1. 形成“终极目标一致、分段目标区别”的教师教育整体模式

叶澜指出，教师职前培养和在职教育之间既有联系又有区别，对此要有清醒的认识。目前的状态是在大部分地区，两类教育分别由不同的机构承担，且很少相互沟通，从人员到设备、经费等多种资源，课程、教育、教学、教育研究等业务领域都是如此。造成这一状态的原因，除对两类教育性质与任务理解上的分割外（前者一般为正规的长期的全日制学历教育，后者大多为短期的非正规的培训），还因为人们（包括教师在内）对两类教育的认同程度、期望程度不同，再加上教育行政管理部门不同，更造成了长期的隔离。职前与在职教师教育还同教师教育课程内经典的两难，即一般知识

① 教育部师范教育司. 教师专业化的理论与实践［M］. 北京：人民教育出版社，2003：71.

（知学科）与专业化的或教法的知识（知如何教）间的两难联系在一起。这就导致教师教育的机构、课程和教学方式之间缺乏协调。

目前，我国正在采取多种途径加强双方的合作，有的城市采取师范大学与省市教育学院合并的方式（如上海市），这是从组织、行政上加强整体性的措施；有的采取合作开展科研的方式，使双方的业务之间有较灵活和有较高层次的沟通；有的采取聘请兼课、教师合作培训的方式；等等。无论以什么方式合作，包括人力、物力、财力等多方面的合作，十分重要的是要形成“终极目标一致、分段目标区别”的整体模式，使教师培养工作产生整体性效应。其中前一阶段的培养应为后一阶段的培养提供基本条件，但每个阶段都有其不可替代性。

具体地说，职前教师教育的基本任务依然是基础性的。基础的含义不仅指与教师未来工作直接相关的方面，还应包括更为一般的道德品质、自然科学与人文科学的素养。在教师修养方面，不仅要有相关学科知识和技能技巧的培养，还要形成对职业的情感与理想。除此以外，还要形成多方面的能力，尤其是学习、交往和研究等方面的能力以及从事教育教学工作的基本能力。总之，要使师范生对未来的职业有认识、有憧憬、有准备、有能力、有追求、有信心，使他们在正式进入工作时有积极的心态、扎实的基础和成功的可能。

职后的教师教育，则应根据教师的专业发展成熟需要划分阶段，使处在不同发展水平的教师都能在继续教育中得到提高。就一般情况而言，至少可以分为四个阶段。第一阶段属于新教师上岗培训，这是每个师范生走向工作所必须经历的阶段。它的任务是使新教师以实践的具体任务为主线，做好从事教育教学工作的准备。这个阶段是从职前以学历为主的学习向以实践为中心转化的在职学习的转折时期。如若职前与在职缺乏整体性观念，就会出现这样的倾向，使新教师的培养成为经验的传习和教学技能技巧训练，与职前所学理论几乎无关。而整体性则要求综合利用学生已有的理论知识去理解实践经验和具体教学技能技巧，理解两者的关系和形态的转化，让新教师自进入实践开始，就重视理论与实践的联系，而不是丢掉已有的理论，只关心具体的操作，久而久之，丧失理论学习的兴趣和探索的兴趣。第二阶段的在职教育要突出知识的更新和对自己实践经验的反思，旨在形成教师的角色自我意识。从这一阶段开始，教师个人实践的创造、体验和经验应作为培训的资源之一，而且随后的阶段，这方面的资源所占的位置和意义将越来越重要。参加这一阶段学习的教师一般具有3—5年教龄。第三阶段起要将研究逐渐加入到教师教育中去。通过研究来学习与提高，学会研究、学会创造将是第三、第四阶段教育的宗旨。尽管在这些阶段教师依然需要学习，但学习是为创造服务的。这些阶段教师从事的研究，与师范大学及专门的教育研究机构所从事的研究相比，其特点是以教师的个人经验和教育实践问题为主，与教育第一线密切关联。第三、第四阶段的区别在于：第三阶段以专题研究为主，第四阶段以个体教育风格及其创造为主，所以第三阶段可称为专题型，第四阶段则可称为专家型。应该指出，并不是每一个教师都能达到第三、第四阶段的发展水平，但就教师群体而言，这四种不同发展水平的教师是永远存在的。所以在职教师教育的系列既能服务于个体发展的不同水平，又能满足处在不同发展水平教师继续学习和发展的需要。若能构建起这样“终极目标一致、分段目标区别”的教师教育整体模式，那么不仅会加强职前和在职这两大教师教育类型之间的内在联系，而且可以强化教育实践与教育研究之间的内在联系。教师培养不仅为社会培养合格和优秀教师，而且为教育理论和科学发展做出贡献，在具有社会、科学发展意义的同时，对教师的个人成长与发展同样具有重要意义，从而会激发出教师参与教师教育的内在需要。①

叶澜构想的这种“终极目标一致、分段目标区别”的教师教育整体模式，既是对教师职前培养与职后培训的一体化设计，又是充分考虑到教师职

① 叶澜．跨世纪中国教师教育发展的若干问题［J］．教学与教材研究，1998（2）：12-13.

前培养与职后培训的不同侧重点而进行的分段规划，同时还是围绕教师成长不同阶段所面临的不同问题而进行的更具有针对性的适切的教育。

2. 形成合理配置、提高效益的教师教育资源开发模式

叶澜还针对我国教师教育“资源的匮缺与资源的浪费”并存的现象，提出要想提高效率，除了在教师教育的内在结构上进行整体模式的改革外，还需要重新认识和理解教师教育的“资源”，从而开发潜能、提高效益。

教师教育资源一般包括人、财、物三个方面。这可以说反映了教育资源的基本方面，但并不是全部。教师教育的资源除了专门培养机构的人、财、物以外，至少还应该在三个方面发挥作用。第一是中小学。它们不仅是教师开展教育实践活动的场所，同时也应该是教师教育，尤其是在职教师教育的重要基地。我们不能把在职教师的继续教育看作只是脱产或半脱产的进修。在职教师的继续教育应该也只能是在中小学教育实践中完成的。其形式包括个人经验的积累、工作小结、群体交流、教学教育活动观摩、校内业务学习与研究、老年教师对青年教师的辅导、组织外出参观访问、听学术报告等等。目前的状况是这一部分的资源大多数处在自动发挥作用的状态，有些几乎没有发挥作用。因此，将这部分资源充分开发出来，并与专门的教师教育机构的工作联系起来，将会极大提高教师教育的效率。这种联系首先是由目标的一致性决定的，同时还因教师在职教育一定要与个人的教育实践，与改变自己的教育观念、教育行为联系起来才会真正有效。所以专门机构的、脱产的教育要重视教师的原有经验和发展水平，从他们的个体经验状态出发进行。另外，学习以后观念、行为、能力的变化也应在教育实践中得到运用、巩固和发展。从群体的角度看，教师在职教育的部分任务完全可以在学校内部完成，如新教师的培训、教育经验的总结与交流等，发挥群体内部的互补、互促的功能。由此而带来的效率提高不只是资源的节约，更是教师因教育的针对性而获得更多的实际进步。第二是各种类型的大众传播媒体、专门

的教师公共阅览室与图书机构、计算机网络等。现在不同学校的教师阅览室和图书馆的藏书及设施差异甚大，有的图书馆大量书籍还只停留在教学参考书和习题册范围内，有的则已形成信息网络，实现计算机管理。教师教育应包括教师的自学。所以在当前财力不足的情况下，建议首先要做到每个城市按区设立公共的教师图书馆，建立教育信息系统，以扩大有限资源的有效利用。从学校方面看，由于缺乏专职的图书资料人员，大部分学校还不能做到利用学校内订阅的书刊，及时向教师提供各种分类编辑的教育资料。各城市的杂志社及其他情报资料机构，若能开辟专门为教师服务的项目，这部分资源的潜能将得到开发。第三是作为教师教育对象的教师自身的资源。现有教师教育，强调专职为主，兼职为次；以讲授（或专题或学科）为主，而以学生讨论、互相交流、合作研究等为辅，致使这部分资源的教育效能并未得到应有发挥，实际上也降低了教育效益。由此可见，要提高教师教育系统的效能，必须全面认识教师教育的组成与形式，认识资源有集中与分散、专用与兼用、条件性与内容性、硬件与软件之分，根据教育性质、水平与任务的要求，合理配置、组合各种资源。①

叶澜提出的挖掘教师教育资源潜能这一问题颇有些出乎意料。一方面，在教师专业发展风起云涌的推动下，人们都在呼唤教师教育的变革，都期待着有更大规模更高水平的教师教育推动教师的专业发展，却鲜有人意识到教师教育资源的浪费。另一方面，国家在不断加大对教师教育的投入，教师教育机构也大都在努力争取更多的资源和经费，却较少关注教师教育的效益问题。因此，叶澜提出的这一问题更具有警示意义。事实上，将中小学作为重要的教师教育资源在国外早已有之，且有较为成熟的模式。1986年由美国霍姆斯小组提出的教师专业发展学校（Professional Development School，PDS），就是20世纪80年代中期以来美国教育改革中出现的一种全新的教师

① 叶澜．跨世纪中国教师教育发展的若干问题［J］．教学与教材研究，1998（2）：13.

教育模式。这是由大学教育学院与中小学或学区合作，融教师职前培养、在职培训和学校改革三大功能为一体的新型学校，目的在于为职前教师提供真实的实习环境和为在职教师的专业发展提供实践条件。[①]

3. 形成有梯度、推进式的教师教育持续发展模式

叶澜在看到我国教师教育整体上取得突出成绩的同时，也注意到各地推进教师教育中存在的差距，并对此提出了鲜明的主张。

教师教育系统的构建与发展，要解决当前需要与长远需要以及地区间的差异问题。中国是一个经济、教育都还处在发展中的大国，地区间的差异相当大，教师教育系统的构建与发展必须从这一实际情况出发。要使发展具有持续性，必须处理好长远与当前需要的关系。

从教师教育系统内部看，职前培养的基础性决定了它应该更重视长远需要，注意超前性，但又必须与当前的实践结合，立足于推动当前实践的发展，而不只是适应，更不是迁就当前实践中落后甚至错误的部分，也不是因超前而无视、蔑视当前的状态。在职教育则应更多地从当前实际发展的需要、从教师的实际水平和发展需要出发，逐步推进教师教育的发展，具有更为灵活的特征。目前在这方面的主要问题是：职前培养缺乏超前性，在职教育缺乏针对性，偏重于学历教育（或补偿式，或提高式），忽视各种类型的在职进修，更忽视教师自我进修机制的建设。

在地区差异的处理上，可以制定教师教育发展的等级体系，明确地区教育发展需求，现有教师队伍与教师教育系统的发展规划、结构、目标之间的定性、定量关系，制定出具有一定弹性度的定量关系模式。避免过低的教师教育系统不能满足教育发展的需要，而过分发达的教师教育系统带来教师的流失等负面效应。因此，不同地区会有不同教师教育体系的发展模式，在全

① 李介. 我国教师专业发展学校的成效及反思［J］. 当代教师教育，2013（1）：37-40.

国范围内形成有梯度的推进式的持续发展模式。[①]

叶澜的这些主张，不仅为教师教育系统内部在教师的职前培养与职后培训方面如何改进指明了方向，而且为各地的教师教育体系建构提出了具体的路径。她于1997年牵头撰写的《创建上海中小学新型师资队伍决策性研究总报告》也提供了以优质的教师教育支持上海市中小学新型师资队伍建设的范例。

2001年5月颁布的《国务院关于基础教育改革与发展的决定》提出，“完善以现有师范院校为主体、其他高等学校共同参与、培养培训相衔接的开放的教师教育体系”，自此，“教师教育”概念首次正式出现在国家教育政策文本中。

三、叶澜对“教育系科”的反思与新构

“系科”包含“系”和“科”，通常，“系”是指高校内部按照学科、专业设置的基层教学行政组织，“科”在这里主要是指学科。“教育系科”即指在高校设立的教育系的基层教学行政组织以及所开设的教育学类的学科。

我国教育系科是伴随着清末“西学东渐”的热潮和师范教育的兴起而设立的。1915年，北京高等师范学校增设教育专攻科，这是中国大学中设置教育系科的肇端。1921年，南京高等师范扩充为东南大学，设文、理、教育、农、工商等科。东南大学教育科的成立，标志着中国公立大学教育系科的形成。1923年，北京高等师范学校改为北京师范大学，本科分设教育系等八个系。这是师范大学设置教育系科的开始。[②]最初设立教育系科，缘于师范教育培训教师的需要。新中国成立后，随着我国社会的变革与文化的变

---

① 叶澜. 跨世纪中国教师教育发展的若干问题［J］. 教学与教材研究，1998(2)：13.

② 侯怀银，李艳莉. 民国时期大学教育系科变迁研究［J］. 中国教育科学，2016(3)：161-178+204-205.

迁，教育系科也经历了诸多的变化，呈现出在曲折中发展的状态。到1988年，我国有32所高等学校设置了教育学专业。[①]

1999年，中共中央、国务院出台《关于深化教育改革，全面推进素质教育的决定》，鼓励综合性高等学校和非师范类高等学校参与培养、培训中小学教师的工作，探索在有条件的综合性高等学校中试办师范学院。同年，教育部《关于师范院校布局结构调整的几点意见》提出，到2003年，普通高师院校要达到300所左右。这意味着教育系科的布局将随着师范教育结构的调整而发生变化。

叶澜十分关注我国高校教育系科的发展状况。1998年，受教育部师范教育司的委托，叶澜承担了重点项目"面向21世纪教育系科改革研究与实践"的课题，带领全国20多所设有教育系科的高校的同人进行了持续三年的研究，就我国教育系发展的历史研究、现状调查等专题进行深入的探讨。从各参与学校展现的教育系科改革探索来看，有对教育系培养目标的新构想，教育系生存发展策略的新思路，有关多种类型学制的构建，新课程体系和课程类型的分析，加强教育系教学实践环节的研究和情境课程的提出，教育系实习与基础教育改革一体化的"更新工程"的设想等，都颇有新意。这些创意都力图建立在对历史、现状的批判性反思和对未来发展趋势的研究基础上，因而具有启发性和可实现性。课题研究的成果也十分丰富，除了以书面形式提供的研究报告、论文、教育系科改革方案、新的教学计划等外，还有各校教育系实实在在的变化。它不仅表现为组织形式上由教育系到教育科学学院的"升格"，还表现为新专业的增设、生源的扩展、办学层次的提高、"园丁工程"的投入、新型课程的编制、教育课件的开发、研究基地的建立、管理制度的建设、海内外交流的加强等几乎涉及办学一切方面的变革。这使众多的教育系呈现出变革中求生存、求发展的繁荣景象，呈现出旧

① 郑金洲.我国教育系科发展史略[J].华东师范大学学报（教育科学版），1999(4)：50.

格局逐渐打破、新格局逐渐生成的转型状态。在研究中也形成了三方面的认识成果：第一，建构新型教育系所必须有的新视点；第二，新型教育系健康发展的关键问题；第三，支持教育系转型所必需的政策性建议。这些，成为叶澜对“教育系科”反思与新构的基本着眼点。[①]

（一）世纪之交教育系科面临的困境

教育系科的历史，是一部师范教育史，同时也是教育研究共同体的发展史。新中国成立之初，为培养师资，中等师范学校大规模发展，急需教授教育学、心理学的教师，培养这些师资的任务就落到了教育系的身上。[②]然而，随着全球师范教育体系从三级到二级再到一级的变化，到20世纪末，我国的中等师范学校逐渐消失，作为以培养中师教育学、心理学教师为主的教育系科将如何存在？教育系科应该如何定位自身？

改革开放以来，我国开设在师范大学（学院）的教育系，其任务通常表现为两个平行的部分：一是为全校各系的学生开设教育学类的公共课，包括教育学、心理学、各学科教学法的课程，以为他们即将到来的教育实习做好理论准备，并为今后的教师职业生涯提供教育学科的基础。这个任务一般是由公共教育学科教研室的教师承担的。二是为本系的学生开设学校教育、学前教育、教育管理等专业的相关课程，以为中等师范学校培养教育学科的师资、教育科研人员和教育行政工作者。这个任务一般是由教育系其他教研室的教师承担的。两项任务在教育系的并存客观上也带来了一些困惑，如何协调教育学类公共课的教学与教育系科自身各专业课教学的关系？这些问题不弄清楚，必将影响到教育系的生存与发展，进而影响到教师教育的质量与水平。

---

① 叶澜.“面向21世纪教育系科改革研究与实践”结题总报告［J］. 华东师范大学学报（教育科学版），2000（3）：33.

② 郑金洲. 我国教育系科发展史略［J］. 华东师范大学学报（教育科学版），1999（4）：39-55.

叶澜对关涉“师范性”重要标志的教育系科的历史与现状进行了专题研究，在批判性反思的基础上回答了这一关乎教育系科生存之合法性及发展动力的问题。

1. 教育学公共课教学的困境与突围

教育系科大都承担着面向全校学生的教育学类公共课的教学，这既是培养未来教师不可缺少的“师范类”的象征，也是传统的教育系科存在的重要价值。但在实践中，却出现了教育学公共课的诸多困境。

首先是任务困境。陈桂生1993年曾经撰文，就国家教委师范司召集的公共课教育学教材讨论会简报中提到的“公共课教育学兼有理论与应用学科两重性质，既是一门专业基础课，又是一门很强的专业实践课，旨在培养学生热爱教育事业，树立正确的教育观和从事教育、教学的基本技能”发出疑问，指出：这其实是把整个师范院校的“师范性”主要押在了为数不多的教育课程承担者身上。[①]期待着通过有限的学时，一名教师同时面对近百名学生的教育学类公共课完成“师范教育”的多重任务，显然不切实际。

其次是价值困境。现有高师的课程设置主要由学科专业类课程和教育学类课程两块相加构成。教育学类公共课的设置大体遵循着“心理学—教育学—学科教学法—教育实习”的模式。这一课程设计的逻辑是以教育学为中心的，即人们一般认为心理学是学习教育学的基础，学科教学法是教育学在特定学科教学中的具体化，教育实习是教育学在教育实践中的实际运用。从价值取向上看这是培养教书匠的模式，而不是培养具有创造性的教育者的模式。[②]这显然也不符合时代对新型教师的要求。

最后是认同困境。教育系面向全校师范生开设的教育学公共课，常常

① 陈桂生. 略论对公共课“教育学”的厚望与薄待［J］. 高等师范教育研究，1993(3)：28-29.

② 唐荣德. 工艺化抑或理论化——高师公共教育学教学价值取向探讨［J］. 广西师范大学学报（哲学社会科学版），2005(3)：74-78.

有“吃力不讨好”的感觉。一方面，对于修读的学生而言，它是公共课，不及专业课重要，加之各个系在安排课表的时候多将专业课排在上午，公共课排在下午，更强化了它不重要的印象；另一方面，对于任课的教师来说，虽然具有较高的学历，但大都没有中小学教学的实践，也不熟悉所教系科的专业，授课就成了“隔靴搔痒”，这样一来，教育学公共课教学不仅未能实现其预期的目的，反而对于学生来说认同度也不高，并波及教育系的声誉和形象。

叶澜分析了公共教育学类课程的使命，提出“教育学公共课的任务就是为形成学生的教育学修养服务的”[①]。问题的关键在于怎样理解“教育学修养”的内涵。无疑，它包括帮助学生懂得在学校中开展教学和教育活动的教育学知识和技能要求，但是不能停留在这一点上。如果停留在这一点上，就有可能使教育学教材变成只是一些教学教育工作的基本要求、程序和方法的集合，这些内容如果缺乏理论的分析，越是实例化，它在学生将来的教育实际工作中可运用的价值就越小，学生将来在教育实际工作中从事创造性劳动的能力也不可能因此而得益，未来的教师就有可能成为教育工作的“操作工”，而不是自觉的、富有能动精神和创造能力的教育者。显然，这不是师范教育所追求的目标。

那么，“教育学修养”究竟指什么呢？叶澜从教育信念、教育视野、教育知能三方面做了具体的论述。

首先，未来教师的教育学修养，首要的是教育信念的形成。作为一名教师，对教育工作的真正热爱，应建立在对教育的价值和功能深刻认识的基础上，对教育在人类发展与社会进步事业的重要意义认识的基础上，在社会主义社会，它包括对教育事业在社会主义革命和建设中的功能和价值的认识。与此同时，教师的教育信念还应建立在科学的教育观基础上，只有了解学校教育的基本规律，才有可能树立科学的教育观。教育学教材应为学生教育信

① 叶澜. 全面理解和贯彻理论联系实际的原则——编写《新编教育学教程》的一点体会[J]. 华东师范大学学报（教育科学版），1991(2)：17.

念的形成提供知识和理论的依据。

其次，高师学生的教育学修养应包括一定的教育视野。教师在学校中总要承担一定的具体学科教学任务和某些其他教育工作，但是，这些工作都是在一定的教育目的、制度和课程的规定中进行的，是学校整体工作的一部分。如果教师对自己工作的前提性和整体性要求不了解、不关心，不懂得自己所承担的工作在整体中的地位与作用，就很难成为清醒的、自觉的教育工作者。这种对学校教育工作前提性和整体性的认识，是教育视野的一个方面。教育视野的另一方面，是对与上述相关的国内外主要的教育理论、流派及世界范围内具有代表性的实践模式的了解。这对于年轻一代的教师来说是必需的。它的价值不仅在于提供了大量的信息，提供了学生进一步理论思考的素材，而且有助于形成教育问题的意识，具有在世界范围内对教育问题进行比较和批判、借鉴别国经验的意识。

最后，当代高师学生的教育学修养还必须包括对学校各种具体教育活动的任务、结构和基本工作技能的认识和初步掌握。它为学生将来从事每天所必须进行的学校教学、教育工作，提供认识上的保证和具有较强迁移性的模式，有助于实践能力的形成。①

叶澜还就“免费师范生”培养问题发表了自己的看法。2007年，教育部在部属师范大学推出了“师范生免费教育”试点；2012年，出台了《关于完善和推进师范生免费教育的意见》；2018年7月，教育部等四部门联合发文，取消了“免费师范生”，取而代之的是“公费师范生”。叶澜赞同把“免费师范生”的名称改成“公费师范生”，认为“公费”表明了国家对这个职业的重视，显示出一份公职的庄重。原来的免费师范生有各种各样的动机，如有的为了将来谋职业，教师职业相对保险；有的冲着“免费”而来，有的只为了能上大学，自然还有不少是真的喜欢当教师。林林总总的想法都

① 叶澜．全面理解和贯彻理论联系实际的原则——编写《新编教育学教程》的一点体会［J］．华东师范大学学报（教育科学版），1991（2）：17.

有它存在的理由。问题是师范教育怎么使学生对教师这个职业，哪怕他将来不当老师都有一份尊重，都有一个基本的认识。[①]2021年1月，教育部在对十三届全国人大三次会议第5430号建议的答复中指出，全国已有28个省份通过在学免费、到岗退费等多种方式实行地方师范生公费教育。每年大约有4.5万名公费师范生到乡村任教。[②]这也正是教育学公共课以及教育系科存在的价值。

叶澜对教育学公共课任务的重新定位，为教育系科如何更好地发挥自身的专业优势，如何更好地建设教育学公共课的学科群指明了路径。

2. 教育系科办学定位的困境

叶澜简要梳理了新中国成立后我国大学教育系科发展的历程，并对教育系科面临的办学困境进行了剖析。

大学本具有人才培养、科学研究、社会服务等功能，但大学教育系科这几大功能的具备却经历了较长的时间。我国教育系科在20世纪初建立之时，主要任务是培养师资，如民国初年北京高等师范学校就明确提出“专培养中小学师资，不含有研究专门学术之意”的培养目标。到了20世纪30年代开始出现分化，高等师范学校教育系科主要“侧重教材知识方面”，综合大学教育系科的任务则兼顾师资训练和教育研究。抗日战争期间，大学教育系科通过开办许多教育救国讲座而凸显其服务抗战、教育学生的功能。[③]新中国成立初期，我国大学教育系受苏联影响，把办系任务主要定位在为中等师范学校培养教育学、心理学学科教师，同时又是教育专业人才培养的

---

① 叶澜．教师的魅力在于创造［J］．上海教育，2013（16-6A）：32-36.

② 叶雨婷．师范院校“去师范化”困境怎么破？教育部回应了［EB/OL］．［2021-02-18］．http://career.youth.cn/sycyzx/202101/t20210130_12688388.htm.

③ 侯怀银，李艳莉．民国时期大学教育系科变迁研究［J］．中国教育科学，2016（3）：161-178+204-205.

唯一系科。自1961年教育部颁发了《教育系学校教育专业教学方案（修订案）》后，教育系的任务就被规定为培养三类人员：中师与师专的教育学科师资、教育行政工作人员和教育科学研究人才。这种三分状态在大多数教育系一直持续到20世纪90年代中期。各学校之间的差异表现为主要突出哪一方面的人才，如部属师范大学的教育系较强调学术人才的培养，地方师范院校较多培养学科教学人才。1989年11月，国家教委根据教育系科存在的问题，颁布了《高等学校教育系教育专业改革的意见》，提出教育学专业的改革必须从社会发展的实际需要出发，更好地为普通教育和其他教育领域的发展服务。[①]但由于教育学科与教师专业素养的密切关系，以及研究对象直接指向中小学实际，所以在发展专业学术水平和服务职业培养之间又存在着理论与实践的关系问题。这两大功能之间的矛盾起初是以重学术发展、轻社会服务，重学科理论、轻教育实践的方式体现的。20世纪90年代中期后，随着教育市场人才需求的变化，这一矛盾又逐渐转化为以轻学术发展、重社会服务，轻学科理论、重教育实践的方式展现，而且涉及教育系办学的一切领域。如从办学层次上，增加专科层次和面向教育行政人员、中小学教师的研究生课程班层次，大量举办为一线教师的函授、夜大和自学考试的各种学历班。教育系的许多教师疲于到处为各种班上课，连教学研究的时间都很少，科研则更受影响。在专科升本科、研究生等招收的生源上，淡化本科的专业背景，出现外语成绩成为录取新生的关键所在的现象；有些本科非教育专业的学生进入研究生学程后，也不补修教育系本科必修的专业基础性课程，使教育系研究生层次的大门，成为只想谋取学位的人最易进入和轻易获取证书的大门。在课程结构方面，通识课程比例的增加，外语、计算机等公共课的强化，辅修课程的开设，从专业外部课程的角度挤压专业性课程。有关教育活动的操作性、技能技巧性和实务性等被认为体现实践能力培养的课程的增

① 郑金洲. 我国教育系科发展史略［J］. 华东师范大学学报（教育科学版），1999（4）：39-55.

加，专业选修课的比例大幅度提高等措施，又从专业课程内部挤压原先的专业基础性和理论性课程的比例。所以，课程虽然呈现出五彩缤纷的局面，但缺乏主心骨、结构和秩序，让人有看“走马灯”的感觉。这种现象的存在，从积极的角度看，是对教育系过去忽视社会服务功能的矫治；从消极的角度看，在一定程度上是受利益驱动，追求短期效应的产物，它可能有损于原来就不甚有力的教育学科的学术水平的提升和专业人才的培养，潜伏着把教育系拉向“销蚀专业”歧途的危险。[①]在这里，叶澜提出要警惕教育系被“销蚀专业”的危险，这是颇有洞见的提醒。尤其是在市场经济浪潮的冲击下，更要保持清醒的头脑，遵循教育发展的内在规律，尊重教育学专业的独立性。

（二）对教育系科突破困境的探索

在叶澜主持的重点项目“面向21世纪教育系科改革研究与实践”中，有一项“全国高校教育系科现状调查研究”，旨在研究20世纪90年代以来教育系科在适应社会变革、服务基础教育方面所做出的努力及取得的成绩，探讨教育系科所面临的现实性问题与发展性问题，把握教育系科进一步改革的现实基础。据对全国21所师范大学及2所综合大学教育系科的调查问卷显示，教育系科存在的主要问题是培养目标过时，模式单一；专业设置陈旧，口径过窄；课程体系杂乱，内容重叠。教育系科面临的主要矛盾是传统模式的惯性与新师范体系的矛盾、师范生素质大面积提高与少数中学未来教研人才培养之间的矛盾、课程体系的陈旧性与时代对教育发展要求之间的矛盾、教育科学的科学性与社会服务的市场化之间的矛盾、专业理论研究与为基础教育服务的矛盾，以及专业研究与参与教育决策的关系，等等。针对主要矛盾，各高校呼吁国家对教育科学发展要“增加投入”，教育系科的培养目标

① 叶澜.“面向21世纪教育系科改革研究与实践”结题总报告［J］.华东师范大学学报（教育科学版），2000（3）：36-37.

要“重新设计”，专业设置要“调整优化”，管理体制要“改革完善”，教学改革要“深入开展”，以此来提高整个教育科学的学术水平，形成合理的竞争机制，使高校教育系科成为教育专业方向的人才培养、知识创新、社会服务三位一体的基地。①

叶澜看到了我国教育系科发展面临的种种挑战，也高度肯定了各高校教育系科为了求生存促发展而做出的积极探索。她将新中国成立以来教育系发展变革的过程划分为两大阶段：第一阶段是“文革”前由政府宏观决策的、自上而下的调整性变革；第二阶段是改革开放以来，随着形势发展变化由下而上的适应性变革。与第一阶段的调整性变革相比，第二阶段的适应性变革已经显示出，不同的办系主体对环境变化辨识的敏感性与准确性、应变能力与自觉主动性是不同的，由此带来的结果是不同的发展走向和生存状态。它标示着生存环境与生存主体（这里指教育系）之间的相互作用，在一个变革的时期有良性与恶性之巨大差异。

叶澜特别提出，世纪之交的主要任务是寻找跨世纪中国教育系生存方式与发展方向问题，这是与前两个阶段相关却又不同于它们的一种变革，叶澜称之为自觉转型、主动发展性的变革。这种自觉、主动性，主要表现在办系主体为自身在新世纪的发展而采取的主动研究，策划自己明天的研究，在理性指导下的自主变革，对可能发展领域的主动探索与尝试性开发。它不只是适应，也不只是为了生存，而是有强烈的发展意识，带有明显的创建特征。这种在特定转型期历史条件和环境下的新型教育系的创建实践，是整体转型式的，它不仅需要创建主体的勇气和热情，还需要有理性和智慧，需要打破以前形成的思维方式和惯性，以新的视角来重新认识环境、自身及其相互关

① 王枬．全国高校教育系科现状调查研究［J］．华东师范大学学报（教育科学版），1999（3）：40-49.

系。[1]确实，在我国经济体制向市场经济转轨之时，要求高等教育不能只从政府渠道获得经费来源，而要多渠道筹措经费，尤其要通过科技转化、社会服务来获取办学经费。在这样的形势下，各高校的教育系科既没有孤芳自赏、“躲进小楼成一统”，也没有不思进取、一味地“等、靠、要”，更没有抛弃专业、改弦易辙，而是主动对接市场，发挥专业优势，通过服务教育来扩大教育系科的生存空间，并促进自身的整体转型。叶澜在此对教育系科在世纪之交的改革探索做出的“自觉转型、主动发展性的变革”的评价是非常具有鼓舞性的。

（三）新时期教育系科的新构

针对我国教育系科存在的诸多困境，叶澜提出了建构新型教育系科的改革思路。

1. 生态观——建构面向21世纪新型教育系的新视点

叶澜提出，要建构新型教育系，最重要的是改变机械观，树立生态观。即在研究生态环境变化的基础上，找到发展的潜在生长点，主动改建自身的内结构，使生存主体与环境之间建立新的功能关系，形成新的生长方式。

教育系作为一个生存主体，处在十分复杂的多重生态环境之中。20世纪末中国改革开放的特殊背景，又使本已复杂的环境呈现出多变的状态，要把握它就更为困难，但这又是教育系求得生存发展所必须把握的。生态分析在一定意义上是关系分析，即对生存环境总体及生存环境中诸构成因素与生存主体的关系分析。在具体分析过程中，要特别注意环境的变化提供了生存主体什么潜在的发展可能，需要做出怎样的变革才能实现发展，以及它给生存主体的发展带来什么障碍或什么危机。在世纪之交，教育系科改革必须关

① 叶澜．“面向21世纪教育系科改革研究与实践”结题总报告［J］．华东师范大学学报（教育科学版），2000（3）：34．

注不同性质的“生态圈”的变化，这对于创建新型教育系具有重要的意义。

叶澜分析了教育系科所处的三层“生态圈”。

第一生态圈：中国改革开放和实现现代化的社会生态圈。宏观上，它与教育系的关系是供求关系，从两个大的方面作用于教育系。一是市场经济体制的确立使市场机制成为社会经济发展的重要机制，并以不同方式或不同程度影响到社会各个领域。因此，无论是个人还是群体、单位，要想在这个社会中生存发展，就不能没有市场意识、机遇意识、风险意识、资源开发意识、自主选择意识、自我负责与制约意识等。教育系的发展不能等、靠、要，而要主动开拓。二是教育发展的总体走向。一方面是空间维度上大教育观的逐渐形成和在现实中的体现，如社区教育、企业教育的加强和资格证书制的建立；另一方面是时间维度上终身教育的形成，这不但体现在各类继续教育、不同年龄段——从幼儿到老年——教育需求的增强，而且要求基础教育进行作为终身教育基础的改革；此外，科技现代化向教育领域的渗透，现代化对教育质量和教师队伍质量要求的提高，提出了教师职后教育多元化的要求。这些都构成了教育系发展的现实和潜在的市场需求以及新的生源群。与此同时，教育系原有的一些市场需求却走向消失，如中等师范学校教育学科教师的培养。这一走向使我们看到，第一，新型教育系将在为中国教育改革和发展的服务中诞生，为社会和教育发展服务的功能将在转型期得到加强并成为重要特征。第二，新型教育系在与社会建立市场关系上要打破原有的师范、学校教育管理和教育学科研究的小市场的局限，树立大教育市场的意识，同时，对原有小市场的某些方面做出应变和开拓，以形成原有小市场和潜在大市场中的新的生长点。与第一生态圈作用性质类似但范围缩小，构成教育系所在学校直接社会生态圈（如省、市等）的分析也属此列，它是形成各系改革的重要参照系，也是形成不同切入点、重点的重要依据。第一生态圈在给教育系发展带来新的生长点的同时，也带来了困惑。它集中表现在如何处理教育系的社会服务功能和教育学科专业水平自身发展功能的关系上。

就现状来看，大部分教育系科改革的兴奋点是在前者而不是后者。由此引出了更深层次的新问题：满足社会发展需要与专业发展之间究竟是什么关系。它涉及教育系内部的功能整合。

第二生态圈：全国教育系分布格局及具体院校教育系所在地区的教师培养机构的格局变化。这里所指的地区范围可大可小，一般指省地级。第二生态圈的分析涉及各教育系可能资源的合理配置问题，也涉及在同一大类中的个体各自发挥功能的重点和主空间的定位问题。这是一种竞争与合作并存的伙伴关系。各高校的教育系科从各自的原有基础出发，已开始在生长主空间的择定上有所区别。这种状态预示了多种办学形态的教育系共生共荣的局面将在新世纪逐渐形成。但是，由于中等师范教育的“升格”往往采取与地方教育学院合办的方式，有些地方性综合大学也吸收地方教育学院建立综合大学内教育学院，这些情况的出现，形成新一轮教育系生长的高潮。原有的教育系感受到资源有被剥夺和瓜分的潜在威胁，这种现象可能成为现有教育系开拓新领域、提升办学层次的一种压迫性动力。但若完全不做宏观调控，或无规则、无条件、仅为解决一些学校的生存，不顾及需要和可能做盲目升格，也会出现恶性竞争、两败俱伤、资源浪费、低效益、低质量等不良后果。

第三生态圈：由教育系所在院校的生存环境构成，它与教育系的关系在性质上是局部与整体以及同一整体中各局部之间的关系。以前，大多数师范院校的教育系对于全校师范专业来讲，其功能主要是提供教育学科类的课程，相对较单一，而且是单向的规定性服务。现在随着师范院校自身功能定位的发展变化和教师资格证书、教育硕士专业学位的开设，教育系为全校提供课程类型的多样化，对全校师范功能发挥的作用得到加强。与此同时，对培养人才规格复合性要求的提出，必然促使教育系主动争取其他系科在课程上的支持，从而形成双方更为活跃的互动态势，激发了教育系更新的需求和活力。教育系若想真实地在全校的改革和发展中起更大的作用，必须提高专业水平。同时，这也将教育系的专业水平放在更广的范围和不同层次上，经受更多人的鉴定和评价。因此，若教育系只为校内作用和地位的提升欢欣，而不花力气提高专业水平，最终，教育系自己砸掉教育系“招牌”的可能完全存在，在一定意义上，这是微观层面的服务功能与专业发展功能的关系。

以上三个生态圈的相互关系是套筒式的，却各具不同的关系性质。生态圈的变化，要求教育系形成与环境积极、主动、有效、互动的新生存方式，它既提供了生机，又潜伏着危机。生机、危机的转化，关键的问题在于能否处理好为社会、为教育发展服务和实现专业发展功能之间的关系。①

2. 整合观——重建教育系两大功能关系的新基点

在论述了面对复杂的环境，新型教育系需要树立的“生态观”后，叶澜接着又论述了在协调学术功能和社会服务功能时，新型教育系需要树立的“整合观”。

教育系作为大学中的一个专业，一方面理所当然地具有培养专业人才和发展专业学术水平的任务，可以简称为发展学术功能；另一方面它又必须使培养出来的人具有为社会服务的精神和获得相应职业的能力，可以简称为社会服务功能。在不同的时代、不同的国家、不同的大学中，对两大功能的倚重会有所不同。一般而言，在文化学术传统较深的国家比较强调学术功能，如俄罗斯；在文化学术传统较浅的国家则强调服务的功能，如美国；近代大学较强调前者，现代大学较强调后者。

在教育系新一轮的改革中，不能用割裂和对立的方式认识和处理两大功能的关系，而要把整合观作为新的基点去处理两大功能的关系。

所谓割裂的方式，是指把两大功能看作可以分割的、互不相关的两回

① 叶澜.“面向21世纪教育系科改革研究与实践”结题总报告［J］.华东师范大学学报（教育科学版），2000（3）：34-36.

事。在实践中表现为强调社会服务的，就加强技能、技巧、方法、实务等训练，不重视理论的支撑；强调专业学术的，主要通过书斋式的研究与教学来进行，似乎社会的实际问题和需要与学术研究没有关系，即使关注实际，也只是为了例证和理解，不是为了发现和创造。在这种思想的指导下，教育系的教师也往往分为两大类，一类是面向中小学实际的，一类是专攻理论的。不同的学校也做出类似的分工：一部分学校注重社会服务，一部分学校注重理论研究。长此以往，两部分教师和两类学校似乎生活在两个界面清晰的不同的生活空间，相互之间的专业交流都会找不到共同的兴趣，难以沟通。

所谓对立，是“割裂”关系的发展，即把两大功能看作是相互妨碍的关系。鱼和熊掌不可兼得，由此还带来两部分教师之间的相互指责。倾向于服务功能的人批评理论研究者的“学问”空洞无物，没有价值；理论研究者也瞧不起务实的学科教学和研究人员，认为他们只有技法没有思想，缺乏专业学术水平。

整合观是对上述现象和教育学科中理论与实践的关系这一“两大功能”背后的实质性问题做进一步反思和研究后的产物。它是指处理两大功能的关系的依据——作为专业的核心构成的教育学科，在理论与实践方面有着内在的、不可分割的联系，存在着不同水平和不同层次的整合。具体地说，一方面，任何教育行为的背后，总有着一系列的理论假设。所以，即使在最面向教育实践一线的教师培训活动中，也不是只需要讲技能、技巧，或传授一种新方法，就可以达到我们真正期望的发展教师专业素养的目的的。这类培训需要教师有一种能透析、说明教师实践行为的理论，需要有一种能支撑新实践行为建构的理论。这些理论，并非与以学科方式存在的理论无关，在一定意义上，现有的学科理论是其认识、分析、反思、重构实践行为的知识基础，但它们并不是学科知识相加或应用的结果，而是以综合为思想方法特征的另一种类型的理论。过去教育学科中缺少这种以问题为中心、以情境中的教育实践为直接研究对象的理论性综合学科，在教育系的课程中缺乏这类课程，在教学上也缺乏对具有教师专业实践背景的学生，从理论与实践结合意义上提高他们解决问题水平的培训，从而误认为实践工作者的培训只需操作不需理论。另一方面，任何形态的教育理论，都在不同程度、不同层面上与教育实践有着不同性质的互动关系，实践使人们对原有的理论或产生疑问，或予以支持；或激发出新的假设，或提供新的经验；或发现缺点，或构成新问题域。这些都是从源泉的意义上看待实践对于理论的价值。除此以外，实践对于理论还有完善的价值，以及使理论转化为现实力量的更为重要的价值。对这一转化——教育理论与实践间双向积极互动、相互生成的研究，又将构成一种以生成为目的、以转化过程为对象的生成研究型教育理论。教育学科以往的结构中这种类型的理论同样是缺失的，这也是造成我们看不到教育理论与实践内在联系，使理论研究者误生完全可以或只需要在理论堆里制造理论的假象。自然，理论能制造理论，但若一直不走出这封闭的自循环，理论会变得日益苍白和顾影自怜。

从各高校教育系科提供的改革方案可以看出，整合观主要通过下列方式体现。第一，多种生源、培养目标与学制的组合。根据专业背景的不同，确定相应的学制。如4+2的本科与硕士连读的方式，或3+1+2的方式，3为在所教学科的专业中打基础，1为教育系课程证书班，学习好的可继续进入教育专业硕士班，以培养具有较高教育专业素养的中学骨干教师。第二，课程设置模块化。在模块方面，各校教育系有不同的设想，归纳起来约有四种模式：一是以专业方向需要构成模块（如学前教育、教育管理、学校教育等），二是以某一方向的加深化为模块（如技术类、实务类、理论类等），三是以适应生源不同对象为目标的模块（如专升本类、其他专业辅修教育专业类、骨干教师培训类、教育专业硕士类等），四是教育系选修其他系课程的模块。此外，还从两方面增强教育理论与实践之间的联系，如设置情境教育、政策研究、班级实务、教师教育研究方法等课程；又如努力形成大学学习期间与教育实践的联系，进而研究教育实践的系列课程；同时，大多数学校都不仅设置教育实习基地，而且设置教育研究基地。已有一批教育系中青年教师活跃在研究中国教育改革的一线，有的面向基层改革，有的参与政府决策的咨询等活动，一条新型的理论与实践紧密结合的、双向互动的中青年学者的学术成长之路，正日益清晰、坚实、宽广起来。第三，建设一批新型课程。其中除了理论综合型与生成研究型的两大课程外，还有结合新培养目标要求的系列新课程、教育技术与课件制作类的新课程等等，以及传统课程的更新、教育类新兴学科和原先薄弱学科的课程建设。与此同时，要开展上述一系列课程教学研究。所以，从目标始直到评价的办系全过程和多方面的整合，也是整合观的必议之题。①

3. 政策建议——建构面向21世纪新型教育系的新支持系统

基于新型教育系建构的生态观和整合观，叶澜进一步从政策层面提出了一系列有关创造有利于新型教育系成长的环境要求。第一，建议加强对新设教育系的控制，合理布局，加强评估，以发挥有限资源的最佳效益，避免人为因素造成的无谓损失。第二，严格教师资格证书制的实施。教育学科的课程学习与成绩是教师取得教师资格证书的必备条件，对承担教育学科课程教学的业务单位要做资格认定，以保证课程质量。第三，对各种类型的本科毕业生（不管是单学位还是双学位），无论其毕业后承担的工作是否与本科学习的专业“对口”，均应实行同工同酬。第四，建议教育部在普通中小学岗位设计中，除学科教师外，增设学校教育研究员（或学校教育设计人员）一职。第五，中小学设学校教育职员制，教育职员任学校教育管理方面的工作，应具有教育学学士学位。第六，允许教育系学制的设计有更大的灵活性，扩大硕士生招生名额，进行本硕连读等改革试验。第七，建立教育咨

① 叶澜．“面向21世纪教育系科改革研究与实践”结题总报告［J］．华东师范大学学报（教育科学版），2000（3）：36-38.

询、评价等方面的中介机构，提高教育决策的科学性和客观性。[①]

从21世纪教育系科的发展来看，叶澜的上述建议不仅切中要害，有些至今仍是需要关注和予以解决的问题。例如教育系科的合理布局和总体调控问题亟须重视。1988年全国有32所高校设立教育学专业，到了2013年，全国设有教育系科的本科高校有215所，约占全国本科院校的26.2%；其中高师院校设置教育系科的有99所，所占比例为46%，综合类院校设置教育系科的有88所，所占比例为41%。[②]另据统计，在215所教育系科的分布省份中，设置5所及以上教育系科的省份达到67.742%，设置10所及以上教育系科的省份达到29.032%。[③]而且多数教育系科集中于东部高等教育资源丰富的省份。这一方面造成了教育系科分布的不均衡，使得西部地区存在着需求与供给失衡的状况；另一方面也存在着重复设置、专业雷同、资源浪费甚至恶性竞争的局面。这些问题仍需重视并加以改进。

① 叶澜.“面向21世纪教育系科改革研究与实践”结题总报告［J］. 华东师范大学学报（教育科学版），2000（3）：38+63.

② 杨雅琴.20世纪下半叶中国大学教育系科变迁研究［D］. 太原：山西大学，2014：42-44.

③ 田英.21世纪初中国大陆教育系科分布研究［D］. 太原：山西大学，2015：20.

结语　叶澜教师观的独特贡献

> 教育学是为人类更美好而生之学，教育人是人世间最富有幸福之人。
>
> ——叶澜[①]

叶澜曾在“新基础教育”共生体学生工作第四次专题研讨会上的发言中谈到“新基础教育”的独特。所谓独特有两种型态：一类是一般的特殊化，一般在特殊中呈现出独特、个性化的具体型态。这并不否认一般，一般是普遍规律，规律不是刚刚呈现出来的东西，人们一直在探索一般规律，但是“新基础教育”有独特的载体和表现。另一类是以前没有，我们新提出来的独特性。这里又有多种型态：一种是过去没有做过；一种是过去做了但是没有系统化；还有一种是过去缺一点，我们补充、形成了自己的系统化。[②]

若论及叶澜教师观的独特贡献，也可以从上述两个视角三个方面予以观照：其一，看其在本体论上有哪些新的

① 叶澜．双重转型、交互创生的研究，学术生命、自我成长的实现（我的1994—2019）[R]．在闵行常州两地“新基础教育”20周年纪念会上的发言（2019-12-18），内部资料．

② 叶澜．在全国“新基础教育”共生体学生工作第四次专题研讨会上的发言[EB/OL]．(2017-12-30)[2021-03-26]．https://mp.weixin.qq.com/s/eK4tV_BeqCJ3_gA0QqpQvg.

贡献；其二，看其在认识论上提出了哪些过去未曾涉及的新的思想；其三，看其在方法论上有哪些独到之处，包括系统化了的理论和实践体系的形成路径。

一、探“教师所是”

哲学上所说的“本体论”一般指研究一切实在的最终本性的学问，或者说，是关于存在、存在物的学说。[①]如亚里士多德所说：“那个自古以来就发问的问题，那个现在仍然发问的问题，那个将来永远要发问的问题，那个使我们永不得安宁的问题就是：存在是什么？而这也就是在问：本体是什么？”[②]这一界定用于教师则可以说，所谓本体论，就是关于教师“是什么”的学说。

叶澜在教育研究中有一个习惯，即喜欢探究本原，这不是单纯刨根究底式的溯源，而是为了更好地把握规律，并依照规律而行。2018年，她发表了论文《探教育之所“是”，创学校全面育人新生活——新时期“新基础教育”研究再出发》，提出要“依‘教育所是’而行，达‘自然而然’之境”。在文中，叶澜专门论述了“教育所是”，指出：何谓“新基础教育”研究、“生命·实践”教育学派认识的“教育所是”？它包括三个方面：第一，价值确定。教育是促进人之生命成长，通过“长善救失”的教育实践活动，使参与者变得更美好，承担起自己从事职业的社会责任。教育是人类生存与发展不可或缺的伟大事业。第二，思维转型。走出片面抽象、孤立对立、非此即彼等简单归纳、判断和推理的思维方式。用复杂思维方式研究教育活动内在的矛盾、张力、关联、互动、生成、转化等复杂关系，研究教育系统的结构、生存和发展之原道。第三，以身立学。我言即我信，我信即我行，我们

① 刘延勃，张弓长，马乾乐，张念丰. 哲学辞典［M］. 长春：吉林人民出版社，1983：153.
② 周国平. 诗人哲学家［M］. 上海：上海人民出版社，1987：321.

努力这样要求自己，这是“新基础人”的群体人格特征，是“生命·实践”教育学人的人格特征。以身立学，是以当代中国基础教育改革中的学校整体改革为核心，通过理论与实践多主体、多层次、多方式的多向互动，探索当代中国基础教育学校改革解蔽之方；走出创造学校新生活之路，在改革者自觉、积极参与中实现成事成人；走出创建当代中国教育学的学术之路。[①]这三层含义体现了递进的关系，也表达了“依‘教育所是’而行”的要求。

关于“教师是谁”这一问题的追问，实质上是对教师本原的追问，即教师“是”什么和教师是“什么”。对此，叶澜同样经过了“探教师所是”的过程。

首先是对教师“是”的寻踪。自教师职业诞生以来，历来在社会上就流传着各种关于教师的隐喻和角色描述。如说教师是蜡烛、春蚕、园丁、人梯，是工程师、教书匠、传递者、操作工，等等。叶澜在剥茧抽丝般地层层分析后，转到了对这些隐喻和角色描述背后隐含的教师角色“圣化”“神化”和“匠化”“矮化”两极定位的批判，指出：这两极定位都是对“教师所是”的误解和曲解，是对全面而丰富的人性的肢解和消解。事实上，教师是从事点化人之生命的教育活动的责任人。[②]教师的身上有着“人”与“师”的双重属性：教师首先是人，其次是师。教师职业的本质就表现在：既具有“人”的丰富性，又具有“师”的模范性。

其次是对教师是“什么”的探寻。叶澜从关系的维度和“是”与“不是”的维度，深入分析了“教师是谁”的问题。“关系”的维度呈现了教师角色可能涉及的各个层面，“是”与“不是”的维度则表达了对现实中部分教师角色定位不当的否定和对观念上教师角色理想定位的期待。这是一个既破又立的过程。叶澜指出：在教师与变革的关系上，教师不是上级制度规定

① 叶澜.探教育之所“是”，创学校全面育人新生活——新时期“新基础教育”研究再出发［J］.人民教育，2018(13-14)：16.

② 叶澜.“生命·实践”教育的信条［N］.光明日报，2017-02-21(13).

的机械执行者，而是有思想的实践者；不是他人改革经验的照搬者，而是有发现的研究者；不是教育变革实践的操作者，而是有创生能力的变革者。在教师与学生的关系上，教师不是为学生燃尽生命的“蜡烛”，而是点亮学生心灯的“启蒙者”；不是放任学生自发生长的“牧羊人”，而是用人类文明使学生成人的“养正者”；不是学生成长路线与模式的“规定者”，而是学生才情、智慧、人格发展不可替代的“助成者”。在教师与学生的关系上，教师不是学科知识的简单传递者，而是学科知识的重要激活者；不是学科技能的机械训练者，而是学科育人价值的开发者；不是学科能力的反复宣讲者，而是教育教学实践的个性化创造者。在教师与自我的关系上，教师不是听任外部环境摆布的被动生存者，而是自主选择职业的责任人；不是只需专业发展的局域人，而是不断自觉提升德行才智的发展者；不是群体中的依附者，而是善在群体合作中发挥、发展个性的主动者。[①]

叶澜在这里使用了“是”与“不是”的对应关系来剖析教师的角色。对教师“不是”什么的描述主要来自于当下部分教师的实存状态，表达了对现实中存在但“不应该是这样”的批评；而对教师“是”什么的描述则是建立在所期待的教师角色的理想状态，表达了价值层面上“应该是这样”的更高要求。也正是在这样的辨析中，触及了“教师是谁”这一本原的问题，并做出了“教师所是”的独特回答。

二、究“教师所为”

哲学上所说的“认识论”是指研究人类认识的本质及其发展规律的理论，“是关于人类认识的来源、内容和认识发展过程的哲学学说”[②]。马克思主义哲学与以往哲学的最大不同在于：将实践的观点和辩证法引入了认识

① 叶澜.“新基础教育”内生力的深度解读［J］. 人民教育，2016(3-4)：38-42.

② 刘延勃，张弓长，马乾乐，张念丰. 哲学辞典［M］. 长春：吉林人民出版社，1983：125.

论，从而解决了认识论的根本问题。马克思主义认识论强调：实践是认识的基础和来源，认识从实践中产生，并随着实践的发展而发展，认识的根本目的就是为了实践，实践是检验认识真理性的唯一标准。同时，实践也是人所特有的一种有目的、对象、过程与结果的生命活动。实践内在于人的生命需要，实践也构成了人的类生命的本质特性。因此，人的生命与实践不可分割。①此外，从人类的认识过程来看，大体包含了从感性认识到理性认识，又从理性认识能动地飞跃到实践的辩证过程。正如毛泽东在《实践论》中所说："实践、认识、再实践、再认识，这种形式，循环往复以至无穷，而实践和认识之每一循环的内容，都比较地进到了高一级的程度。这就是辩证唯物论的全部认识论，这就是辩证唯物论的知行统一观。"②

叶澜高度认同马克思主义认识论，尤其是马克思哲学的实践观，并把马克思主义哲学视为"生命·实践"教育学派的重要命脉。叶澜指出："真正在现实和整体意义上实现人对自身及其创造的认识，是由马克思主义的实践哲学突破的，由此开辟了人类自我认识发展的新纪元。"③为此，叶澜在不同的历史时期都有关于认识论中理论与实践关系的论述。④如：叶澜提出，教育中理论与实践关联的性质，从本质上看是人的认识与实践的关系问题，都与作为认识主体和实践主体的人相关。⑤怎样的教育理论才能对教育变革实践产生影响力？"我认为这样的理论才能对实践产生影响力：具有反思与批

---

①③ 叶澜．回归突破："生命·实践"教育学论纲［M］．上海：华东师范大学出版社，2015：238；233.

② 毛泽东．实践论［M］//毛泽东选集：第1卷．北京：人民出版社，1991：296-297.

④ 叶澜关于理论与实践关系的论述集中体现在她的如下论文中：思维在断裂处穿行——教育理论与教育实践关系的再寻找［J］．中国教育学刊，2001(4)；大学专业人员在协作开展学校研究中的作用［J］．中国教育学刊，2009(9)；大中小学合作研究中绕不过的真问题——理论与实践多重关系的体验与再认识［J］．教育发展研究，2014(20)；转化融通在合作研究中生成——四论教育理论与教育实践的关系［J］．教育研究，2021(1).

⑤ 叶澜．思维在断裂处穿行——教育理论与教育实践关系的再寻找［J］．中国教育学刊，2001(4)：2.

判针对性的理论；具有未来指向、内在开放性的理论；具有综合抽象、层级转化结构的理论；具有边界与尺度的理论；见真、见知、见诚，有温度的理论。”[①]叶澜还分析了教育研究的独特性，指出：相对于物理研究、心理研究而言，教育研究属于人类社会的事理研究；相对于人类社会的经济、政治、文化、管理等事理研究而言，教育研究属于人类自身以及人类社会更新性再生产的事理研究。教育事理研究的特殊性，在于不仅要研究因教育特殊性而决定的复杂性，还需要不断深入聚焦到教育不同层次的、为实现成教育之事所不可避免的转化与生成机制。教育理论与实践的关系在教育研究中的特殊性，还在于教育理论研究者与实践工作者自身发展与变化的需要。[②]这些认识，叶澜不仅运用于关于教师的理论思考与实践探索中，而且构成了其教师观在认识论上的独特贡献。

关于“教师所为”的探究，实质上是对“教师为谁”或“教师为何”的追问。这涉及如何认识教师职业、如何看待教师的价值，进而触及教师从业动机的问题。对此，叶澜同样经历了破与立、批判与重建的过程。

首先，叶澜批判了历史与现实中存在的关于教师价值取向的偏差。这种偏差主要表现在两方面：一是把教师视为工具。在社会分工的各个链条中，教师只是确保社会这一庞大机器顺利运转的一个零件，教师存在的价值就是培养出各行各业所需要的人。更令人担忧的是，还存在着不少教师自身也把自己当成工具的现象。二是只看到教师的传递职能。教师的职责是传授知识，教学变成了单向的传递，师生关系变成了教师主导，教学方式变成了灌输，完成认识性任务成为课堂教学的中心或唯一目的。造成这种认识偏差的原因，一方面，功利主义的追逐渗透并体现在各个领域。教育作为服务社会和经济发展的工具价值凸显，至于教育对于每一个体发展的内在价值远未

① 叶澜.“新基础教育”内生力的深度解读［J］.人民教育，2016(3-4)：38-42.

② 叶澜.转化融通在合作研究中生成——四论教育理论与教育实践的关系［J］.教育研究，2021(1)：50-51.

被真正重视，更未被当作判断教育足以存在的最根本依据。另一方面，把教学活动的性质框定在“特殊认识活动”的范围，这便造成了教育中“人”的缺失。

其次，叶澜从“教育所是”的角度为“教师所为”奠定了认识基础。叶澜强调，教育区别于农业、工业等其他社会活动的突出表现在于，教育不是“人”与“物”的关系，而是“人”与“人”的关系；教育不是培养工具人、技术人、知识人或运动人，而是要培养多方面整体发展的人。这是教育的最重要的特性，也是教育不同于其他社会活动的最本质的特征，更是教育最重要的价值所在。“教师所为”便基于这一认识，教师所从事的教育教学活动是以“人”为中心、以“人”为目的的。这里所说的“人”，不仅指作为教育对象的学生，也包括作为教育者的教师；不仅要以学生的发展为目的，也要以教师的发展为目的；不仅要促进学生的幸福人生，也要促进教师自身的幸福人生。

最后，叶澜以“生命自觉”提供了“教师所为”的源泉。所谓生命自觉，是指个体对自己生命的存在状态的觉知，是在人的身、心、灵，知、情、意，真、善、美等完整意义上的生命自觉。叶澜指出，当人具有了清晰的自我意识，把自身的发展当作认识的对象和自觉实践的对象时，人就从真正的意义上成为自己发展的主体。对于教师来说，有了清晰的自我意识和主动发展的内在需求，并把自己作为发展的主体，便有了发展的动力源泉。叶澜认为，人的生命达到自觉状态，是人实现自我发展的理想境界。具有生命自觉之人，既“外寻天道”，又“内求人性”；既有生命本身强大的聚合力与精神力，又有实践中新颖的探索力与创造力。这正是“教师所为”之所在。

三、析“教师何为”

哲学上所说的“方法论”是指关于方法的理论，通常“是关于人们认识世界、改造世界的一般方式、方法的学说和理论体系”[①]。方法论常与世界观一起使用。如果说世界观主要是指人们对世界的看法，回答世界“是什么”的问题，那么方法论主要是指人们用什么样的方法去观世界，回答如何认识并改变世界，即“怎么办”的问题。

叶澜有着很强的方法论意识。她称方法论问题为“幽灵”，而她对教育研究方法论的思考持续了近40年。1986年，她刚从南斯拉夫留学回国不久，便以笔名“冰火”发表了《南斯拉夫教育科研中的方法论问题》一文，从南斯拉夫教育界在方法论方面的研究进而反思我国教育学研究中方法论方面存在的偏差，提出：教育的整体性与综合性决定了要用整体、系统的观点来认识、研究教育。[②]她由此意识到“教育学的发展不仅有内容的要求，还要有方法和方法论的变革”[③]。1987年，她发表了《关于加强教育科学“自我意识”的思考》，把教育科学对自身的研究和认识称为教育科学的自我意识[④]，并努力推动教育科学的元研究，促使教育学科由自在向自为转化。1991年出版的《教育概论》在方法论上的转换集中在两大方面：一是以系统论的思想方法认识教育，将社会作为教育系统外的环境，将教育作为社会环境中的一个子系统来认识教育与社会的相互关系；二是以综合、动态、过程的思想方法，研究教育与社会、教育与个人的关系。[⑤]这成为叶澜此后认识当代教育世界的基本思维路线与方式。1999年出版的《教育研究方法论初探》在详细辨析各种关于方法论的定义后，叶澜以独特的方式做出了自己对于“方法论”的新解。其一，方法论以人类认识活动中不同层次的对象与方法的关系为研究对象，着重揭示已有方法体系的理论基础、核心构成与研究对象性

① 刘延勃，张弓长，马乾乐，张念丰．哲学辞典［M］．长春：吉林人民出版社，1983：130.

② 冰火．南斯拉夫教育科研中的方法论问题［J］．外国教育资料，1986（1）：11-12.

③⑤ 叶澜．从“冬虫”到“夏草”——“生命·实践”教育学派生成过程的个人式回望［M］//叶澜．方圆内论道：叶澜教育论文选．北京：中国人民大学出版社，2019：9；10-11.

④ 叶澜．关于加强教育科学“自我意识”的思考［J］．华东师范大学学报（教育科学版），1987（3）：23.

质的矛盾，以构建解决这一矛盾的新理论基础与核心为直接任务，发挥推动相应方法体系整体发展，继而推动人类认识水平质的飞跃和社会实践发展的方法论功能。其二，具有相对独立研究对象的方法论知识体系，以多层次、多类型的立体、多面、有机联系的形式存在。包括哲学方法论，系统科学方法论和数学方法论，自然科学方法论、社会科学方法论和科学学方法论，各门具体学科方法论等四个层次。其三，方法论研究具有鲜明的反思性与批判性，是人类群体自我意识在科学研究领域的突出表现，从研究性质看，属元研究。其四，人们对方法论及其意义的认识过程是一个历史过程。方法论概念的内涵是随历史及人的认识能力和认识范围的发展而发展的，具有一定的历史性。①在2006年出版的《"新基础教育"论——关于当代中国学校变革的探究与认识》中，叶澜特别用了题为"方法论探究：在研究中实现教育变革理论与实践创新的交互生成"的专章，以理论与实践的关系为例，说明"新基础教育"研究在方法论上的探索与突破。②在2015年出版的《回归突破："生命·实践"教育学论纲》中，叶澜特辟"方法论"的专节，指出"我们把方法论最概括地表述为关于研究对象与方法适切性的理论"，强调"方法论主要不是用来说的，而是用来指导认识和研究本身的"，并以"系统复杂性研究对于教育研究的方法论价值""全面认识理论与实践交互生成的方法论价值"这两大主题探讨了方法论对于教育学研究所具有的全局性的至关重要的意义。③

叶澜的教师观正是建立在方法论的基础之上，并在理论与实践相互联系、相互作用下形成并逐步深化的。而"新基础教育"是"教师可为"的重

① 叶澜. 教育研究方法论初探［M］. 上海：上海教育出版社，1999：14-18.

② 叶澜."新基础教育"论——关于当代中国学校变革的探究与认识［M］. 北京：教育科学出版社，2006：399-402.

③ 叶澜. 回归突破："生命·实践"教育学论纲［M］. 上海：华东师范大学出版社，2015：160-168.

要路径。“新基础教育”主要从三个层面对教师产生作用：一是以生命观为核心的教育观念的转换；二是改变学校日常的教学生活与班级生活，实现实践层面上的转换；三是转变师生在学校的生存方式，实现师生生命在生存意义上的转换。

叶澜曾经阐述了她的教师观形成的螺旋式过程：首先由教师的实存状态催生出问题与反思意识，继而在理论上清思并提出时代与教师职业修养、新世纪教师专业素养等理念和要求，进而促使这些理论在实践中转化成为积极的变革力量，再不断深化、提炼实践中内含的理论。[①]这正是方法论的体现，也是复杂性研究、理论与实践交互生成的教育学新路，因此被一些学者称为教育研究的“叶澜之路”。[②]

作为一名理论工作者，叶澜相信理论的力量，强调理论在变革实践中的不可或缺性。但是，她反对简单的理论搬运或哲学演绎，而希望在扎根性研究中产生出真正符合中国教育实践需要的自己的教育理论。这样的教育理论才有价值、有活力。叶澜分析了理论工作者进入实践的常见方式：过去比较

---

① 叶澜. 关于本人教师观的形成过程与逻辑结构的自我解读. 2018-01-10手写信件，未发表.

② 2015年在上海举行了“生命·实践”教育学论著系列丛书发布会暨研讨会，多位学者参加会议并做了专题发言。其中有扈中平的《“生命·实践”教育学的内立场》、张诗亚的《“生命·实践”教育学的突围》、吴康宁的《“生命·实践”教育学：为教育学赢得学术尊严》、柳海民的《“生命·实践”教育学里程碑式的跃升》、周谷平的《中外古今视角中的“生命·实践”教育学》、裴娣娜的《叶澜教授及其“生命·实践”教育学派》、刘志军的《“生命·实践”教育学的学生发展问题》、金生鈜的《生命的诗学——感悟“生命·实践”教育学》、郝文武的《不懈追求显现教育学学科性质和价值》、王坤庆的《“生命·实践”教育学：扎根于中华文明沃土的教育理论奇葩》、孙杰远的《“生命·实践”教育学派印象》、郑金洲的《“生命·实践”教育学的学校变革问题》、涂艳国的《“生命·实践”教育学：旨在改变教育世界》、侯怀银的《“生命·实践”教育学派发展的“基因”问题》、易连云的《“生命·实践”：学生道德发展的有效路径》、刘庆昌的《“新基础教育”研究》、刘铁芳的《“生命·实践”教育学思想的魅力：重新回到赫尔巴特》、和学新的《“天、地、人”合一的“生命·实践”教学理论》、王鉴的《论教育研究的“叶澜之路”》。上述文章均发表在《当代教育与文化》2015年第3期。

多的是到实践中去找例子，为写论文收集实证性材料；现在更多的是一种观察式的，即用自然科学强调的价值中立的态度，试图站在外面去观察。这两种进入实践的方式都高居于实践之上或远离于实践之外，是在天上穿行着、漂浮着看教育，实不可取。叶澜提出了“理论适度先行，理论与实践紧密结合、双向构建”的方法论原则①，并选择了“实地介入式研究”的做法，长期扎根于基础教育第一线，以此作为“研究性变革实践”的研究方式，以促进教育理论与教育实践的双向互动。“我们不仅把教育实践作为外在对象世界去认识，而且作为形成教育理论最丰富的源泉去吸收、去体验、去发现、去感悟……在我们看来，用教育实践来启发、检验、丰富教育理论是教育研究必不可少的过程，也是教育理论能否出现原创的必要条件。”②这种“实地介入”的“研究性变革实践”方式是了解真实的课堂、真实的教学、真实的学校不可替代的研究方式，也是“新基础教育”独特研究路径的基本实践形态，构成了“生命·实践”教育学富有特质性的研究风格。“研究性变革实践”从自己的研究实践中去发现和认识教育世界，去研究师生如何有效发生变化和如何实现这些变化，去建立起通过教师自己的研究实践而生成的教育学理论。这是基于亲历、经过体悟、反复积累、提炼、孕育而成的理论，是一种内生于研究主体大量实践的理论，因而也是最有助于教师成长的研究。③叶澜还阐述了“新基础教育”推进改革的三大策略：一是整体策划与分段实施相结合，二是日常实践持续开展与关键节点集中交流相结合，三是重点突破和梯度放大相结合。④这既是对学校层面提出的策略建议，也是对

① 叶澜. 个人思想笔记式的15年研究回望［M］// 叶澜. 方圆内论道：叶澜教育论文选. 北京：中国人民大学出版社，2019：53.

② 叶澜.“生命·实践”教育学引论（下）——关于以“生命·实践”作为教育学当代重建基因式内核及其命脉的论述［M］// 叶澜.“生命·实践”教育学论丛：第四辑　命脉. 桂林：广西师范大学出版社，2009：53-54.

③ 王枬，王昊宁. 浅析“生命·实践”教育学的中国元素［J］. 教育学报，2011（10）：4-5.

④ 叶澜. 略论“新基础教育”研究之路的若干特征［J］. 基础教育，2011（2）：10-12.

每个教师在自己的日常教育和教学中进行研究提出的要求。

叶澜谈到，在“新基础教育”研究的全过程中，我们在面对现实的批判中建构理想，在理想的指导下开展基于现实又指向理想实现的变革实践，在变革实践中发现问题与经验；在问题的反思与经验的积聚、提升中构建新理论，在新理论的指导、普及、实践中创造新的实践形态。[①]理论与实践就这样双向互动，实践滋养着理论，理论指导着实践。叶澜的教师观也在这一过程中成形，并影响和促进着广大教师的成长和发展。

2019年12月17日，在上海举行了“新基础教育”扎根闵行20年的纪念活动暨《叶澜教育思想文选》三卷本的发布会。现场呈现的“新基础教育”丰硕的研究成果为教育学研究开创了一条独特的理实交融的道路，也成就了具有中国气派、中国风格的“生命·实践”教育学，这可视为“成事”“成学”的体现；现场展现的大学研究人员与中小学教师合作建立的研究共生体在扎根实践研究的推进中，不仅促进了中小学的转型性变革，促进了学生的整体和谐而全面的发展，而且中小学教师特别是校长发生了深刻的变化，这可视为“成事”“成人”的体现；“生命·实践”教育学的信条之一就是主张“每个人都得自己活，不能由别人代活”，这就是生命自觉，唯有建立在生命自觉和主动发展的基础上，才会有事业的不断进步和自身的持续成长，这可视为“成事”“成己”的体现。

叶澜的教师观是其开创的“生命·实践”教育学的重要组成部分。“生命·实践”教育学是属人的、为人的、具有人的生命气息和实践泥土芳香的教育学。[②]“泥土芳香”正体现了“生命·实践”教育学在中国学校教育大地上的学术“书写”。它表明：“生命·实践”教育学的教育理论研究之根深扎到中国当代社会和教育变革的丰富现实土壤之中，它既能给教育实践增

① 叶澜．我与“新基础教育”——思想笔记式的十年研究回望［M］//丁钢．中国教育：研究与评论：第7辑．北京：教育科学出版社，2004：54.

② 叶澜．回归突破：“生命·实践”教育学论纲［M］．上海：华东师范大学出版社，2015：36.

添更新、创造和发展的活力，也能使教育理论研究不断深化。这也是叶澜教师观的鲜明特征，即这是关于中国基础教育学校教师发展的系统思考，是基于教师的现状、着眼于教师的成长、为了促进教师发展而进行的理论与实践的探索。

叶澜充满深情地说："教师，也许不能改变整个社会，但只要我们愿意，只要我们懂得，只要我们清醒，只要我们践行，实实在在地从改变自己开始，我们就能改变自己的职业生涯，改变与我们长久相伴、相处的学生的生命成长。中国当代教育的真实发展，希望在教师。只有教师和学生，才是富有智慧与意义、挑战与成长的学校新生活的创造者。"①

① 叶澜．回归突破："生命·实践"教育学论纲［M］．上海：华东师范大学出版社，2015：325.

参考文献

一、著作

[1] 叶澜.教育研究及其方法[M].北京：中国科学技术出版社，1990.

[2] 叶澜.教育研究方法论初探[M].上海：上海教育出版社，1999.

[3] 叶澜.新编教育学教程[M].上海：华东师范大学出版社，1991.

[4] 叶澜.教育概论[M].北京：人民教育出版社，1991.

[5] 叶澜.教育概论[M].北京：人民教育出版社，2006.

[6] 叶澜，郑金洲，卜玉华.教育理论与学校实践[M].北京：高等教育出版社，2000.

[7] 叶澜，等.教师角色与教师发展新探[M].北京：教育科学出版社，2001.

[8] 叶澜，等.全球化、信息化背景下的中国基础教育改革研究报告集[M].上海：华东师范大学出版社，2004.

[9] 叶澜.“新基础教育”论——关于当代中国学校变革的探究与认识[M].北京：教育科学出版社，2006.

[10] 叶澜，李政涛，等.“新基础教育”研究史[M].北京：教育科学出版社，2010.

[11] 叶澜.回归突破：“生命·实践”教育学论纲[M].上海：华东师范大学出版社，2015.

[12] 叶澜.方圆内论道：叶澜教育论文选[M].北京：中国人民大学出版社，2019.

[13] 叶澜.变革中生成：叶澜教育报告集[M].北京：中国人民大学出版社，2019.

[14] 叶澜.俯仰间会悟：叶澜随笔读思录[M].北京：中国人民大学出版社，2019.

[15] 臧乐源.教师学[M].天津：天津人民出版社，1987.

[16] 李涵生，马立平.教育学文集·教师[M].北京：人民教育出版社，1991.

[17] 程方平.新师说[M].长沙：湖南教育出版社，1999.

［18］陈永明．现代教师论［M］．上海：上海教育出版社，1999.
［19］傅道春．教师的成长与发展［M］．北京：教育科学出版社，2001.
［20］刘捷．专业化：挑战21世纪的教师［M］．北京：教育科学出版社，2002.
［21］D. John McIntyre，Mary John O'Hair. 教师角色［M］．丁怡，马玲，等译．北京：中国轻工业出版社，2002.
［22］Lynda Fielstein，Patricia Phelps. 教师新概念——教师教育理论与实践［M］．王建平，等译．北京：中国轻工业出版社，2002.
［23］亨利・A. 吉鲁．教师作为知识分子——迈向批判教育学［M］．朱红文，译．北京：教育科学出版社，2008.
［24］林逢祺，洪仁进．教师不可不知的哲学［M］．上海：华东师范大学出版社，2009.
［25］朱小蔓，等．教育职场：教师的道德成长［M］．北京：教育科学出版社，2004.
［26］陈桂生．师道实话［M］上海：华东师范大学出版社，2004.
［27］王建军．课程变革与教师专业发展［M］．成都：四川教育出版社，2004.
［28］王建军．学校转型中的教师发展［M］．北京：教育科学出版社，2008.
［29］余文森，连榕，等．教师专业发展［M］．福州：福建教育出版社，2007.
［30］邓友超．教师实践智慧及其养成［M］．北京：教育科学出版社，2007.
［31］柳夕浪．教师研究的意蕴［M］．北京：教育科学出版社，2007.
［32］吴黛舒．"新基础教育"教师发展指导纲要［M］．桂林：广西师范大学出版社，2009.
［33］魏建培．教师学基础［M］．北京：清华大学出版社，2011.
［34］吴康宁．重新发现教师［M］．南京：南京师范大学出版社，2017.
［35］王枬．美丽教师——教师职业美的研究［M］．桂林：广西师范大学出版社，2002.
［36］王枬，等．智慧型教师的诞生［M］．北京：教育科学出版社，2006.
［37］王枬，柳谦．教师发展研究［M］．桂林：广西师范大学出版社，2020.

二、论文

[1] 叶澜. 论影响人发展的诸因素及其与发展主体的动态关系 [J]. 中国社会科学，1986(3).

[2] 叶澜. 关于加强教育科学“自我意识”的思考 [J]. 华东师范大学学报（教育科学版），1987(3).

[3] 叶澜. 试论当代中国教育价值取向之偏差 [J]. 教育研究，1989(8).

[4] 叶澜. 时代与教师的职业修养 [J]. 中国教育学刊，1993(2).

[5] 叶澜. 试论我国基础教育改革深化的若干认识问题——为纪念“三个面向”发表十周年而作 [J]. 中国教育学刊，1993(6).

[6] 叶澜. 时代精神与新教育理想的构建——关于我国基础教育改革的跨世纪思考 [J]. 教育研究，1994(10).

[7] 叶澜. 转变观念、开拓发展空间——论当代中国高等师范教育的发展 [J]. 高等师范教育研究，1995(5).

[8] 叶澜. 迎接挑战：在改革中走向新世纪——再论当代中国高等师范教育的发展 [J]. 华东师范大学学报（教育科学版），1996(3).

[9] 叶澜. 世纪之交中国学校教育文化使命之思考 [J]. 教育改革，1996(5).

[10] 叶澜. 创建上海中小学新型师资队伍决策性研究总报告 [J]. 华东师范大学学报（教育科学版），1997(1).

[11] 叶澜. 让课堂焕发出生命活力——论中小学教学改革的深化 [J]. 教育研究，1997(9).

[12] 叶澜. 新世纪教师专业素养初探 [J]. 教育研究与实验，1998(1).

[13] 叶澜. 跨世纪中国教师教育发展的若干问题 [J]. 教学与教材研究，1998(2).

[14] 叶澜. 更新教育观念，创建面向21世纪的新基础教育 [J]. 中国教育学刊，1998(2).

[15] 叶澜. 一个真实的假问题——“师范性”与“学术性”之争的辨析 [J]. 高等师范教育研究，1999(2).

[16] 叶澜.“面向21世纪教育系科改革研究与实践”结题总报告 [J]. 华东师范大学学报（教育科学版），2000(3).

[17] 叶澜. 在学校改革实践中造就新型教师——《面向21世纪新基础教育探索性研究》提供的启示与经验 [J]. 中国教育学刊，2000(4).
[18] 叶澜. 论教师职业的内在尊严与欢乐 [J]. 思想·理论·教育，2000(5).
[19] 叶澜. “面向21世纪新基础教育”探索性研究理论纲要 [J]. 上海教育科研，2001(2).
[20] 叶澜. 世纪初中国教育理论发展的断想 [J]. 华东师范大学学报（教育科学版），2001(3).
[21] 叶澜. 思维在断裂处穿行——教育理论与教育实践关系的再寻找 [J]. 中国教育学刊，2001(4).
[22] 叶澜. 实现转型：新世纪初中国学校变革的走向 [J]. 探索与争鸣，2002(7).
[23] 叶澜. 重建课堂教学价值观——“新基础教育”课堂教学改革的理论与实践探究之一 [J]. 教育研究，2002(5).
[24] 叶澜. 重建课堂教学过程观——“新基础教育”课堂教学改革的理论与实践探究之二 [J]. 教育研究，2002(10).
[25] 叶澜，吴亚萍. 改革课堂教学与课堂教学评价改革——“新基础教育”课堂教学改革的理论与实践探索之三 [J]. 教育研究，2003(8).
[26] 叶澜. 扎实　充实　丰实　平实　真实——“什么样的课算一堂好课” [J]. 基础教育，2004(7).
[27] 叶澜. 21世纪社会发展与中国基础教育改革 [J]. 中国教育学刊，2005(1).
[28] 叶澜. 当代中国教育变革的主体及其相互关系 [J]. 教育研究，2006(8).
[29] 叶澜. 试论当代中国学校文化建设 [J]. 教育发展研究，2006(15).
[30] 叶澜. “新基础教育”研究引发的若干思考 [J]. 人民教育，2006(7).
[31] 叶澜. 清思　反思　再思——关于“素质教育是什么”的再认识 [J]. 人民教育，2007(2).
[32] 叶澜. 学校转型性变革中的评价改革——基于“新基础教育”成型性研究中期评估的探究 [J]. 教育发展研究，2007(7).
[33] 叶澜. 千舟险过万重山——改革开放 30年中国基础教育发展研究概述 [J]. 基础教育，2009(1).

[34] 叶澜. 大学专业人员在协作开展学校研究中的作用［J］. 中国教育学刊，2009(9).
[35] 叶澜. 当前中国社会改革与素质教育推进的决策演进评析［J］. 教育发展研究，2011(2).
[36] 叶澜. 素质教育推进现状及其原因辨析［J］. 教育发展研究，2011(4).
[37] 叶澜. 略论“新基础教育”研究之路的若干特征［J］. 基础教育，2011(2).
[38] 叶澜. 新基础教育研究和新型教师的培养［J］. 教书育人，2011(6).
[39] 叶澜. 执着坚持之强，创造发展之功——“新基础教育”三年扎根研究总结交流会发言稿［J］. 基础教育，2012(4).
[40] 叶澜. 课堂教学过程再认识：功夫重在论外［J］. 课程·教材·教法，2013(5).
[41] 叶澜. 大中小学合作研究中绕不过的真问题——理论与实践多重关系的体验与再认识［J］. 教育发展研究，2014(20).
[42] 叶澜. 基础教育改革深化之路怎么走?［J］. 人民教育，2015(11).
[43] 叶澜.“新基础教育”内生力的深度解读［J］. 人民教育，2016(3-4).
[44] 叶澜. 融通“教”“育”，深度开发学科的育人价值［J］. 今日教育，2016(3).
[45] 叶澜. 终身教育视界的深刻意蕴：全时空性的全人发展——保尔·朗格朗带给我们的启示和价值［J］. 人民教育，2017(1).
[46] 叶澜. 探教育之所“是”，创学校全面育人新生活——新时期“新基础教育”研究再出发［J］. 人民教育，2018(13-14).
[47] 叶澜. 溯源开来：寻回现代教育丢失的自然之维（上）(下)［J］. 教育发展研究，2018(2)(3).
[48] 叶澜. 中国哲学传统中的教育精神与智慧［J］. 教育研究，2018(6).
[49] 叶澜. 转化融通在合作研究中生成——四论教育理论与教育实践的关系［J］. 教育研究，2021(1).
[50] 李政涛. 深度开发与转化学科教学的“育人价值”［J］. 课程·教材·教法，2019(3).
[51] 郑金洲. 我国教育系科发展史略［J］. 华东师范大学学报（教育科学版），1999(4).

[52] 李瑾瑜. 专业精神——教师的必备素质 [J]. 中小学管理，1997(4).
[53] 陈向明. 实践性知识：教师专业发展的基础 [J]. 北京大学教育评论，2003(1).
[54] 檀传宝. 论教师的“职业道德”向“专业道德”的观念转移 [J]. 教育研究，2005(1).
[55] 姜勇. 论教师的个人知识：教师专业发展的新转向 [J]. 教育理论与实践，2004(11).
[56] 姜勇，庞丽娟. 论教师的意识唤醒 [J]. 教育研究与实验，2006(5).
[57] 朱旭东. 论教师专业发展的理论模型建构 [J]. 教育研究，2014(6).
[58] 侯怀银，李艳莉. 民国时期大学教育系科变迁研究 [J]. 中国教育科学，2016(3).
[59] 杨雅琴. 20世纪下半叶中国大学教育系科变迁研究 [D]. 太原：山西大学，2014.
[60] 田英. 21世纪初中国大陆教育系科分布研究 [D]. 太原：山西大学，2015.
[61] 杜钢. 师道释论 [J]. 教师发展研究，2019(2).
[62] 李瑾瑜. “国培”十年：教师培训专业化探索的中国实践与未来发展 [J]. 教师发展研究，2020(3).
[63] 王枬. 全国高校教育系科现状调查研究 [J]. 华东师范大学学报（教育科学版），1999(3).
[64] 王枬. 论教师职业的内在价值 [J]. 教育研究，2000(9).
[65] 王枬. 语言：师生心灵之约 [J]. 教育研究，2002(2).
[66] 王枬，王昊宁. 浅析“生命·实践”教育学的中国元素 [J]. 教育学报，2011(10).
[67] 王枬，王天健. 论“生命·实践”教育学之“自觉”的文化逻辑 [J]. 教育科学，2019(6).
[68] 王枬. 论教师的仁爱之心 [J]. 教育研究，2016(8).
[69] 贺来. 有尊严的幸福生活如何可能 [J]. 哲学研究，2011(7).

后　记

我从1990年认识叶澜老师至今，一晃已过去30余年了。

在这30余年中，叶澜老师提出并率领团队，以持续而深入的“新基础教育”变革，通过“探索性研究”“发展性研究”“成型性研究”“扎根性研究”“生态式推进”的研究实践，在“成事”和“成人”这两个目标上，促进学校的转型，改变师生在学校的生存方式，使师生都能得到快乐真实的成长。

在这30余年中，叶澜老师专注并践行着中国教育学理论的重建，力求以深深扎根于中国教育改革实践土壤的原发性和创新性的“新基础教育”探索，从生命的原点上去思考教育学的重建，并将中国哲学及文化传统融入对“教育”这一基本概念的内涵构建，提出“教天地人事，育生命自觉”的中国式表达，建立起了中国本土的“生命·实践”教育学。

在这30余年中，叶澜老师还培育并锤炼了一支以高等教育与基础教育领域教师为主的教育研究队伍，以开放、生成、互动和复杂的方法论为导向，坚持理论与实践的双向建构，强调个体的独特与群体的合作相结合、做人与做学问的一致性，为创建中国的教育学派而殚精竭虑。

这三者其实可以归结为一句话，那就是：叶澜老师以自己的全部身心和生命在从事着她所热爱的中国教育学的研究与实践。

而我有幸成为叶澜老师的学生，深受她的精神的感染，并从此有了我的别样人生。

我还清晰地记得，在华东师范大学读博期间，在1997年9月23日的学术例会上，叶澜老师发自肺腑地谈起了她对学术研究的认识及对教师职业的选择：

> 35年的教师生涯使我对教师职业有了更深的体悟。在教师职业中，我又选择了研究作为自己职业的基础，有意义的教学应该如此：只有在研究中，教师才会感到快乐；以研究为主的生涯在本质上才是学术生涯。而在研究中，出于对人文学科的偏好，我又以教育与人生关系的研究作为自己的研究主线和主题。
>
> 我热爱我所从事的职业，我热爱自己所进行的研究。这也是我的人生态度：喜欢发现，喜欢创造。

正是在那一刻，我明白了自己想要什么，能做什么，该做什么。我由选择教师作为自己的职业，选择教育学作为自己的专业，进而确定选择教师研究作为自己的主攻方向。我的博士论文《教师之魅——教师职业美的研究》便是围绕教师这一主题而进行的。2000年，我在《教育研究》上发表了《论教师职业的内在价值》，自此，“教师”就成为我学术生命中的关键词，承担“教师发展研究”课程也成为我的教学主业。之后很长一段时间，我参与了“广西21世纪园丁工程”“中小学骨干教师国家级培训”“广西八桂教育家摇篮工程”等项目，对广大教师有了更多的接触和了解，也使我与广大教师建立起了更深厚的感情。尤其是2016年我作为指导团队的成员参与了卓然小学（广西师范大学附小）的“新基础教育”研究与实践，我亲身体验到了教师在“新基础教育”研究性变革实践中发生的从教育理念到教育行为的改变，也看到了教师的成长与进步，这更坚定了我对教师研究的信念。

在本书写作的过程中，我常常被叶澜老师那些深邃而富有前瞻性的思想所折服。仅举一例：关于高师院校办学方向及专业的讨论，早在20世纪90年代，叶澜老师便提出高师院校要改变对口面过窄的定位，不仅培养普通中学师资，也应培养职业学校师资，不仅培养职前的师范生，也要培训在职教师；要扭转培养目标单一的结构，培养目标定位应调整为培养教育工作专职人员；科研重心也要调整，应开拓教育科研的新领域。我曾于2007—2017年担任广西师范大学党委书记，亲历了高师院校改革和发展的过程，见证了广西师范大学职业技术师范学院的成立，也在参与园丁工程培训和中小学骨干教师国家级培训时努力推进中小学教师的教育科研，因而更感觉到叶澜老师这些思想的意义和价值所在。

由于本书是研究叶澜老师的教师观，因而书中大量引用了叶澜老师的著述。在此要特别感谢叶澜老师——没有她的这些著述，就没有这本书内容的呈现。在写作中，还参考了众多学者关于教师研究的文献，吸收了同门的诸多建议和主张，我的学生王天健和皇甫科杰对本书的部分内容有所贡献，也一并表示感谢。还要感谢人民教育出版社有关编审人员为本书付出的心血和智慧。

我将铭记叶澜老师“怀希望于后生，代际化成”的嘱托，牢记自己作为团队成员的责任，在今后的“新基础教育”推进及“生命·实践”教育学派的建设中，与团队成员一道精细耕耘，积极作为，努力让“新基础教育”这棵大树枝繁叶茂，让“生命·实践”教育学派气象万千。

王　枬
2021年5月10日于桂林